职业教育 · 道路运输类专业教材

BRIDGE MAINTENANCE AND REPAIR REINFORCEMENT

桥梁养护与维修加固

鄢 真 谌洁君 周振华 主 编

荣 耀 主 审

人民交通出版社

北 京

内 容 提 要

本书主要介绍桥梁养护及维修加固的基本知识,以模块化设计作为支撑教材组织的基本架构。全书共分为7个模块,分别为桥梁养护基础知识、桥面系和支座常见病害及养护措施、桥梁常见裂缝病害及修补技术、桥梁常见缺陷及修补技术、桥梁上部结构常见病害及常用加固方法、桥梁下部结构常见病害及常用加固方法、桥梁基础与地基常见病害及常用加固方法等。本书全面、完整地介绍了桥梁在实际应用中可能面临的各类病害、缺陷,以及如何通过维护和修补技术处治这些病害,保证桥梁在较长的使用期限内能够安全、良好地服役。

本书可供道路与桥梁工程技术等专业学生学习使用,亦可供从事公路桥梁设计、施工、养护和管理的相关人员学习参考。

本书配有课件,教师可通过加入职教教学研讨群(QQ561416324)获取。

图书在版编目(CIP)数据

桥梁养护与维修加固 / 鄢真等主编. — 北京 : 人民交

通出版社股份有限公司, 2024. 12. — ISBN 978-7-114

-19874-8

Ⅰ. U445.7

中国国家版本馆 CIP 数据核字第 202423DL34 号

Qiaoliang Yanghu yu Weixiu Jiagu
书　　名:**桥梁养护与维修加固**
著 作 者:鄢　真　谌洁君　周振华
责任编辑:李　瑞　杜希铭
责任校对:赵媛媛
责任印制:张　凯
出版发行:人民交通出版社
地　　址:(100011)北京市朝阳区安定门外外馆斜街 3 号
网　　址:http://www.ccpcl.com.cn
销售电话:(010)85285911
总 经 销:人民交通出版社发行部
经　　销:各地新华书店
印　　刷:北京建宏印刷有限公司
开　　本:787×1092　1/16
印　　张:14.75
字　　数:355 千
版　　次:2024 年 12 月　第 1 版
印　　次:2024 年 12 月　第 1 次印刷
书　　号:ISBN 978-7-114-19874-8
定　　价:59.00 元
(有印刷、装订质量问题的图书,由本社负责调换)

PREFACE | 前言

　　桥梁养护与维修加固是道路养护与管理专业的一门专业核心课,旨在使学生能够对桥梁病害进行识别和成因分析,能根据桥梁病害的产生原因科学地编制养护和维修加固方案,并能组织开展养护和维修加固作业及质量检验。学生通过学习本课程,应成为有情怀、明事理、懂专业、善操作、会应用的新时代交通工匠。

　　本教材参考《公路桥涵养护规范》(JTG 5120—2021)《公路桥梁加固施工技术规范》(JTG/T J23—2008)等行业规范,以桥梁结构不同部位病害的识别、产生原因分析和处治方法为主线进行编写,在强化介绍桥梁养护与维修加固施工操作性的基础上,进一步阐述病害识别和成因分析方法,使学生对桥梁养护与维修加固有完整的认识。本教材遵循桥梁养护全过程工作流程,对课程内容进行了模块化分解,分为桥梁养护基础知识、桥面系和支座常见病害及养护措施、桥梁常见裂缝病害及修补技术、桥梁常见缺陷及修补技术、桥梁上部结构常见病害及常用加固方法、桥梁下部结构常见病害及常用加固方法、桥梁基础与地基常见病害及常用加固方法,共 7 个模块。

　　本教材在编写过程中力求突出以下特色:

1. 校企双元开发,精准对接岗位需求

　　本教材编写团队紧密对接区域行业发展需求,与行业龙头企业技术专家共同完成编审工作。编写过程中编写团队深入 10 余家相关企业调研了桥梁养护工程师岗位需求,总结提炼了病害识别、病害分析和施工方案制订及组织实施等核心能力模块,将企业真实案例转化为教学项目,为职业院校学生和相关从业人员提供从理论到实践无缝对接的学习载体,构建了"产业需求导向、岗位能力递进"的内容体系。

2. 课程体系模块化,全面覆盖工作流程

本教材创新采用"岗位工作流程驱动、模块任务贯通"的架构体系,依据桥梁养护工程师日常工作流程,将教学内容分解为 7 个模块,形成"基础认知、病害诊断、维修决策、加固实施"的完整链条。这种模块化设计既符合认知规律,又实现了知识点对工作任务的精准映射,帮助学习者构建起覆盖桥梁全生命周期养护的知识体系。

3. 线上线下融合,打造立体学习空间

为适应"互联网+职业教育"教学模式,教材配套开发了包含学习视频、动画和工程案例等数字化资源的立体化学习包,通过扫描教材封面的二维码,学习者可即时查看数字化资源。本教材还配套有在线精品课程资源,网址为 https://www.xueyinonline.com/detail/245168415,每年可开放两期在线学习,课程教学团队开展线上学习指导答疑,形成"纸质教材+数字资源+在线服务"三位一体的学习生态系统。

本教材由江西交通职业技术学院鄢真、谌洁君、周振华担任主编,江西省交投养护科技集团有限公司荣耀教授级高级工程师担任主审。具体编写分工如下:模块一由江西交通职业技术学院孟丛丛编写;模块二由江西交通职业技术学院周钦悦编写;模块三、模块四由江西交通职业技术学院鄢真编写;模块五由江西交通职业技术学院周振华编写;模块六、模块七由江西交通职业技术学院谌洁君编写。全书由鄢真负责统稿。

本教材在编写过程中参考和引用了大量的文献资料,收到了江西嘉特信工程技术有限公司、江西省天驰高速科技发展有限公司、江西中煤勘察设计总院有限公司、江西华冶特种工程技术有限公司等提供的大量工程案例资料,江西中煤建设集团有限公司原总工程师谌润水研究员对本教材提供了宝贵的编写意见,在此对所有文献作者、工程资料和编写意见的提供者致以诚挚的谢意!

由于编者水平有限,教材难免有不足之处,敬请读者评判指正。

编 者
2024 年 10 月

数字资源清单

序号	资源名称	资源类型	页码
25	粘贴纤维复合材料加固法	视频	138
26	体外预应力加固法	视频	142
27	盖梁病害及加固方法	视频	154
28	实心式墩身病害及加固方法	视频	159
29	柱式墩身病害及加固方法	视频	162
30	重力式桥台病害及加固方法	视频	167
31	轻型桥台病害及加固方法	视频	179
32	基础病害特征	视频	185
33	增大截面加固基础法	视频	189
34	增补桩基加固基础法	视频	194
35	微型钢管桩加固基础法	视频	198
36	水下玻璃纤维套筒加固法	视频	202
37	注浆法加固地基	视频	211

CONTENTS | 目录

模块一
MODULE 1
桥梁养护基础知识

学习目标

知识目标

(1)了解我国桥梁发展现状及存在的问题。

(2)了解桥梁养护工作的主要内容。

(3)熟悉桥梁养护检查的分级和分类。

(4)熟悉桥梁技术状况等级评定的方法和程序。

(5)掌握桥梁承载能力评定的程序和内容。

技能目标

(1)能开展桥梁养护检查。

(2)能对桥梁技术状况等级和承载能力进行评定。

单元一 我国桥梁发展概述及存在的问题

一、我国桥梁发展概述

国内桥梁
发展状况

随着我国国民经济的快速发展、交通运输网络的持续完善,桥梁作为供行人、车辆等顺利跨越河流、湖泊、海峡、山谷的建筑物,是铁路、公路、管道等交通运输线路的重要组成部分,也一直伴随着中华文明前行的脚步共同发展。

当前,我国桥梁建设已经取得了举世瞩目的成就,在建设规模和建设水平上均位居世界前列。《2023年交通运输行业发展统计公报》数据显示,我国各类桥梁的保有量和延米数持续增长,2019—2023年全国公路桥梁延米数及存量变化情况如图1-1-1所示。以公路桥梁为例,截至2023年末,全国公路桥梁107.93万座、9528.82万延米。其中施工难度更高的大型桥梁

(包含大桥和特大桥)的数量和长度逐年增长,2019—2023 年间,大桥的年均增长数量约为 17339 座,年均增长长度约为 517.65 万延米;特大桥的年均增长数量约为 1130 座,年均增长长度约为 2069.94 万延米。2019—2023 年我国大桥、特大桥延米数及存量变化情况如图 1-1-2 所示。

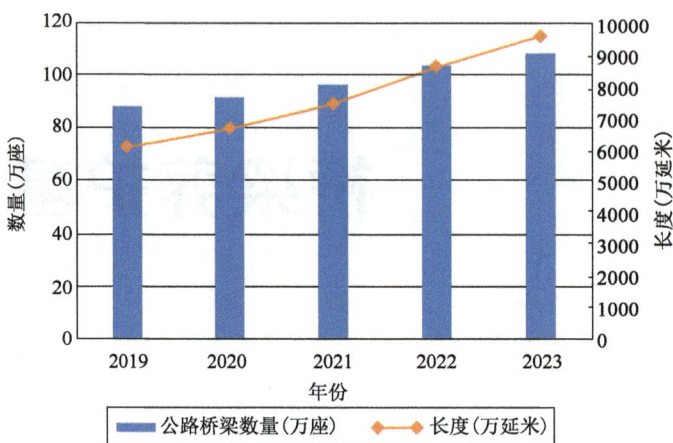

图 1-1-1 2019—2023 年我国公路桥梁延米数及存量变化情况

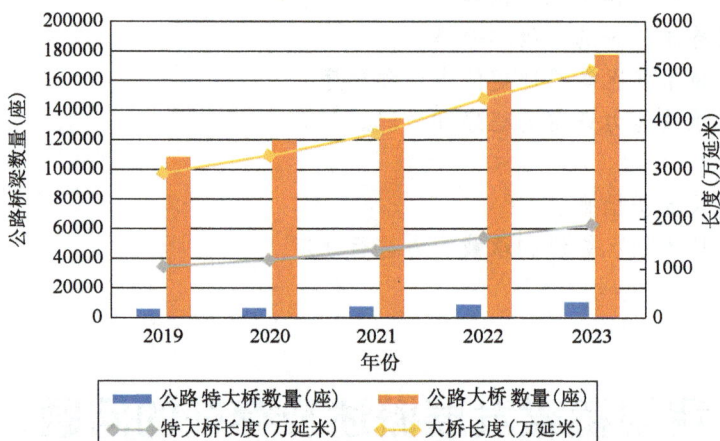

图 1-1-2 2019—2023 年我国大桥、特大桥延米数及存量变化情况

二、我国公路桥梁存在的问题

如此庞大数量的桥梁陆续进入运营阶段,其后续的养护管理任务极其繁重。我国公路桥梁问题涉及设计、施工、运营维护等多个环节,具有显著的系统性与复杂性。桥梁在投入使用后,受到车辆荷载、自然因素和人为因素等的共同作用,其各方面的性能将随着服役年限的增长发生改变。为了保持、恢复桥梁各方面的使用性能,必须对其开展针对性养护管理工作。目前我国公路桥梁存在的主要问题有:

(1)早期建设的桥梁依据当时技术标准进行设计,其承载能力、抗震性能及耐久性等指标已难以满足当前交通需求。随着车辆轴重及交通流量大幅增加,部分桥梁出现承载力不足、疲劳损

伤等问题,亟需通过加固或改建提升安全性能,但受限于资金与技术条件,改造进程较为缓慢。

(2)目前货运车辆违规超载现象普遍,桥梁关键部位(如梁体、支座、桥面板等)长期承受远超设计限值的应力,导致裂缝产生和扩展、变形加剧甚至局部破坏。超载不仅加速结构劣化,还将大幅缩短桥梁服役寿命。

(3)早期施工受技术条件限制,存在混凝土浇筑缺陷、预应力张拉偏差等问题。部分项目因赶工期或监管不力,导致结构耐久性不足,后期维修成本高昂。

(4)不同气候与地理环境对桥梁的影响差异显著。沿海区域盐雾侵蚀引发钢筋锈蚀与混凝土剥落;北方严寒地区冻融循环导致结构疏松;西部高海拔地带昼夜温差大,易使伸缩装置失效。现有设计标准难以涵盖极端环境等情况,加剧了后期维护难度。

(5)非法采砂、河道变迁及水文条件变化导致河床持续下切,使桥梁桩基裸露、冲刷深度超过设计标准,基础稳定性受到严重威胁。部分早期桥梁基础埋置深度不足,缺乏有效防护措施,在洪水或地震等极端条件下易发生失稳事故。

(6)20世纪修建的桥梁普遍进入老化期,混凝土碳化、预应力筋腐蚀、钢结构疲劳裂纹等问题日益突出。由于检测手段有限,部分隐蔽病害难以及时发现,导致突发性结构失效风险上升。

(7)存在"重建轻养"现象,预防性养护机制尚未全面建立。偏远地区桥梁检测频率不足,病害发现及处治滞后;不同地区养护资金分配不均,专业技术力量差异较大,制约了桥梁长效安全运营。

(8)斜拉桥、悬索桥等复杂结构桥梁在长期运营中面临拉索腐蚀、主梁线形变化、锚固系统退化等问题。目前针对此类特殊桥梁的病害修复技术仍不成熟,缺乏高效可靠的处治方案。

(9)部分老旧桥梁抗震、抗洪设计标准偏低,在极端自然灾害(如地震、洪水、泥石流等)或突发事故冲击下,易发生局部或整体破坏。现有应急评估与抢修能力难以满足桥梁破坏后快速恢复通行的需求。

(10)桥梁健康监测系统覆盖率较低,数据采集与分析能力有限,难以实现精准化、动态化管理。BIM、大数据、人工智能等新技术应用尚未普及,制约了桥梁运维效率的提升。

单元二 桥梁典型垮塌事故

随着综合交通运输系统的完善,我国桥梁建设数量持续增长,这使得桥梁安全成为不容忽视的问题。桥梁因其在交通基础设施中的特殊性,往往需要在极端环境中保持跨越各类障碍物,以及具有在复杂荷载条件下长期服役的能力。作为全世界桥梁数量最多的国家,我国当前有部分桥梁存在严重问题,主要包括:结构先天性缺陷、抗灾能力差、耐久性不足、超负荷运营严重、设计施工不当等。桥梁出现病害后,若未能及时发现和处治,可能会逐步恶化,出现局部破坏或整体垮塌,一些严重的病害甚至会导致桥梁直接垮塌。

桥梁安全事故

桥梁垮塌是其功能性完全丧失的外部体现,由于中小跨径桥梁出现垮塌的数据难以收集

完整,但根据各类公开信息和相关领域学者的研究数据,我国在1971—2022年共出现大桥、特大桥垮塌事故超过190例,其中120例发生在养护运营阶段。根据所统计的事故件数,我国大桥、特大桥垮塌事故数量在2010—2014年处于高峰值,此后出现回落(图1-2-1),主要原因是特定年份的桥梁建设规模迅速增长,但桥梁的日常养护管理力量的配备不足,造成垮塌事故集中发生。随着桥梁健康监(检)测、养护技术水平的不断提升,桥梁安全保障效果取得显著成效。

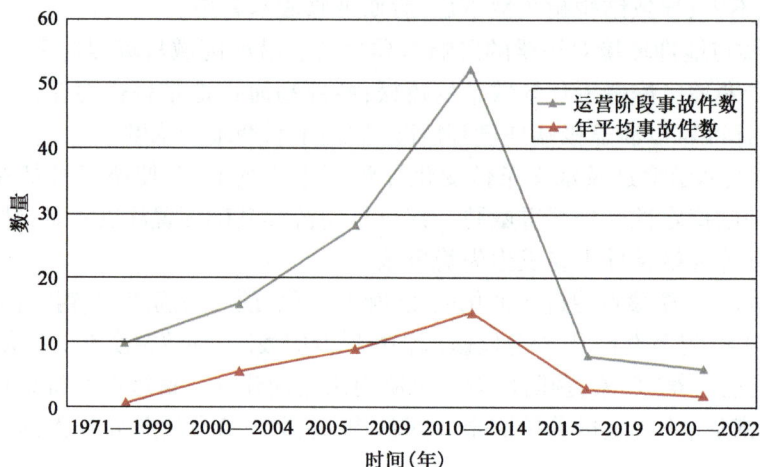

图1-2-1　1971—2022年我国大桥、特大桥养护运营阶段垮塌事故数量变化情况

　　桥梁建成服役后长年承受车辆、行人等荷载,大风、泥石流、地震等外部自然环境影响,以及勘察设计、施工管理、运营养护等环节的人为因素等作用,是桥梁发生垮塌事故的主要原因。对目前有统计的桥梁垮塌事故进行原因分析和统计发现,桥梁垮塌事故发生的主要原因有三类:一是设计原因,桥梁在前期勘察设计阶段,由于地质勘察资料不全、项目资料不齐等使得桥梁在选址和技术指标的确定方面存在先天缺陷,在后续的建设或运营过程中产生不可修复的病害,极易造成不可挽回的损失。另外,在面对新材料的应用、设计工况的复杂化等新情况时,桥梁设计人员考虑不周全,也为后续桥梁运营安全埋下了隐患。二是施工不当,一方面,在施工过程中结构物的受力平衡状态处于动态变化过程,尤其是大型桥梁,需要面对大型构件安制、大型施工设备荷载、结构体系转换等方面的挑战,在施工阶段容易发生事故;另一方面,项目管理人员的组织协调能力和施工技术人员的技术水平对桥梁施工质量也起到重要作用。三是运营阶段的突发状况和耐久性原因,前者主要是指偶然荷载作用导致的突发性结构(局部或整体)失效,如极端天气、车辆超限、船舶撞击等;后者是病害长期积累突破限值后发生的突然破坏。

1.设计原因造成的桥梁事故

　　勘察设计作为工程的基础,其科学性、合理性将对整个工程的可持续性和耐久性起到至关重要的影响。我国、欧洲以及美国(AASHTO)规范都将桥梁设计使用年限明确为100年,部分国家规定的使用年限则更长,如英国(BS)规范规定,桥梁设计使用年限为120年。如何保证桥梁服役年限满足规范要求,科学的选线选址和合理的勘察设计是该阶段的重要工作。

　　(1)选线选址不当

　　桥梁设计的首要工作是选线选址,这是桥梁建设的根基。桥梁位置作为制约整个桥梁工程的关键因素,不仅对施工过程的安全性和稳定性产生直接影响,也与建设项目的社会效益、环境效益和经济效益等紧密关联,故在选址过程中需要综合相关的经济因素、政治因素、社会因素和环境因素等,特别是关乎桥梁未来建设、运营安全的影响因素,如桥址处的地形地貌、气象水文、地质条件等外部条件。合理地选址定点方案可在一定程度上弥补不同桥梁结构的缺点;反之,则优化设计和施工方案均难以弥补选址定点的不足。

2011年9月19日,运营中的连霍高速河南新安段一座跨线桥梁出现滑移(图1-2-2),形成长30m、高15m的滑坡体,致使桥墩底部产生明显开裂,所幸该情况被巡查中的养护人员发现,及时封闭了相关公路,在后续桥梁坍塌中未出现人员伤亡。经专家调查,该处跨线桥基础处于湿陷性黄土区域,当地出现连续降雨天气,致使土中含水率急剧上升,因湿陷性黄土的特性,土呈液态流塑状,造成滑移,使得桥墩失去支撑力,桥梁整体失稳,进而发生坍塌事故,这是典型的因为桥梁选址不当造成的安全事故。

(2)勘察设计失误

桥梁的勘察设计需要考虑的因素较多,桥梁设计需要遵循"安全、耐久、适用、环保、经济、美观"的原则,特别是工程较为复杂的大跨径桥梁,国、内外在勘察设计程序上具有自身特点,按照设计步骤,主要可分为勘察资料的获取和技术设计的形成两个主要部分。其中勘察资料主要涉及地质勘察、水文勘测、交通调查。水文和地质的勘察工作可为桥梁设计人员提供桥址附近的水动力条件、岩土体的物理性能、岩土层分布特征等相关资料和数据,为桥梁设计提供参考和依据。技术设计则直接关系到结构的力学性能,荷载和工况考虑不当、承载力计算失误、结构设计不合理等因素均会影响桥梁结构的正常使用或安全运营。

哥伦比亚波哥大—比亚维森西奥高速的奇拉贾拉(Chirajara)大桥是一座钢结构斜拉桥,2018年1月15日,作业工人正在桥上开展桥梁上部结构施工时,桥梁的一座主塔突然发生坍塌(图1-2-3),导致10人死亡,4人受伤。事故发生后,当地立刻对发生坍塌的事故桥梁开展调查,发现事故的主要原因是设计问题:设计人员过高地估计了横隔板与横梁间的抗拉承载力,致使在施工过程中该处所承受的荷载超出其设计承载能力,导致结构失效,桥梁腹板上的4号水平钢筋与下塔柱连接处产生断裂,最终导致西塔整体坍塌。

图1-2-2　2011年连霍高速河南新安段跨线桥事故现场

图1-2-3　奇拉贾拉大桥事故现场

2. 施工不当造成的桥梁事故

桥梁施工技术复杂、难度大、实施周期长,对施工过程中的结构空间位置、构件制作与安装精度有着严格的要求。设计方案和施工图纸中提出的技术和质量要求需要在施工阶段正确实施,混乱的施工组织、施工过程管理,选用不满足要求的建筑材料,未严格按照国家标准和规范进行施工等行为,都将给桥梁安全带来重大隐患。通常来说,材料的选型不当与质检不到位、施工工艺水平低、施工组织与安全管理不当等是造成桥梁在施工阶段发生垮塌事故的主要原因。

(1)建筑材料造成的桥梁事故

桥梁建筑材料主要有混凝土、钢筋、钢材(包含钢板、钢管、型钢等)等,还有模板、支架等辅助建筑材料。施工过程中,未按要求加工材料、材料选型不满足要求或未经允许更换材料或者偷工减料等行为,都将对桥梁的承载能力和正常使用造成严重影响。

2021年5月8日,接近施工尾声的杭绍台高速金华段杭甬运河桥左幅上部结构突然发生垮塌(图1-2-4),整幅桥面坠入运河,所幸无人员伤亡。作为一座下承式钢管混凝土系杆拱桥,桥梁垮塌时,拱肋、系杆、风撑钢管A、桥面铺装层等均已完成施工,即将进行风撑钢管B的施工作业。事故发生是从西侧9号吊杆对应的上锚头与拱肋脱离开始的。经调查,该起桥梁坍塌事故的直接原因是所用吊杆的钢绞线拉索不符合《挤压锚固钢绞线拉索》(JT/T 850—2013)的相关要求。

图1-2-4　杭绍台高速杭甬运河桥事故现场

(2)施工行为造成的桥梁事故

桥梁施工标准和规范是指导施工的依据,在施工过程中未严格按照规范要求进行施工,会造成桥梁结构受损,影响施工质量。常见的施工质量问题包括:混凝土振捣不均匀,造成局部漏振,导致混凝土出现空洞、蜂窝等现象;现浇模板表面未清理干净,导致结构表面存在坑槽、麻面等现象;钢筋的焊接质量不满足规范要求;部分施工未按照设计要求设置保护层等。这些均会对桥梁结构产生不利的影响。

1999年1月4日傍晚,重庆綦江彩虹桥突然发生整体垮塌(图1-2-5),大量在桥上通行的人

图1-2-5　重庆綦江彩虹桥事故现场

员坠入綦河,最终导致 40 人死亡,14 人受伤。重庆綦江彩虹桥为一座中承式钢管混凝土提篮拱桥,桥面通过吊杆、横梁以及门架支承。事后调查发现,桥梁主拱断裂成 28 段,其断点均为工厂焊接处,主拱钢管焊接处普遍存在裂纹、气孔、未焊透等严重质量缺陷;钢管混凝土存在漏灌现象,在主拱肋板处甚至出现超过 1m 的空洞;主拱钢绞线锁锚方法错误,导致钢绞线无法有效锁定及均匀受力。现场施工未按相关规范、标准执行,最终导致桥梁垮塌的悲剧发生。

(3)施工管理造成的桥梁事故

施工过程中,项目管理人员违规赶工期,强令作业人员降低质量检验标准或缩减流程,监理人员、安全员未履职尽责,擅自离岗或未全程旁站监督,以及工程验收阶段未遵从实事求是的原则,都会使桥梁质量达不到设计的建设要求,致使桥梁存在潜在隐患,造成使用年限缩短,甚至在施工阶段发生坍塌。

2007 年 8 月 13 日下午,已完成主体施工,正在拆卸脚手架的沱江大桥突然发生整体坍塌(图 1-2-6),64 人因此遇难。经调查,现场管理混乱,严重违反桥梁建设的相关标准是发生事故的主要原因。一方面,施工单位为缩短工期,混凝土强度未达到规范和设计要求就开始拆卸支架,且拱桥上部构造施工工序不合理;另一方面,主拱圈材料未达到规范和设计要求,严重降低了拱圈砌体的整体性和强度,当施工荷载突破砌体

图 1-2-6 凤凰县堤溪沱江大桥事故现场

强度极限后,从 1 号孔主拱圈处开始坍塌,受连拱效应影响最终导致全桥坍塌。

3.运营阶段的桥梁事故

桥梁作为交通路网的重要组成部分,投入使用后为沿线居民提供了更加便捷的交通条件,对带动区域经济发展具有重要作用。其中养护运营阶段是桥梁寿命周期中历时最长的阶段,人员、车辆通行频繁,一旦发生垮塌等桥梁安全事故,不仅影响正常交通出行,还将严重威胁人民群众的生命财产安全,造成难以估量的经济损失、社会影响。相反,科学合理的养护管理将延长桥梁的使用寿命,相关实践和研究表明,桥梁拆除重建所投入的资金比维修加固所需资金高 80%~90%,会大幅增加交通建设整体的运营成本。因此,适当的维修管理、安全管理和应急管理等能维持桥梁良好的技术状况并延长桥梁的使用年限,因此及时消除隐患是运营阶段的重点内容。

(1)地震

地震是地壳快速释放能量过程中造成的震动,其能量以波动的形式向外传递,对地表和桥梁等造成破坏。受到地震波的震动影响,桥梁上部结构会产生梁体横向、纵向移动和扭转移位,甚至出现落梁撞击桥墩的情况;支座系统会出现脱空、移位、变形和锚固螺栓的拔出、剪断和脱落等问题;桥梁下部结构则容易发生桥墩(台)开裂、倾斜、移位和基础脱空等现象。

1995 年 1 月 17 日,日本阪神发生 7.1 级地震,造成 27 座桥梁受到严重破坏,其中当地重要通道西宫港大桥(主跨为 252m 的钢系杆拱桥)第 1 跨引桥发生脱落(图 1-2-7),发生事故的

主要原因是地震导致主桥和引桥间出现过大的相对位移,支座和连接限位装置遭到破坏而失效,且桥墩支承面过窄导致桥梁整跨掉落。

(2)强风

台风、飓风在较高的风速过境时会导致桥梁破坏,在风荷载作用下,桥梁因其结构刚度不足,产生大幅度振动,尤其是大跨径悬索桥,严重时会出现桥梁垮塌事故。

1940年11月7日上午,建成4个月的美国塔科马(Tacoma)大桥在八级大风的作用下发生强烈的风振动,整个桥梁主跨发生扭转运动,严重时,桥梁右侧比左侧高8.5m,最终因桥面折断导致坍塌(图1-2-8)。该事故中,悬索桥受到卡门涡街的振动频率和自身固有频率同频共振影响,其钢索吊杆逐根断裂,桥面钢梁折断倒塌。

图1-2-7　日本西宫港大桥第1跨引桥脱落　　　　图1-2-8　美国塔科马大桥坠毁瞬间

(3)水灾

出现桥梁水毁多因水流长期冲刷和洪水频发两种情况。前者是水流持续侵蚀桥梁周边河床、堤岸,导致桥梁基础被淘空且裸露,极易使基础产生不均匀沉降或滑移倾覆,危及桥梁整体安全。后者是强降雨天气导致江河湖泊的水量快速增长,水流流速增长,洪水及其裹挟的漂流物会直接冲击桥梁上、下部结构和锥坡等构造,造成台后路基侵蚀、桥体倾斜移位甚至桥梁倒塌。

2024年6月24日,美国一座连接南苏城北部和爱荷华州苏城的铁路桥梁受到洪水冲击而部分坍塌(图1-2-9)。该桥为钢结构桥梁,其中间两跨沉入大苏河,中断了当地的铁路运输。

(4)意外荷载

意外荷载包括车辆超载和外部碰撞。长期通行大量超过设计标准的超载车辆会导致桥梁结构荷载作用效应的增大,大大缩短桥梁使用寿命。船舶等交通工具与桥梁发生碰撞,除了人为操作失误和载具技术故障外,航道航行条件差、桥梁下部结构设计不合理和桥梁防撞设施不足也会增大碰撞事件发生的概率。据公开资料披露,碰撞是造成美国桥梁倒塌的第二大原因。

2013年5月23日晚,美国华盛顿市5号州际公路上的斯卡吉特河桥发生垮塌,数量汽车坠入河中(图1-2-10),导致3人受伤。这座桁架桥垮塌的直接原因是一辆超限拖车(其所装载的货物明显超出车道限高)行驶过程中撞击桥梁上方桁架,导致桁架结构断裂。

图 1-2-9 美国爱荷华州铁路桥坍塌现场

图 1-2-10 美国斯卡吉特河桥垮塌现场

(5)耐久性原因

部分桥梁在出现病害后没有及时发现并采取针对性养护措施,当积累到一定程度时,在服役过程中突然发生破坏。如果桥梁长时间暴露在复杂环境中,建筑材料自然老化、恶劣天气或环境的长期作用、外力破坏等均会对桥梁造成影响。钢筋混凝土桥梁的主要建筑材料为钢筋和混凝土,在高温、高湿、冻融循环等气候条件及环境荷载作用下会加速混凝土开裂、钢筋锈蚀、结构位移等病害的恶化。

2018 年 8 月 14 日,从居民区上方横跨而过的意大利莫兰迪(Morandi)大桥突然发生坍塌(图 1-2-11),长达 210m 的桥面瞬间坠落,砸向地面。该起事故造成 43 人死亡,16 人重伤,600余人无家可归。进行调查的专业人员发现,原本设计寿命为 100 年的多跨斜拉桥,在服役 50余年后,拉索发生严重老化,最后断裂,导致事故的发生。坍塌的原因除了所设计的 4 条拉索无法对桥梁起到安全性支承,所用材料存在质量问题外,混凝土内的斜拉索耐久性相对较差也是关键因素,钢筋混凝土材料由于服役时间增长,受外部荷载等作用的影响,逐步产生微小裂缝,同时桥梁临近地中海,海水水气渗入后对金属产生腐蚀,造成了这一工程事故的发生。

图 1-2-11 莫兰迪大桥事故现场

深圳湾大桥是连接香港和深圳的一座跨海大桥,2019 年 2 月 15 日,香港段一名对大桥开展例行检查的工程师发现桥梁一根钢缆绳因严重锈蚀出现整根断裂的现象(图 1-2-12),所幸隐患发现及时,且设计时已预留了足够的安全系数。随后,相关技术部门对全部钢缆开展了清查,并排除了问题部位的安全隐患,避免了桥梁发生局部失稳或垮塌。

图 1-2-12　深圳湾大桥钢缆破坏处

单元三　桥梁检查、评定

一、桥梁养护检查等级

根据《公路桥涵养护规范》(JTG 5120—2021)规定,公路桥梁养护检查等级应分为Ⅰ、Ⅱ、Ⅲ级,具体的分级标准应符合下列规定:

(1)单孔跨径大于 150m 的特大桥、特别重要桥梁的养护检查等级为Ⅰ级。

(2)单孔跨径小于或等于 150m 的特大桥、大桥,以及高速公路或一、二级公路上的中桥、小桥的养护检查等级为Ⅱ级。

(3)三、四级公路上的中桥、小桥的养护检查等级为Ⅲ级。

(4)技术状况评定为 3 类的大、中、小桥应提高一级进行检查。

(5)技术状况评定为 4 类的桥梁在加固维修前应按Ⅰ级进行检查。

二、桥梁检查分类

桥梁检查
形式

根据《公路桥涵养护规范》(JTG 5120—2021)的相关规定,公路桥梁检查应分为初始检查、日常巡查、经常检查、定期检查和特殊检查。

1. 桥梁初始检查

(1)检查时间

对新建或改建桥梁应进行初始检查。初始检查宜与交工验收同时进行,最迟不得超过交付使用后 1 年。

(2)检查内容

①根据规定设置桥梁永久观测点。

②测量桥梁长度、桥宽、净空、跨径等;测量主要承重构件尺寸,包括构件的长度与截面尺寸等;测定桥面铺装层厚度及拱上填料厚度等。

③测定桥梁材质强度、混凝土结构的钢筋保护层厚度。

④养护检查等级为Ⅰ级的桥梁,通过静载试验测试桥梁结构控制截面的应力、应变、挠度等静力参数,计算结构校验系数;通过动载试验测定桥梁结构的自振频率、冲击系数、振型、阻尼比等动力参数。

⑤有水中基础,养护检查等级为Ⅰ、Ⅱ级的桥梁,应进行水下检测。

⑥量测缆索结构的拉索索力及吊杆索力,测试索夹螺栓紧固力等。

⑦检测钢管混凝土拱桥钢管内混凝土的密实度。

⑧当交、竣工验收资料中已经包含上述检查项目或参数的实测数据时,可直接引用。

(3)检查成果

初始检查后应提交技术状况评定报告。报告具体包含桥梁基本状况卡片、桥梁初始检查记录表、桥梁定期检查记录表、桥梁技术状况评定表,典型缺损和病害照片、文字说明及缺损分布图,总体照片、检查内容的成果养护建议等内容。

2. 桥梁日常巡查

(1)检查方式

日常巡查以乘车目测为主。

(2)检查时间

对养护检查等级为Ⅰ、Ⅱ级的桥梁,日常巡查每天不应少于1次;对有特殊照明需求(功能性及装饰性照明、航空航道指示灯等)的桥梁,应适当开展夜间巡查。养护检查等级为Ⅲ级的桥梁,日常巡查每周不应少于1次。遇地震、地质灾害或极端气象时应增加检查频率。

(3)检查内容

①桥路连接处是否异常。

②桥面铺装、伸缩缝是否有明显破损;伸缩缝位置的桥面系是否存在异常。

③栏杆或护栏等有无明显缺损。

④标志标牌是否完好。

⑤桥梁线形是否存在明显异常。

⑥桥梁是否存在异常的振动、摆动和声响。

⑦桥梁安全保护区是否存在侵害桥梁安全的情况。

(4)检查成果

日常巡查应完成巡检记录,对所发现的明显缺损和异常情况及时上报。

3. 桥梁经常检查

经常检查的目的是发现外表可见的病害和缺陷等,按照桥梁养护管理"预防为主、安全至上"的工作方针,对桥梁各部分及附属工程进行预防性保养,修补其轻微损坏部分,预防结构病害的发生,使桥梁经常保持完好的状态,保证结构得到及时养护和保养或紧急处理,对需检修和一些重大问题作出报告,旨在确保结构功能正常。

（1）检查方式

经常检查以直接目测为主，配合简单量测工具。

（2）检查时间

①养护检查等级为Ⅰ级的桥梁，经常检查每月不应少于1次。

②养护检查等级为Ⅱ级的桥梁，经常检查每两个月不应少于1次。

③养护检查等级为Ⅲ级的桥梁，经常检查每季度不应少于1次。

④在汛期、台风、冰冻等自然灾害频发期，应提高经常检查频率。

⑤养护检查等级为Ⅱ、Ⅲ级的桥梁，在定期检查中发现存在四类构件时，加固处前应提高经常检查频率。

⑥对支座的经常检查每季度不应少于1次。

（3）检查内容

①桥梁结构有无异常变形和振动及其他异常状况。

②外观是否整洁，构件表面是否完好，有无损坏、开裂、剥落、起皮、锈迹等。

③混凝土主梁裂缝是否有发展，箱梁内是否有积水。钢结构主梁抽查焊缝有无开裂，螺栓有无松动或缺失。

④斜拉索、吊杆（索）、系杆等索结构锚固区的密封设施是否完好，有无积水或渗水痕迹，密封材料等有无老化和开裂；主缆最低点是否渗水；索鞍是否有异常的位移、卡死、辊轴歪斜以及构件锈蚀、破损；鞍座混凝土是否开裂；鞍室是否渗水、积水。

⑤支座是否有明显缺陷，使用功能是否正常。

⑥桥面铺装是否存在病害。

⑦伸缩缝是否堵塞、卡死，连接部件有无松动、脱落、局部破损。

⑧人行道、缘石有无破损、剥落、裂缝、缺损和松动。

⑨栏杆、护栏有无破损、缺失、锈蚀、移动或错位。

⑩排水设施有无堵塞和破损。

⑪墩台有无明显的倾斜、损伤、开裂及是否受到车、船或漂流物撞击而受损；基础有无冲刷、损坏、悬空；墩台与基础是否受到生物腐蚀。

⑫翼墙（侧墙、耳墙）、锥坡、护坡、调治构造物有无缺损、开裂、沉降和塌陷。

⑬悬索桥锚碇是否渗水、积水。

⑭交通信号、标志、标线、照明设施以及桥梁其他附属设施是否完好、正常工作。

⑮永久观测点及标志点是否完好。

（4）检查成果

经常检查应填写桥梁检查记录表，检查过程中发现桥梁重要部件缺损严重时需及时上报。

4. 桥梁定期检查

桥梁定期检查的目的在于评定桥梁的使用功能，为制订管理养护计划提供基础数据，按规定周期，对桥梁主体结构及其附属构造物的技术状况进行定期跟踪的全面检查。定期检查主要检查各部件的功能是否完善有效，构造是否合理耐用，发现需要大中修、改善或限制交通的桥梁缺损状况，同时检查小修保养状况，为桥梁养护管理系统提供动态数据。

（1）检查方式

定期检查以目测结合仪器观测进行,必须接近各部件仔细检查其缺损状况。

（2）检查时间

对养护检查等级为Ⅰ级的桥梁,定期检查周期不得超过1年;养护检查等级为Ⅱ、Ⅲ级的桥梁,定期检查周期不得超过3年。

（3）检查顺序

①按路线里程增长方向和从右到左的顺序检查(注意防止漏检)。

②按从下到上的顺序检查:首先检查桥梁下部结构和基础,同时检查上部结构的底面和侧面,然后依次检查支座、梁板内部,最后检查桥面系。

③桥梁主体结构检查完成后,检查调治构造物的状况。

④在检查结构缺损状况过程中,同时检查桥梁结构的基本数据是否与实际相符。

公路桥梁定期检查流程如图1-3-1所示。

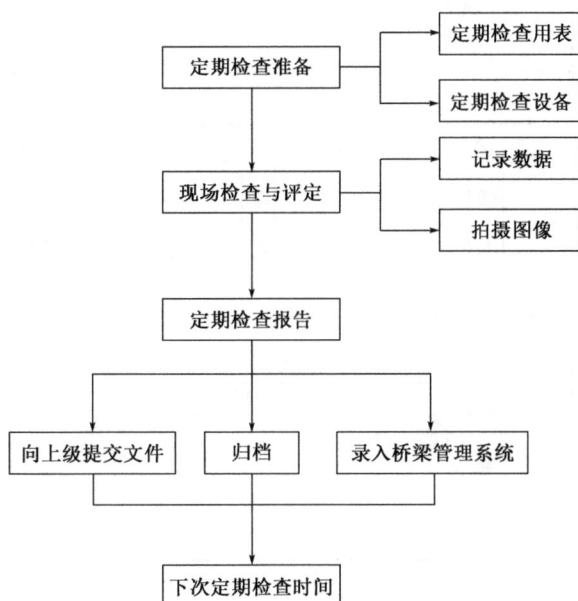

图1-3-1 公路桥梁定期检查工作流程

（4）检查内容

定期检查的项目及内容包含桥面系、上部结构、下部结构及附属设施等,因检查内容多,检查时间长,而桥梁上部结构和下部结构作为主要承受荷载的结构,需进行重点关注,具体部位见表1-3-1。

桥梁定期检查中上、下部结构重点部位　　　　表1-3-1

部位	构造形式	示意简图	重点检查部位
上部结构	简支梁(板)		①跨中处。②1/4跨径处。③支座处

部位	构造形式	示意简图	重点检查部位
上部结构	连续梁		①跨中处。②反弯点处。③桥墩处梁顶。④支座处
	悬臂梁		①跨中处。②牛腿处。③桥墩处梁顶。④支座处
	连续刚构		①跨中处。②角隅处。③立柱处
	斜腿刚构		①跨中处。②角隅处。③斜腿处
	拱式		①跨中处。②拱肋连接处。③拱脚处
下部结构	重力式桥墩		①支座底板。②墩身。③水面处

部位	构造形式	示意简图	重点检查部位
下部结构	单柱式桥墩		①支座底板。 ②盖梁
	桩柱式桥墩		①支座底板。 ②盖梁。 ③横系梁。 ④横系梁与桩连接处
	T 形桥墩 Π 形桥墩		①支座底板。 ②悬臂根部
	Y 形桥墩		①支座底板。 ②Y 形交接处。 ③墩身处
	轻型桥台		①支座底板。 ②支撑梁。 ③耳墙

部位	构造形式	示意简图	重点检查部位
下部结构	扶壁式桥台	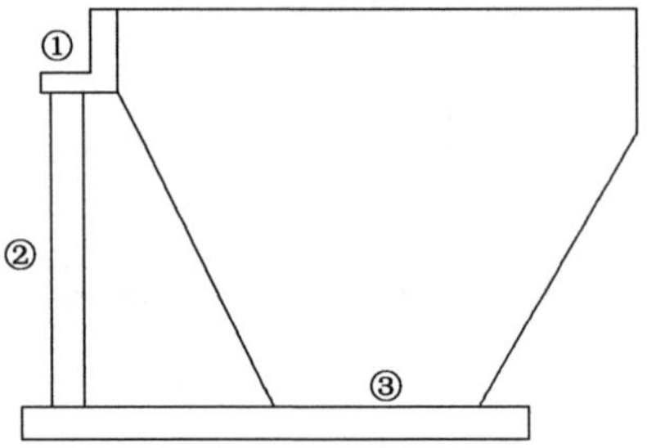	①支座底板。②台身。③底板
	重力式桥台	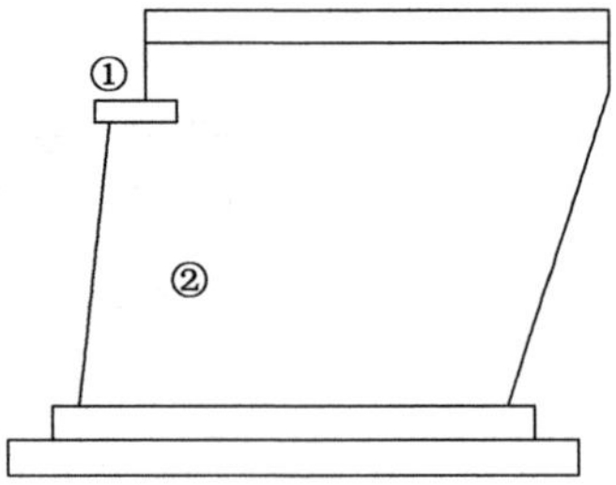	①支座底板。②台身
	框架式桥台	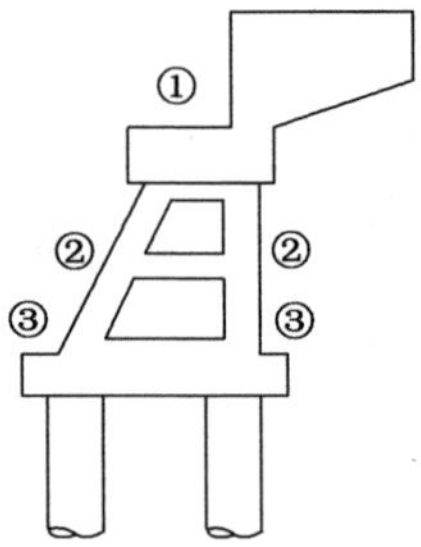	①支座底板。②台身处。③角隅处

（5）检查成果

定期检查后应提交检查报告,重点需确定桥梁技术状况评定等级。报告具体包含桥梁基本状况卡片、桥梁定期检查记录表、桥梁典型缺损和病害照片、文字说明及缺损分布图、总体照片、养护建议及下次检查时间等内容。

5.桥梁特殊检查

桥梁特殊检查是指根据桥梁破损状况和性质,查明桥梁的病害原因、破损程度和承载能力,确定桥梁的技术状态。

（1）检查前提

一般在下列情况下,需对桥梁开展特殊检查:

①定期检查中难以判明构件损伤原因及程度。

②拟通过加固手段提高荷载等级。

③需要判明水中基础技术状况。

④遭受洪水、流冰、滑坡、地震、风灾、火灾、撞击,超重车辆通过或其他异常情况影响造成损伤。

（2）检查内容

①材料的物理、化学性能及其退化程度的测试鉴定，结构或构件开裂状态的检测及评定。

②结构的强度、刚度和稳定性的检算、试验和鉴定。桥梁承载能力评定宜按《公路桥梁承载能力检测评定规程》（JTG/T J21—2011）执行。

③桥梁抵抗洪水、流冰、风、地震及其他灾害能力的检测鉴定。

④桥梁遭受洪水、流冰、滑坡、地震、风灾、火灾、撞击，超重车辆通过或其他因素造成损伤的检测鉴定。

⑤水中墩台身、基础的缺损情况的检测评定。

⑥定期检查中发现的较严重的开裂、变形等病害，应进行跟踪观测，预测其发展趋势。

（3）检查成果

特殊检查后应提交检查报告，具体包含桥梁基本状况信息、桥梁特殊检查记录表、桥梁结构特殊检查评定结果、特殊检查的总体情况概述、结构部件，以及总体的维修、加固或改建建议等内容。

三、桥梁技术状况评定

桥梁技术状况评定应依据桥梁检查资料，通过对桥梁各部件技术状况的综合评定，确定桥梁的技术状况等级，并提出养护措施。桥梁技术状况评定依据《公路桥梁技术状况评定标准》（JTG/T H21—2011）进行并提供养护决策依据。

1. 桥梁技术状况评定方法

公路桥梁技术状况评定包括桥梁构件、部件、桥面系、上部结构、下部结构和全桥评定。公路桥梁技术状况评定应采用分层综合评定与五类桥梁单项控制指标相结合的方法，先对桥梁各构件进行评定，然后对桥梁各部件进行评定，再对桥面系、上部结构和下部结构分别进行评定，最后进行桥梁总体技术状况的评定。公路桥梁技术状况评定流程如图1-3-2所示。

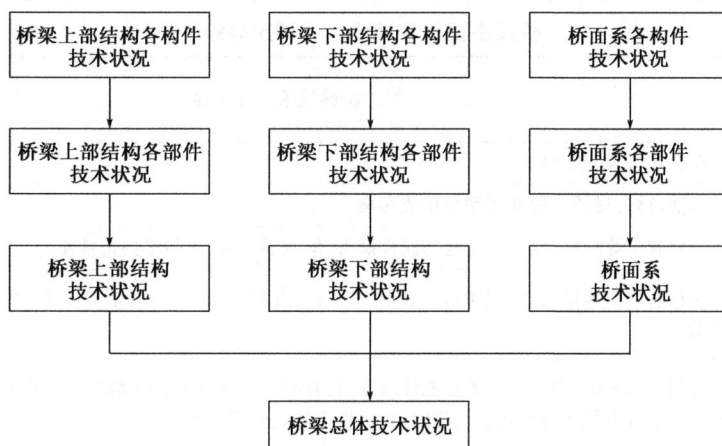

图1-3-2　桥梁技术状况评定流程

2. 桥梁技术状况评定等级

桥梁部件分为主要部件和次要部件,其中主要部件见表1-3-2,其他部件为次要部件。

各结构类型桥梁主要部件 表1-3-2

序号	结构类型	主要部件
1	梁式桥	上部承重构件、桥墩、桥台、基础、支座
2	板拱桥(圬工、混凝土)、肋拱桥、箱形拱桥、双曲拱桥	主拱圈、拱上结构、桥面板、桥墩、桥台、基础
3	刚架拱桥、桁架拱桥	刚架(桁架)拱片、横向连接系、桥面板、桥墩、桥台、基础
4	钢-混凝土组合拱桥	拱肋横向连接系、立柱、吊杆、系杆、行车道板(梁)、支座、桥墩、桥台、基础
5	悬索桥	主缆、吊索、加劲梁、索塔、锚碇、桥墩、桥台、基础、支座
6	斜拉桥	斜拉索(包括锚具)、主梁、索塔、桥墩、桥台、基础、支座

桥梁总体技术状况评定等级分为1类、2类、3类、4类、5类,见表1-3-3。

桥梁总体技术状况评定等级 表1-3-3

技术状况评定等级	桥梁技术状况描述
1类	全新状态,功能完好
2类	有轻微缺损,对桥梁使用功能无影响
3类	有中等缺损,尚能维持正常使用功能
4类	主要构件有大的缺损,严重影响桥梁使用功能,或影响承载能力,不能保证正常使用
5类	主要构件存在严重缺损,不能正常使用,危及桥梁安全,桥梁处于危险状态

桥梁主要部件技术状况评定等级分为1类、2类、3类、4类、5类,具体见表1-3-4。

桥梁主要部件技术状况评定等级 表1-3-4

技术状况评定等级	桥梁技术状况描述
1类	全新状态,功能完好
2类	功能良好,材料有局部轻度缺损或污染
3类	材料有中等缺损,或出现轻度功能性病害,但发展缓慢,尚能维持正常使用功能
4类	材料有严重缺损,或出现中等功能性病害,且发展较快;结构变形小于或等于规范值,功能明显降低
5类	材料严重缺损,出现严重的功能性病害,且有继续发展迹象;关键部位的部分材料强度达到极限,变形大于规范值,结构的强度、刚度、稳定性不能达到安全通行的要求

桥梁次要部件技术状况评定等级分为1类、2类、3类、4类,具体见表1-3-5。

桥梁次要部件技术状况评定等级   表1-3-5

技术状况评定标度	桥梁技术状况描述
1类	全新状态,功能完好,或功能良好,材料有轻度缺损、污染等
2类	有中等缺损或污染
3类	材料有严重缺损,功能降低,进一步恶化将不利于主要部件,影响正常交通
4类	材料有严重缺损,失去应有功能,严重影响正常交通,或原无设置,而调查需要补设

3. 桥梁技术状况评定计算

第一步,根据《公路桥梁技术状况评定标准》(JTG/T H21—2011)及《公路桥涵养护规范》(JTG 5120—2021),参照现场检测结果对桥梁技术状况进行综合评定。采用桥梁部件权重综合评定方法进行评定,按照式(1-3-1)进行计算:

$$\text{PMCI}_l(\text{BMCI}_l \text{ 或 } \text{DMCI}_l) = 100 - \sum_{x=1}^{k} U_x \qquad (1\text{-}3\text{-}1)$$

当 $x=1$ 时,

$$U_1 = \text{DP}_{i1}$$

当 $x \geq 2$ 时,

$$U_x = \frac{\text{DP}_{ij}}{100 \times \sqrt{x}} \times \left(100 - \sum_{y=1}^{x-1} U_y\right) \qquad (\text{其中 } j=x, x \text{ 取 } 2、3、\cdots、k)$$

当 $k \geq 2$ 时,U_1、$\cdots$、U_x 计算公式中的扣分值 DP_{ij} 按照从大到小的顺序排列。

当 $\text{DP}_{ij} = 100$ 时

$$\text{PMCI}_l(\text{BMCI}_l \text{ 或 } \text{DMCI}_l) = 0$$

式中:PMCI_l——上部结构第 i 类部件 l 构件的得分,值域为 0~100 分;

BMCI_l——下部结构第 i 类部件 l 构件的得分,值域为 0~100 分;

DMCI_l——桥面系第 i 类部件 l 构件的得分,值域为 0~100 分;

k——第 i 类部件 l 构件出现扣分的指标的种类数;

U、x、y——引入的变量;

i——部件类别,如 i 表示上部承重构件、支座、桥墩等;

j——第 i 类部件 l 构件的第 j 类检测指标;

DP_{ij}——第 i 类部件 l 构件的第 j 类检测指标的扣分值,根据构件各种检测指标扣分值进行计算,扣分值按表1-3-6的规定取值。

构件各检测指标扣分值   表1-3-6

检测指标所能达到的最高等级类别	指标类别				
	1类	2类	3类	4类	5类
3类	0	20	35	—	—
4类	0	25	40	50	—
5类	0	35	45	60	100

根据《公路桥梁技术状况评定标准》(JTG/T H21—2011)中第 4.1.2 条款的规定,对桥梁部件技术状况评分,按照式(1-3-2)计算。

$$PCCI_i = \overline{PMCI} - \frac{100 - PMCI_{min}}{t} \qquad (1\text{-}3\text{-}2)$$

或

$$BCCI_i = \overline{BMCI} - \frac{100 - BMCI_{min}}{t}$$

或

$$DCCI_i = \overline{DMCI} - \frac{100 - DMCI_{min}}{t}$$

式中:$PCCI_i$——上部结构第 i 类部件的得分,值域为 0 ~ 100 分[当上部结构中的主要部件某一构件评分值 $PMCI_l$ 在[0,40)区间时,其相应的部件评分值 $PCCI_i = PMCI_l$];

$\overline{PMCI}$——上部结构第 i 类部件各构件的得分平均值,值域为 0 ~ 100 分;

$BCCI_i$——下部结构第 i 类部件的得分,值域为 0 ~ 100 分[当下部结构中的主要部件某一构件评分值 $BMCI_l$ 在[0,40)区间时,其相应的部件评分值 $BCCI_i = BMCI_l$];

$\overline{BMCI}$——下部结构第 i 类部件各构件的得分平均值,值域为 0 ~ 100 分;

$DCCI_i$——桥面系第 i 类部件的得分,值域为 0 ~ 100 分;

$\overline{DMCI}$——桥面系第 i 类部件各构件的得分平均值,值域为 0 ~ 100 分;

$PMCI_{min}$——上部结构第 i 类部件中分值最低的构件得分值;

$BMCI_{min}$——下部结构第 i 类部件中分值最低的构件得分值;

$DMCI_{min}$——桥面系第 i 类部件分值最低的构件得分值;

t——随构件的数量而变的系数(表 1-3-7 中未列出的 t 值采用内插法计算)。

t 值 表 1-3-7

n(构件数)	t	n(构件数)	t
1	∞	20	6.60
2	10	21	6.48
3	9.7	22	6.36
4	9.5	23	6.24
5	9.2	24	6.12
6	8.9	25	6.00
7	8.7	26	5.88
8	8.5	27	5.76
9	8.3	28	5.64
10	8.1	29	5.52
11	7.9	30	5.4
12	7.7	40	4.9
13	7.5	50	4.4
14	7.3	60	4.0
15	7.2	70	3.6
16	7.08	80	3.2
17	6.96	90	2.8
18	6.84	100	2.5
19	6.72	≥200	2.3

第二步,桥梁上部结构、下部结构、桥面系的技术状况评分按式(1-3-3)计算。

$$SPCI(SBCI 或 BDCI) = \sum_{i=1}^{m} PCCI_i (BCCI_i 或 DCCI_i) \times W_i \qquad (1-3-3)$$

式中:SPCI——桥梁上部结构技术状况评分,值域为 0~100 分;

SBCI——桥梁下部结构技术状况评分,值域为 0~100 分;

BDCI——桥面系技术状况评分,值域为 0~100 分;

m——上部结构(下部结构或桥面系)的部件种类数;

W_i——第 i 类部件的权重,对于桥梁中未设置的部件,应根据此部件的隶属关系,将其权重值分配给各既有部件,分配原则为按照各既有部件权重在全部既有部件权重中所占比例进行分配。

第三步,桥梁总体的技术状况评分,按照式(1-3-4)计算。

$$D_r = BDCI \times W_D + SPCI \times W_{SP} + SBCI \times W_{SB} \qquad (1-3-4)$$

式中:D_r——桥梁总体技术状况评分,值域为 0~100 分;

W_D——桥面系在全桥中的权重,按规范取 0.4;

W_{SP}——上部结构在全桥中的权重,按规范取 0.4;

W_{SB}——下部结构在全桥中的权重,按规范取 0.2。

最终桥梁技术状况分类界限按表 1-3-8 的规定执行。

桥梁状况分类界限表 表 1-3-8

技术状况评分	技术状况评定等级				
	1 类	2 类	3 类	4 类	5 类
D_r	[95,100]	[80,95)	[60,80)	[40,60)	[0,40)

在桥梁技术状况评价中,有下列情况之一时,整座桥应评为 5 类桥:

(1)上部结构有落梁,或有梁、板断裂现象。

(2)梁式桥上部承重构件控制截面出现全截面开裂,或组合结构上部承重构件结合面开裂贯通,造成截面组合作用严重减小。

(3)梁式桥上部承重构件有严重的异常位移,存在失稳现象。

(4)结构出现明显的永久变形,变形大于规范值。

(5)关键部位混凝土出现压碎或杆件失稳倾向,或桥面板出现严重塌陷。

(6)拱式桥拱脚严重错台、位移,造成拱顶挠度大于限值,或拱圈严重变形。

(7)圬工拱桥拱圈大范围砌体断裂,脱落现象严重。

(8)腹拱、侧墙、立墙或立柱破坏,造成桥面板严重塌落。

(9)系杆或吊杆出现严重锈蚀或断裂现象。

(10)悬索桥主缆或多根吊索出现严重锈蚀、断丝。

(11)斜拉桥拉索钢丝出现严重锈蚀、断丝,主梁出现严重变形。

(12)扩大基础冲刷深度大于设计值,冲空面积达 20% 甚至以上。

(13)桥墩(桥台或基础)不稳定,出现严重滑动、下沉、位移、倾斜等现象。

(14)悬索桥、斜拉桥索塔基础出现严重沉降或位移,或悬索桥锚碇有水平位移或沉降。

四、桥梁承载能力评定

桥梁检测是在桥梁检查的基础上,借助相关仪器设备,对桥梁材料、质量和工作性能等所做的更加精确的检测与试验。桥梁承载能力评定是依据桥梁检测结果,通过检算方式评定桥梁承载能力。《公路桥梁承载能力检测评定规程》(JTG/T J21—2011)规定,现有公路桥梁有下列情况之一时,须进行承载能力检测评定:

(1)按照《公路桥梁技术状况评定标准》(JTG/T H21—2011)评定技术状况等级为4类、5类。

(2)拟提高荷载等级。

(3)需通过特殊重型车辆荷载。

(4)遭受重大自然灾害或意外事件。

1. 桥梁承载能力评定内容与程序

(1)桥梁承载能力评定内容

在用桥梁的承载能力评定,一般应根据现有桥梁的技术状况和桥梁改造的具体要求确定承载能力评定的具体内容,必要时还应进行荷载试验评定:

①桥梁缺损状况检查评定。

②桥梁材质状况与状态参数检测评定。

③桥梁承载能力检算评定。

对于多跨或多孔桥梁,应根据桥梁技术状况检查评定情况,选择具有代表性的或最不利的桥跨进行承载能力评定。

(2)桥梁承载能力评定程序

在进行桥梁结构承载能力评定时,应认真做好桥梁缺损状况调查评估和质量状况检测评定工作。一般情况下,根据桥梁缺损状况调查评估及质量状况检测评定结果,通过结构检算分析,对桥梁结构承载能力做出评定。当根据调查、检测与检算结果尚难确定现有桥梁结构承载能力时,还可通过荷载试验对桥梁的结构状态和工作性能进行测试评估,确定其承载能力。桥梁承载能力评定工作流程如图1-3-3所示。

2. 桥梁缺损状况检查与评定

(1)桥梁缺损状况检查

对需要检测评定的桥跨,应按照现行规范有关定期检查的规定,对结构构件缺损状况逐一进行详细检查。对检查中发现的缺损应进行现场标注,并做影像记录和病害状况说明。对桥梁结构构件的内部缺陷,宜采用仪器设备进行现场检测。检查时,应采用图表和文字描述等方式详细记录缺损的位置、范围和严重程度,对其成因和发展趋势做出评判。

(2)桥梁缺损状况评定

对需要检测评定的桥跨,应按照现行行业标准的有关规定,评定桥面系、上部和下部结构的技术状况等级。桥面系、上部和下部结构技术状况等级为1、2、3、4和5,对应的缺损状况评定标度值为1、2、3、4和5。

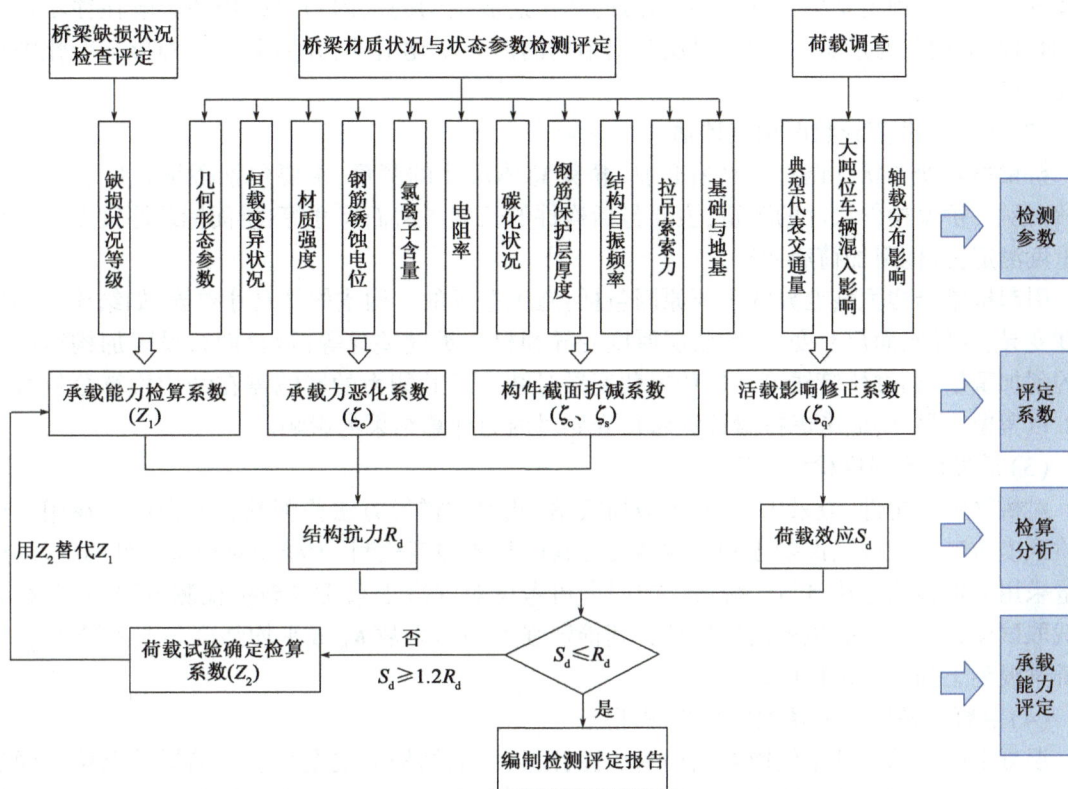

图 1-3-3　桥梁承载能力评定工作流程

桥梁缺损状况检查评定,主要依据《公路桥涵养护规范》(JTG 5120—2021)和《公路桥梁技术状况评定标准》(JTG/T H21—2011),针对所选择的承载能力检测评定桥跨实施。重点检查记录结构或构件缺损的类别、范围、分布特征和严重程度,并推断其发展变化趋势及其可能造成的不利影响,进而评定其技术状况等级并最终确定缺损状况评定标度值。

3.桥梁材质状况与状态参数检测评定

桥梁材质状况与状态参数检测评定是对其结构及部件的材料质量所存在的缺损状况进行详细检测、试验、判断的过程,是对桥梁的专门检验,属于桥梁诊断的范畴。

根据《公路桥梁承载能力检测评定规程》(JTG/T J21—2011),桥梁材质状况与状态参数检测项目有桥梁几何形态参数检测评定、桥梁恒载变异状况调查评估、桥梁材质强度检测评定、混凝土桥梁钢筋锈蚀电位检测评定、混凝土桥梁氯离子含量检测评定、混凝土桥梁电阻率检测评定、混凝土桥梁碳化状况检测评定、混凝土桥梁钢筋保护层厚度检测评定、桥梁结构自振频率检测评定、拉吊索索力检测评定、桥梁基础与地基检测评定,共11项。

(1)桥梁几何形态参数检测评定

梁桥应测定桥跨结构纵向线形和墩(台)顶的竖向和水平变位,拱桥应测定拱轴线、桥面结构纵向线形和墩(台)顶的竖向和水平变位,索塔应测定塔顶水平变位、桥面结构纵向线形和主缆线形。

桥梁几何形态的变化能在一定程度上反映结构内力的变化情况,如桥跨结构的下挠、墩台沉降等。对于超静定结构,结构几何形态的变化造成结构的次内力对结构的影响往往不可忽略,通过对结构几何形态的观测,可反演出结构的内力变化情况,并为分析结构形态变化的原因提供可靠依据。

(2)桥梁恒载变异状况调查评估

桥梁恒载变异状况调查评估宜包括:桥梁总体尺寸的测量,主要包括桥梁长度、桥宽、净空、跨径等;桥梁构件尺寸的测量,主要包括构件的长度与截面尺寸等;桥面铺装厚度及拱上填料重度测定;其他附加荷载调查。

引起桥梁结构恒载变异的主要原因包括:施工造成的结构或构件尺寸差异,如结构或构件长度变异、构件断面尺寸变异、铺装层厚度变异和材料重度差异等;运营期布设附加构造物导致的附加重量,如过桥管线等。这些恒载变异对结构承载能力的影响需在结构检算分析过程中加以考虑。另外,应考虑桥梁计算跨径变异对内力计算结果的影响。

(3)桥梁材质强度检测评定

对桥梁主要构件,应采用无损、半破损或钻、截取试样等方法检测其材质强度。在用桥梁材质强度检测主要包括混凝土和钢材两类材料的材质强度检测,为减少对结构构件的损坏,应尽量采用无损检测方法进行。确有必要时方可考虑对混凝土采用半破损检测方法,对钢材采用截取试样方法。根据检测的数据计算其推定强度匀质系数 K_{bt} 或平均强度匀质系数 K_{bm},确定桥梁混凝土强度评定标度。

(4)混凝土桥梁钢筋锈蚀电位检测评定

混凝土中钢筋锈蚀不仅影响结构耐久性,而且影响结构的安全性。钢筋锈蚀电位直观反映了混凝土中钢筋锈蚀的活动性。通过测试钢筋/混凝土与参考电极之间的电位差,可判断钢筋发生锈蚀的概率。通常,电位差越大,混凝土中钢筋发生锈蚀的可能性越大。根据钢筋锈蚀电位水平,确定混凝土桥梁钢筋锈蚀评定标度。

(5)混凝土桥梁氯离子含量检测评定

混凝土中的氯离子可诱发并加速钢筋锈蚀,测量混凝土中氯离子含量可间接评判钢筋锈蚀活化的可能性。混凝土中氯离子含量越高,钢筋发生锈蚀的可能性越大。根据测区最高氯离子含量(占水泥含量的百分比),确定混凝土氯离子含量评定标度。

(6)混凝土桥梁电阻率检测评定

混凝土电阻率反映了混凝土的导电性能,可间接评判钢筋的可能锈蚀速率。通常混凝土电阻率越小,混凝土导电的能力越强,钢筋锈蚀发展速度越快。根据测区电阻率最小值确定混凝土电阻率的评定标度。

(7)混凝土桥梁碳化状况检测评定

配筋混凝土构件中的钢筋通常由于碱性混凝土环境的保护而处于钝化状态,混凝土碳化将造成钢筋失去碱性混凝土环境的保护,钢筋易发生锈蚀。通过测试混凝土的碳化深度,计算测区混凝土碳化深度平均值与实测保护层厚度平均值的比值 K_c,确定混凝土碳化评定标度。

(8)混凝土桥梁钢筋保护层厚度检测评定

混凝土对钢筋的保护作用包括两个方面:一是混凝土的高碱性使钢筋表面形成钝化膜;二是作为保护层,对外界腐蚀介质、氧气及水分等渗入起阻止作用。后一种作用主要取决于混凝土的密实度及保护层厚度。因此,混凝土保护层厚度及其分布均匀性是影响结构钢筋耐久性的一个重要因素。根据检测构件或部位的钢筋保护层厚度特征值 D_{ne} 与设计值 D_{nd} 的比值,确定钢筋保护层厚度评定标度。

(9)桥梁结构自振频率检测评定

桥梁自振频率变化不仅能够反映结构损伤情况,而且能反映结构整体性能和受力体系的改变。通过测试桥梁自振频率的变化,可以分析桥梁结构性能,评价桥梁工作状况。根据实测自振频率 f_{mi} 与理论计算频率 f_{di} 的比值,确定自振频率评定标度。

(10)拉吊索索力检测评定

拉吊索索力直接反映索结构桥梁持久状况下的内力状态,是评价桥梁承载能力的重要指标。在用桥梁拉吊索索力测量通常采用振动法,现场检测时应事先解除索的阻尼装置,通过现场试验确定换算索长,并依据不少于前五阶的特征频率计算索力的平均值。索力偏差率 K_t 超过 $\pm 10\%$ 时应分析原因,检定其安全系数是否满足相关规范要求,并在结构检算中加以考虑。

(11)桥梁基础与地基检测评定

桥梁基础变位检测评定应包括以下三个方面内容:基础的竖向沉降、水平变位和转角,相邻基础的沉降差,基础的不均匀沉陷、滑移、倾斜和冻拔等。

4.桥梁承载能力评定

在用桥梁承载能力评定包括持久状况下承载能力极限状态和正常使用极限状态。承载能力极限状态针对的是结构或构件的截面强度和稳定性,正常使用极限状态主要针对结构或构件的刚度和抗裂性。对在用桥梁,应从结构或构件的强度、刚度、抗裂性和稳定性四个方面进行承载能力检测评定。

(1)圬工桥梁承载能力极限状态评定

圬工桥梁承载能力极限状态评定主要考虑引入桥梁检算系数、截面折减系数和活载修正系数分别对极限状态方程中结构抗力效应和荷载效应进行修正,并通过比较判定结构或构件的承载能力。

(2)配筋混凝土桥梁承载能力极限状态评定

配筋混凝土桥梁承载能力极限状态评定,引入桥梁检算系数、承载能力恶化系数、截面折减系数和活载修正系数分别对极限状态方程中结构抗力效应和荷载效应进行修正,并通过比较判定结构或构件的承载能力。桥梁结构或构件在持久状况下裂缝宽度评定,裂缝宽度应小于规范限值。

(3)钢结构承载能力评定

对钢结构桥梁,引入桥梁检算系数修正容许应力和容许变形,给出相应的限值取值,按设计规范给出的计算公式进行承载能力计算评定。

(4)拉吊索承载能力评定

拉吊索承载能力评定,引入桥梁检算系数修正容许应力限值,通过对比拉吊索强度,评定拉吊索承载能力。

(5)桥梁地基评定

对经久压实的桥梁地基土,在墩台与基础无异常变位的情况下可考虑适当提高承载能力,最大提高系数为 1.25。对经久压实的桥台填土,在桥台无结构性病害的情况下,其内摩擦角随填土压实度的提高将有一定程度的增大。填土内摩擦角 φ 可根据土质情况适当放大 5°～10°,但提高后的最大取值不得超过 50°。

5. 分项检算系数确定

(1)圬工与配筋混凝土桥梁

圬工与配筋混凝土桥梁,应综合考虑桥梁结构或构件表观缺损状况、材质强度和桥梁结构自振频率等的检测评定结果,确定承载能力检算系数 Z_1。钢结构桥梁和吊拉索承载能力检算系数 Z_1 根据实际情况按照规范取值。

(2)配筋混凝土桥梁承载能力恶化系数 ξ_c

对配筋混凝土桥梁,为考虑评定期内桥梁结构质量状况进一步衰退恶化产生的不利影响,通过承载能力恶化系数 ξ_c 来反映这一不利影响可能造成的结构抗力效应的降低。引入承载能力恶化系数的目的是当结构质量状况进一步衰退至某一阶段时,使承载能力评定结果仍能维持在一定的可靠度水平之上。承载能力恶化系数主要考虑了结构或构件的缺损状况、钢筋锈蚀电位、钢筋保护层厚度,以及混凝土强度、电阻率、氯离子含量和碳化状况等影响因素,通过专家调查方式确定各因素的影响权重,并综合考虑环境的干湿、温度及侵蚀介质等条件加以确定。

(3)截面折减系数 ξ_c

对圬工及配筋混凝土桥梁,由材料风化、碳化、物理与化学损伤(如混凝土剥落、疏松、掉棱、缺角、桩基与墩柱由于冲蚀引起的剥落缩径等)引起的结构或构件有效截面损失,以及由钢筋腐蚀剥落造成的钢筋有效面积损失,对结构构件截面抗力效应会产生影响。在检算结构抗力效应时,可用截面折减系数 ξ_c 评估这一影响。

(4)钢筋截面折减系数 ξ_s

配筋混凝土结构中,发生腐蚀的钢筋截面折减系数 ξ_s 应按钢筋锈蚀引起混凝土剥落,钢筋外露、出现锈蚀剥落,钢筋断面损失等相关因素确定。

(5)活载影响修正系数 ξ_q

活载影响修正系数用于评定实际桥梁所承受的汽车荷载与标准汽车荷载之间的差异。活载影响修正系数主要根据桥梁运营荷载的调查统计情况,从典型代表交通量、大吨位车辆混入率及轴荷载分布情况三个方面进行综合修正确定。

6. 荷载试验检测与评定

荷载试验规范为《公路桥梁荷载试验规程》(JTG/T J21-01—2015)和《公路桥梁承载能力检测评定规程》(JTG/T J21—2011),分为静载试验和动载试验,桥梁承载能力评定时,一般采用静载试验。

实施荷载试验的主要目的是:当通过检算分析尚无法明确评定桥梁承载能力时,可以通过对桥梁施加静力荷载作用,测定桥梁结构在试验荷载作用下的结构响应,并据此确定检算系数 Z_2,重新进行承载能力检算评定或直接判定桥梁承载能力是否满足要求。

分项检算系数主要是根据在用桥梁的检算和荷载试验鉴定的实践经验确定的,按规范检算时材质参数取值留有一定的安全储备。在保证桥梁安全的前提下,为充分发挥在用桥梁的承载潜力,对经检算作用效应大于抗力效应且超过幅度在20%以内的桥梁(作用效应与抗力效应的比值为1.0~1.2),应通过荷载试验进一步评定其承载能力。

1)静载试验

在试验加载过程中,应有专门人员统一指挥加载的实施,及时掌握各方面情况,根据试验数据的实时处理分析以及有无试验现象等情况,安全有序实施加载计划。

(1)静力荷载试验效率

静力荷载试验效率 η_q 是某一控制截面在试验荷载作用下的计算效应与该截面对应的设计控制效应的比值。对于在用桥梁,其使用荷载变化情况复杂且长期处于各种荷载作用之下,为使荷载试验能充分反映结构的受力特点,一般要求采用较高的荷载试验效率,其取值范围为0.95~1.05。

静载试验效率按式(1-3-5)计算:

$$\eta_q = \frac{S_s}{S' \cdot (1 + \mu)} \tag{1-3-5}$$

式中:S_s——静载试验荷载作用下控制截面内力、应力或变位的最大计算值;

S'——检算荷载作用下同一控制截面内力、应力或变位的最不利效应计算值;

μ——按相关规范采用的冲击系数,平板挂车、履带车、重型车辆,$\mu = 0$。

(2)测试工况及测试截面

桥梁静载试验应按桥梁结构的最不利受力原则和代表性原则确定试验工况及测试截面。通常根据桥梁结构的内力包络图,考虑应力分布,按最不利受力原则选定截面,然后拟定相应的试验工况,一般应包括中载工况和偏载工况。

简支梁桥和连续梁桥静载试验工况及测试截面宜按表1-3-9确定。表中,主要工况应为必做工况,附加工况可视具体情况由试验检测者确定是否进行。测试最大正弯矩产生的应变时,应同时测试该截面的位移。

试验工况及测试内容　　　　　　　　　　　　　　　　　　　　表1-3-9

桥型	试验工况		测试截面	测试内容
简支梁桥	主要工况	①跨中截面主梁最大正弯矩和挠度工况。②支点附近主梁最大剪力工况	①跨中截面。②梁底距支点h/2截面内侧向上45°斜线与截面形心线相交位置	①跨中截面最大正弯矩和挠度。②支点截面最大剪力
	附加工况	①L/4截面主梁最大正弯矩和挠度工况。②墩台最大垂直力	①L/4截面。②支座处	①L/4截面正弯矩和挠度。②最大垂直力
连续梁桥	主要工况	①跨中最大正弯矩和挠度工况。②内支点截面最大负弯矩工况。③L/4截面弯矩和挠度工况	①主跨最大弯矩截面。②主跨内支点截面。③计算确定具体截面位置	①跨中最大正弯矩和挠度。②内支点截面最大负弯矩。③L/4截面处的弯矩和挠度

桥型	试验工况		测试截面	测试内容
连续梁桥	附加工况	①端支点截面的最大剪力工况。 ②L/4 截面最大弯剪力工况。 ③连续刚构固结墩身控制截面的最大弯矩。 ④墩台最大垂直力	①计算确定具体截面位置。 ②计算确定具体截面位置。 ③计算确定具体截面位置。 ④支座处	①端支点截面的最大剪力。 ②L/4 截面最大弯剪力。 ③连续刚构固结墩墩身控制截面的最大弯矩。 ④墩台最大垂直力

（3）测试内容

静载试验的测试内容应反映桥梁结构内力、应力（应变）、位移及裂缝最不利控制截面的力学特征，在试验过程中应关注可能出现的异常现象。

①应力（应变）观测主要是针对测试截面的受拉和受压区，通常沿截面高度或横向位置分布测点，以测试结构的应力分布特征。

②位移测试包括主梁控制截面的挠度、纵向或横向位移、主塔三维坐标等的测试，反映了桥梁结构整体或局部的刚度特性。在测试竖向挠度时，应同时测试支点的竖向变位，并进行支点沉降修正。

③观测结构裂缝变化，或异常振动及响声等试验现象，可以帮助试验人员了解结构或构件在试验过程中的表观。

（4）分级加载

为了获取结构试验荷载与变位的相关曲线以及防止结构意外损伤，对主要控制截面试验荷载的施加应分级进行。加载级数应根据荷载量和加载最小荷载增量而定。试验荷载应按控制截面最大内力或位移分成 4~5 级施加。受条件所限时，至少应分成 3 级施加。在前一荷载阶段内结构应变或变位相对稳定后，方可进入下一荷载阶段。对结构变位或应变较大的测点，应实时绘制测点变位或应变与荷载的关系曲线，分析结构工作状态，保证结构安全。

2）结构校验系数及相对残余变形计算

（1）校验系数

主要测点静力荷载试验结构校验系数 ζ 应按式（1-3-6）计算：

$$\zeta = \frac{S_e}{S_s} \tag{1-3-6}$$

式中：S_e——试验荷载作用下主要测点的实测弹性变位或应变值；

S_s——试验荷载作用下主要测点的理论计算变位或应变值。

静力荷载试验结构校验系数 ζ 是试验荷载作用下测点的实测弹性变位或应变值与相应的理论计算值的比值。ζ 小于 1 时，代表桥梁的实际状况要好于理论状况。

（2）相对残余应变

主要测点相对残余变位或相对残余应变 S_p' 应按式（1-3-7）计算：

$$S_p' = \frac{S_p}{S_t} \times 100\% \tag{1-3-7}$$

式中：S_p——主要测点的实测残余变位或残余应变；

S_t——试验荷载作用下主要测点的实测总变位或总应变。

相对残余变位或相对残余应变 S'_p 是测点实测残余变位或残余应变与对应的实测总变位或总应变的比值。S'_p 越小,说明结构越接近弹性工作状况。

3)试验结果评定

当出现下列情况之一时,应判定桥梁承载能力不满足要求。

(1)主要测点静力荷载试验校验系数大于1。

(2)主要测点相对残余变位或相对残余应变超过20%。

(3)试验荷载作用下裂缝扩展宽度超过本教材表3-1-1的限值,且卸载后裂缝闭合宽度小于扩展宽度的2/3。

4)在试验荷载作用下,桥梁基础发生不稳定沉降变位

桥梁荷载试验的条件为:通过检算分析,确定桥梁结构或构件的作用效应大于抗力效应且超过幅度在20%以内。这表明通过检算分析,已预判结构承载能力存在不满足要求的可能性。

在此条件下,主要测点静力荷载试验结构校验系数 ζ 大于1,表明桥梁实际工作状况要差于理论状况;主要测点发生较大的相对残余变位或相对残余应变,以及结构裂缝超限且闭合状况不良,表明结构在试验荷载作用下有较大的不可恢复变位或应变。

这些都表明,结构实际状况与理想状况相比偏于不安全,可直接依据试验结果判定承载能力不能满足要求。另外,对于在用桥梁,其地基在长期荷载作用下已趋于稳定,如在试验荷载作用下,发生基础不稳定沉降变位,可直接判定其承载能力不满足要求。

不符合以上规定时,应取主要测点应变校验系数或变位校验系数较大值,按表1-3-10确定检算系数 Z_2,代替 Z_1,按本规程的有关规定进行承载能力评定。

经过荷载试验的承载能力检算系数 Z_2 值　　　　　　　　　表1-3-10

ζ	Z_2	ζ	Z_2
0.4 及以下	1.30	0.8	1.05
0.5	1.20	0.9	1.00
0.6	1.15	1.0	0.95
0.7	1.10		

注:对主要挠度测点和主要应力测点的校验系数,两者中取较大值;Z_2 值可按 ζ 值线性内插。

当荷载作用效应与抗力效应的比值为 1.0 ~ 1.2 时,应判定桥梁承载能力满足要求,否则应判定桥梁承载能力不满足要求。

单元四　桥梁养护类型

我国是全世界桥梁数量最多的国家,但大量桥梁已经存在不同程度的损伤,部分桥梁重要构件出现严重缺损,即技术状况处于危险状态,桥梁承载能力明显降低并直接危及安全。如不加强养护,在未来 10 ~ 20 年,大量桥梁将提前结束使

桥梁养护类型

用寿命。

2020 年,交通运输部印发的《关于进一步提升公路桥梁安全耐久水平的意见》提出,到 2025 年将基本完成技术评定等级为 4 类、5 类桥梁的改造工作,着力提升公路桥梁养护管理水平;到 2035 年公路桥梁建设养护管理水平进入世界前列。这一举措充分表明强化、提升养护管理是桥梁发展的新趋势。

一、桥梁养护过程中存在的问题

目前,桥梁评估手段相对落后,除了桥梁的疲劳寿命评估方法和理论有一定依据外,其他方面都还不足以解决实际问题。桥梁的养护管理模式仍存在效率低下、主观性强等问题,造成了养护工作不及时、养护效果不佳等问题,使得桥梁通行安全得不到保障,使用寿命缩短。

此外,桥梁建设前期对桥梁耐久性重视程度不够,旧桥技术档案资料缺失,养护管理人员的专业技术操作能力较低等都是桥梁养护中存在的典型问题。

二、桥梁养护主要内容

桥梁养护工作应结合桥梁的养护检查等级开展,对桥梁检查中发现的病害应制订相应的养护维修方案并及时处治。桥梁养护具体内容包括桥梁的检测评估、桥梁结构的养护、其他设施的养护,以及建立养护档案等。

1. 养护要求

桥梁养护应符合下列要求。

(1)桥梁外观整洁。

(2)结构无损坏、无异常变形,稳定性良好。

(3)桥面铺装坚实平整,纵、横坡适度,桥头平顺。

(4)桥面系各构件、支座及附属设施等状态完好、功能正常、布置合理。

(5)基础无冲蚀。

2. 养护类型

1)按工程性质、规模大小、技术难度划分

桥梁养护按其工程性质、规模大小、技术难度划分为小修保养、中修、大修、改建及专项工程五类。

(1)小修保养工程

保养是指经常对桥梁进行预防性的维护保养。

保养主要包括以下工作:①清除污泥、积雪、杂物,保持桥面、隧道内及洞口清洁;②疏通涵管,疏导桥下河槽;③养护伸缩缝,疏通泄水孔,给栏杆涂油漆。

小修是指对桥梁轻微损坏部分进行修补,使其经常保持完好状态。

小修主要包括以下工作:①局部修理,更换栏杆和修理泄水孔、伸缩缝、支座和桥面的局部轻微损坏;②修补墩、台及河床铺底和防护圬工的微小损坏;③修理涵洞和进出口的铺砌。

（2）中修工程

中修工程是指针对一般性磨损和局部损坏进行定期的修理加固,以恢复其原有技术状况。

中修工程主要包括以下工作:①木桥的较大损坏构件的修理、更换及防腐;②中、小桥支座、伸缩缝及个别构件的修理、更换;③大、中型钢桥的全面油漆防锈和各部构件的检修;④永久性桥墩、台侧墙及桥面的修理和小桥桥面的加宽;⑤涵洞的重建、增建、接长;⑥桥梁河床的铺底或调治构造物的修复和加固。

（3）大修工程

大修工程是指针对较大损坏进行周期性的综合修理,以全面恢复其设计标准。

大修工程主要包括以下工作:①增改建小型桥梁和技术简单的中桥;②增改建较大的河床铺底和永久性调治构造物;③修理吊桥、斜拉桥,调整更换个别索。

（4）改建工程

改建工程是指对不满足现有交通量和载重需要的桥梁,通过提高技术等级或改善的方式来显著提高其通行能力。

改建工程主要包括以下工作:①提高桥面等级;②补强;③加宽;④局部改线,如对不满足交通要求、不符合路线标准的路段,通过局部改线,提高公路等级,使其符合技术标准要求。

（5）专项工程

专项工程是指为恢复、保持或提升公路服务功能,结合阶段性专项公路养护治理工作,对桥梁实施专项养护,包括增设、加固改造、拆除重建、灾后恢复等。

2）按养护目的和养护对象划分

公路养护工程按照养护目的和养护对象,分为预防养护、修复养护、专项养护和应急养护。

（1）预防养护

预防养护是指公路桥梁整体性能良好但有轻微病害,为避免其性能过快衰减、延长其使用寿命而预先采取的主动预防工程。

（2）修复养护

修复养护是指公路桥梁出现明显病害或部分丧失服务功能,为恢复其技术状况而进行的功能性、结构性修复或定期更换工程。修复养护又分为大修和中修。

（3）专项养护

专项养护是指为恢复、完善或提升桥梁服务功能而集中实施的完善增设、加固、改造或拆除重建（按原规模）等工程,按中修工程进行管理。

（4）应急养护

应急养护是指在突发情况造成桥梁损毁、交通中断、产生重大安全隐患等时,为较快恢复公路安全通行能力而实施的应急抢险保通和恢复重建工程。

三、桥梁养护对策

根据桥梁技术状况评定结果,对所评定的各类桥梁采取相应的养护对策,具体见表1-4-1。

养护对策   表 1-4-1

技术状况评定等级	养护对策
1 类	正常保养或预防养护
2 类	修复养护、预防养护
3 类	修复养护、加固或更换较大缺陷构件,必要时可进行交通管制
4 类	修复养护、加固或改造;及时进行交通管制,必要时封闭交通
5 类	及时封闭交通,改建或重建

？思考题

1. 简述桥梁养护检查的分级。

2. 简述桥梁养护检查的工作内容及周期。

3. 简述桥梁技术状况评定的流程。

4. 简述桥梁承载能力评定内容。

模块二
MODULE 2
桥面系和支座常见病害及养护措施

学习目标

知识目标

(1)熟悉水泥混凝土桥面铺装常见病害及成因分析。

(2)掌握水泥混凝土桥面铺装养护措施及要点。

(3)熟悉沥青混凝土桥面铺装常见病害及成因分析。

(4)掌握沥青混凝土桥面铺装养护措施及要点。

(5)熟悉伸缩缝、桥面系其他构件常见病害及成因分析。

(6)掌握伸缩缝、桥面系其他构件养护措施及要点。

(7)熟悉支座常见病害及成因分析。

(8)掌握支座养护措施及要点。

技能目标

(1)能开展桥面铺装的养护。

(2)能开展伸缩缝、桥面系其他构件的养护。

(3)能开展支座的养护。

单元一 桥面铺装常见病害及养护措施

一、桥面铺装概念及一般养护要点

桥面铺装的
修补

1. 桥面铺装的概念

桥面铺装(图2-1-1和图2-1-2)是桥梁的行车部位,其作用是保护桥梁上部结构(或桥面板)不受车辆轮胎(或履带)的直接磨耗,防止桥梁上部结构遭受雨水的侵蚀和渗透,并对车辆荷载起到分散作用。通常来说,桥面铺装的类型与桥梁所在路线的路面形式一致,并与路面衔

接平顺。桥面铺装应具备较好的抗车辙性能、行车舒适、抗滑、不透水以及和桥梁上部结构（或桥面板）间紧密结合等特点。

图 2-1-1　水泥混凝土桥面铺装层施工图　　　　图 2-1-2　沥青混凝土桥面铺装

按建筑材料划分，桥面铺装的主要类型有水泥混凝土和沥青混凝土两种。一般来说，高等级公路上的桥面铺装上面层宜采用沥青混凝土，以适应交通服务的水平和品质。水泥混凝土桥面铺装通常采用配筋形式，通过锚固连接钢筋，加强与上部结构主梁的联系，对改善受力、增强整体性起关键作用。

2. 桥面铺装一般养护要点

对桥面铺装（含防水层）开展养护与维修工作应注意下列要点。

（1）桥面应经常清扫，清除泥土、砂石及其他杂物等，保持桥面平整、清洁，确保行车的舒适性。

（2）桥面铺装应保持一定的横坡和纵坡，应当定期检查和疏通排水管道，保证在雨后及时将积水排除。

（3）冬季雪后应及时采用人工配合机械清除桥面上的冻块或积雪，不宜使用含氯盐的除冰融雪材料。

（4）严禁在桥面范围内堆放杂物或将桥面作为晒场等。

（5）保持桥面防水层具有良好的使用性能。

（6）及时处理桥面铺装存在的裂缝及坑槽等表面缺陷。当桥面铺装采用水泥混凝土铺装层时，应及时处理磨光、脱皮等表面缺陷，保证桥面具有良好的抗滑性能。

（7）保持桥面上的人行道系、防撞护栏、缘石等构件完好。有缺损时，应及时维修或更换。

（8）桥面标线及相关标志、标牌应当清晰，如有损坏或缺失应及时维修和补充。

（9）有夜间照明需求的桥面还需保证路灯等照明设施的完好。

（10）桥面应重视预防性养护，在桥面铺装技术状况等级较高，局部或小范围出现轻微病害或隐患时，应当及时、主动地采取适当措施，提高桥面行车的安全性和舒适性，但不得随意增加桥面铺装的厚度。

二、沥青混凝土桥面铺装常见病害及养护措施

1. 沥青混凝土桥面铺装的特点及常见病害类型

（1）沥青混凝土桥面铺装的特点

沥青混凝土属于柔性材料，可以很好地防止桥面板因反复遭受拉、压应力

桥面铺装的养护
及沥青混凝土桥面
铺装常见病害

的交替作用而出现开裂现象,适用于桥梁主体结构变形较大且复杂的桥面铺装。

一般而言,沥青混凝土桥面铺装由黏层、防水层、保护层和面层组成,总厚度多为6～10cm,铺设方式有单层式和双层式两种,高速公路和一级公路的沥青混凝土桥面铺装为双层式。

(2)沥青混凝土桥面铺装常见病害类型

沥青混凝土桥面常见的病害有泛油、车辙、拥包、波浪、松散、起皮、坑槽、裂缝、龟裂和块裂等,养护时,应根据损坏程度,采取局部修补或整跨铣刨重新铺设铺装层的方式。

①泛油

泛油是指路面沥青被挤出或表面被沥青膜覆盖形成发亮的薄油层(图2-1-3)。

病害产生的主要原因:施工时,混合料级配不当,油量过多,集料过少;使用沥青标号不当,稠度太低,针入度过大,热稳性差等。

泛油多发生于高温季节,环境温度造成沥青永久积聚在桥面铺装面层,且温度降低时不会发生逆过程。泛油会导致路面抗滑能力降低,危害行车安全。

②车辙

车辙是在桥梁铺装车辆行驶方向车轮集中通过位置上产生的连续纵向变形(图2-1-4),变形多以车轮压痕的形式体现。

图2-1-3 沥青混凝土桥面泛油   图2-1-4 沥青混凝土桥面车辙

病害产生的主要原因:沥青混合料的高温稳定性不足,在过大的重载交通(特别是在高温、低速或静止荷载下)重复作用下,桥面铺装可能产生累积永久性的带状凹槽。车辙根据具体产生的原因又分为结构型车辙、流动型车辙、压密型车辙和磨耗型车辙。

车辙的产生将降低桥面的行车舒适性和平整度,车辙部位的桥面铺装进一步变薄,会对桥梁上部承重结构(或桥面板)的使用安全造成影响,存在较严重车辙部位的桥面,还会影响车辆方向控制,进而影响行车安全。

③拥包

拥包是指在行车水平力作用下,沥青面层材料因抗剪强度不足而形成局部不规则隆起的变形(图2-1-5)。

病害产生的主要原因:沥青混合料的油石比过大,油量偏高或细料偏多;沥青面层摊铺致使桥面上下层黏结性较差,影响面层和基层之间的结合,在行车水平力的作用下,使桥面产生推移。

④波浪

波浪（搓板）是指桥面铺装表面出现轻微、连续的接近等距离的起伏状，形似洗衣搓板（图2-1-6）。

图2-1-5　沥青混凝土桥面拥包

图2-1-6　沥青混凝土桥面波浪

病害产生的主要原因：桥面出现波浪与沥青混凝土的油石比过大有关，面层与基层的结合不够良好进一步加剧了桥面铺装波浪的产生。波浪的主要危害是车辆行驶稳定性和舒适性下降，还会因为积水降低桥面的抗滑力，导致安全性下降；出现桥面波浪后极易产生积水，行车作用造成积水飞溅，对行人和沿线居民产生影响。

⑤松散

松散表现为沥青混凝土中沥青与集料的黏结作用逐渐下降并丧失，在车辆荷载作用下，沥青混凝土表面层呈现松散状态，面层中的集料颗粒脱落，粗、细集料散失起砂，桥面磨损，路表粗麻，多处微坑，表层剥落，桥面铺装外观质量差，行车不适（图2-1-7）。

病害产生的主要原因：材料缺陷，沥青、集料质量不合格；混合料的油石比、级配设计不合理；施工过程中直接使用潮湿的沥青混合料，冒雨摊铺，碾压不及时，等等。

⑥起皮

起皮是指沥青混凝土出现较大范围表层剥落的现象（图2-1-8）。

图2-1-7　沥青混凝土桥面松散

图2-1-8　沥青混凝土桥面起皮

病害产生的主要原因：在铺筑面层时，上面层与下面层间或沥青铺装层与桥面板之间未撒黏层油，上、下层黏结不好，形成隔层，表层因行车作用发生面层推移；所摊铺的面层厚度偏薄；

等等。

⑦坑槽

坑槽是指在行车荷载及自然因素的作用下,沥青桥面铺装因沥青黏结性能下降等原因,集料局部脱落而产生坑洼(图2-1-9)。

图2-1-9　沥青混凝土桥面坑槽

病害产生的主要原因:施工时混合料温度控制不当、压实不足、表层厚度不够;运营过程中水损害、桥面老化、交通量大等。有时沥青混凝土桥面也因为桥梁上部结构受力过大等发生结构破损,进而出现坑槽。

⑧裂缝

桥面铺装裂缝根据其开裂方向,分为横桥向裂缝和纵桥向裂缝(图2-1-10和图2-1-11)。

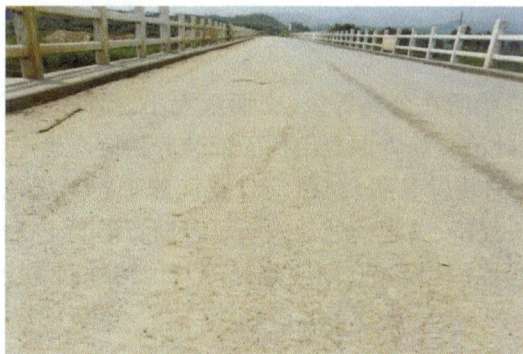

图2-1-10　沥青混凝土桥面纵桥向裂缝

图2-1-11　沥青混凝土桥面横桥向裂缝

横桥向裂缝产生的主要原因。

a.结构受力产生的裂缝。桥梁结构因受正、负弯矩的作用,桥面铺装随上部主要受力构件发生竖向位移,当桥面铺装产生的拉应力超过沥青混凝土的抗拉强度时,产生横桥向裂缝。

b.温度裂缝。当环境温度迅速降低时,桥面铺装由于受到预制板的约束而无法自由收缩,或者当桥面铺装较厚时沿厚度方向将产生温度梯度,最终导致横向裂缝产生。

纵桥向裂缝产生的主要原因。

a.疲劳裂缝。这类纵向裂缝的产生是由于梁间铰缝(或湿接缝)破坏而反射到桥面,有1条或多条平行裂缝(有多条裂缝时间距大致相等);此类纵向裂缝一旦扩展,形成单板受力,危害很大,不能按桥面裂缝进行判定,应立即对主梁及横向联系进行排查。

b.干缩裂缝。这类纵向裂缝的产生是由于桥面铺装混凝土产生收缩,裂缝长度可能跨多孔。该类裂缝对桥梁影响不大,但检测时应注意与铰缝破坏反射裂缝(单板受力)区分。

⑨龟裂和块裂

龟裂是最为严重的一种裂缝形式,在桥面上呈现相互交错的、小网格式的、成块的、不规则的破碎性网状裂缝,因形状类似乌龟背壳而得名(图2-1-12)。

块裂表现为纵向和横向裂缝交错,使桥面形成多边形块状(图2-1-13)。

图 2-1-12　沥青混凝土桥面龟裂

图 2-1-13　沥青混凝土桥面块裂

病害产生的主要原因:养护不足,混凝土内、外温差比较大;桥面铺装层浇筑厚度不够;强度不满足使用要求;等等。

2.沥青混凝土桥面铺装常见养护措施

对沥青混凝土桥面铺装开展养护时,应根据桥梁所在公路等级、交通量大小、预期寿命等因素,结合病害类型、范围及损坏程度进行针对性处治。沥青混凝土桥面铺装养护应明确产生病害的根源,防止因养护措施不当再次破坏;桥面铺装应参照《公路沥青路面养护技术规范》(JTG 5142—2019)进行病害处治,达到可靠、耐久、经济、美观的处治效果。若沥青混凝土桥面铺装产生的病害属于桥梁其他构件由受力、材质等原因引起的,则应先处理其他构件问题,再按下列施工方法处治桥面铺装病害。

(1)泛油处治

①泛油轻微时,可撒布3~5mm粒径的碎石或粗砂,并采用压路机或行车碾压。

②泛油较重时,可先撒布5~10mm粒径的碎石,用压路机碾压,待稳定后,再撒布3~5mm粒径的碎石或粗砂,并用压路机或行车碾压成型。

③泛油严重时,可先撒布10~15mm粒径或更大粒径的碎石,后采用压路机强力压入桥面,待稳定后,再撒布5~10mm或3~5mm粒径的碎石,采用压路机或行车碾压成型。或在桥面铺装表面1~2cm的富油沥青层铣刨后,铺筑1~2cm的微表处、超薄罩面或薄层罩面。当增加桥面铺装厚度时,应结合结构计算确定方案的可行性。若不允许增加桥面铺装厚度,则应整体铣刨重铺。

（2）车辙处治

根据车辙病害类型、范围、程度及原因等,合理确定并采取局部车辙处治或大范围直接填充、铣刨重铺、就地热再生等措施。

①局部车辙处治或大范围直接填充适用于受到车辆横向推挤而产生的横向波形车辙,可在填补前先将凸出部分削除。

②铣刨重铺、就地热再生适用于受到高温影响出现沥青层软化,在行车荷载作用下侧向位移而形成的车辙,在现场对桥面进行加热、耙松、补料和压实处理。

（3）拥包、波浪处治

根据拥包、波浪病害类型及产生原因,可采用局部铣刨、局部铣刨重铺、就地热再生、整体铣刨重铺等处治方式,重铺材料可采用热拌、冷拌或温拌沥青混合料,功能性罩面材料等。当增加桥面铺装厚度时,应结合结构计算确定方案的可行性。若不允许增加桥面铺装厚度,则应整体铣刨重铺。

（4）松散处治

①由于施工质量不佳产生的桥面松散,可先将桥面上已松动的矿料收集,清除残留在麻面松散层上的浮料,喷洒沥青用量为 $0.8 \sim 1.0 kg/m^2$ 的封层油,再按用量为 $5 \sim 8m^3/1000m^2$ 撒布 $3 \sim 5mm$ 粒径的碎石或粗砂,用轻型压路机压实,最后将桥面麻面松散部分进行铣刨重铺,或采用就地热再生进行处治。

②沥青老化造成的桥面松散,可先将松散处清除,再铺设稀浆封层处理。

（5）坑槽处治

坑槽处治时,应遵循"圆洞方补、斜洞正补"的原则,修补面积应大于病害实际面积,修补范围的轮廓线应与桥面中心线（行车方向）平行或垂直,注意将坑槽周边杂物清除干净,保证作业面平整。修补后新填补部分应略高于原桥面,完成后需在修补的边缘部位采取涂覆黏层材料、贴缝胶、界面加热等措施,保证修补部分与原桥面界面黏结牢固、有效防水。

（6）裂缝处治

裂缝处治可采用贴缝、灌缝、带状挖补等方式,或将以上方法进行组合。灌缝材料宜采用密封胶;贴缝材料可采用热粘式贴缝胶和自粘式贴缝胶,其工艺可分为直接贴缝和灌缝后贴缝。

直接贴缝处治工艺应符合以下要求:

①贴缝前应将桥面裂缝及其两侧各 20cm 范围内表面的泥土杂物、污染物、散落物等清理干净,保证裂缝作业面平整,无凸起、凹陷、松散等情况。

②贴缝胶应从裂缝一端粘贴,其长度不小于整条裂缝长度,贴缝胶应处于裂缝中间部位;遇不规则裂缝,可将贴缝胶断开,按裂缝的走向跟踪粘贴;贴缝胶结合处形成 $80 \sim 100mm$ 的重叠。

③贴缝完成后宜采用贴缝机、铁滚等进行碾压,使贴缝无气泡、皱褶,保证贴缝胶与桥面铺装充分结合、黏结紧密,检查确认后开放交通。

④施工环境温度应高于 5℃,并在桥面铺装表面干燥状态下施工。

灌缝处治工艺应符合以下要求:

①应根据桥面裂缝的具体情况确定开槽灌缝的尺寸,宜选择 12mm × 12mm、12mm ×

18mm、15mm×15mm 或 15mm×20mm(宽度×深度)等尺寸。

②采用开槽机、灌缝机、清干机等专用灌缝设备,按照开槽、清洁、干燥、灌缝与养护工艺流程进行作业。

③灌缝成型应饱满,灌缝材料性能稳定后才可开放交通。

④施工环境温度应高于5℃,并在桥面铺装表面干燥状态下施工。

三、水泥混凝土桥面铺装常见病害及养护措施

1.水泥混凝土桥面铺装的特点及常见病害类型

（1）水泥混凝土桥面铺装的特点

水泥混凝土桥面铺装直接铺设在梁、板顶部防水层或桥面板之上,一般层厚不宜小于8cm,铺装内应设置钢筋网,在保证自身强度的同时,将所受荷载分散传递至桥面板及上部梁、板结构。水泥混凝土桥面铺装具有良好的耐磨性,适用于重载交通。

（2）水泥混凝土桥面铺装常见病害类型

水泥混凝土桥面铺装常见病害有露骨(跑砂、脱皮、露筋)、错台、坑洞、拱起、裂缝、断裂等,应根据现场损坏程度,通过将原铺装整块或整跨凿除,重铺新的铺装层及时进行处治,具体操作流程应满足《公路水泥混凝土路面养护技术规范(附条文说明)》(JTJ 073.1—2001)的相关要求。局部修补时严禁使用普通混凝土替代防水混凝土。

①露骨

露骨指在行车作用下,板块表面出现细集料散失、粗集料外露的现象(图2-1-14)。

病害产生的主要原因:混凝土桥面铺装表面水泥砂浆强度低,水泥及集料等原材料耐磨性差,或桥面使用时间过长、交通量较大等,造成铺装表层砂浆磨损,粗集料外露。

②错台

错台是指水泥混凝土桥面裂缝(或切缝)两侧板块出现高差(图2-1-15)。

图 2-1-14 水泥混凝土桥面露骨　　　　图 2-1-15 水泥混凝土桥面错台

病害产生的主要原因:雨水沿接缝或裂缝渗入拱桥拱腔,冲刷填料,在行车荷载作用下发生唧泥;相邻板块之间产生抽吸作用,使细料向后方板移动、堆积,造成前板低,后板高。

③坑洞

坑洞是铺装层混凝土局部脱落形成的凹陷(图 2-1-16)。

病害产生的主要原因:桥面铺装层由于混凝土强度或质量分布不均匀,局部区域混凝土抗剪强度不足,在车辆的反复作用下,出现铺装层材料被逐步剥离的现象。

④拱起

拱起是指相邻两幅的板体出现向上隆起的现象(图 2-1-17)。

图 2-1-16　水泥混凝土桥面坑洞

图 2-1-17　水泥混凝土桥面拱起

病害产生的主要原因:水泥混凝土桥面铺装遇热膨胀,由于没有足够空间释放变形,接缝两侧的板体挤压,发生明显的向上抬高。

⑤裂缝

裂缝是指水泥混凝土桥面铺装表面的开裂缝隙,方向可以为横桥向、纵桥向或者其他不规则方向(图 2-1-18)。

图 2-1-18　水泥混凝土桥面裂缝

病害产生的主要原因:因温度收缩应力产生的裂缝,一般呈现细长状,且开裂方向不规则,对桥梁承载影响不大;上部结构变形过大或者铰缝开裂后向上反射,造成桥面铺装层横桥向或者纵桥向开裂。

此类裂缝修补前,还应对上部结构进行加固提载等处治,从源头遏制桥面裂缝的进一步扩展。

⑥断裂

水泥混凝土桥面铺装的开裂面竖直贯穿整个铺装厚度,并存在裂缝边缘附近其他混凝土破裂的现象(图 2-1-19)。

图 2-1-19　水泥混凝土桥面断裂

病害产生的主要原因：铺装层与其下层结构存在脱空，在车辆荷载的反复作用下，桥面铺装层断裂。

2. 水泥混凝土桥面铺装常见养护措施

水泥混凝土自身刚性大且整体性强，针对水泥混凝土桥面铺装病害开展维修相较于沥青混凝土桥面更为困难。所以在对水泥混凝土桥面铺装开展修复养护时，应分析病害产生的原因，结合病害类型、程度、使用环境等因素，选择技术成熟的维修方法和合适的维修材料，并参照《公路水泥混凝土路面养护技术规范（附条文说明）》（JTJ 073.1—2001）进行处治。

（1）露骨处治

①表面露骨应根据桥梁所在公路等级和表面破损程度，采用相同（近）的材料和施工方法，对局部板块的表面脱皮进行罩面施工。

②一般公路水泥混凝土桥面铺装表面露骨，宜采用稀浆封层加以处治。

③高速公路水泥混凝土桥面铺装表面露骨，宜采用改性沥青稀浆封层或沥青混凝土加以处治。

④对于较大面积的水泥混凝土面板表面露骨，宜采取稀浆封层及沥青混凝土罩面措施。处治过程中，应结合结构计算，合理确定罩面厚度。若结构计算不支持在原铺装层上直接加铺罩面，则应凿除原桥面铺装后重新浇筑桥面铺装。

（2）错台处治

根据错台的轻重程度，其处治方法有磨平法和填补法两种。

①磨平法。高差小于等于10mm的错台，可采用磨平机磨平，或人工凿平。应从错台最高点开始向四周扩展，边磨边用3m直尺找平，直至相邻两块板齐平为止（图2-1-20）。磨平后，接缝内杂物应清除干净，并吹净灰尘，及时将嵌料填入。

②填补法。高差大于10mm的严重错台，可采用沥青砂或水泥混凝土填补处治。先将错台下沉板凿除2～3cm深，修补长度按错台高度除以坡度（1%）计算（图2-1-21）；凿除面应将杂物灰尘清除干净；浇筑聚合物细石混凝土，待混凝土达到通车强度后，即可开放交通。

（3）坑洞处治

坑洞处治应根据不同损坏情况采取针对性措施。

①对个别的坑洞，应清除洞内杂物，用水泥砂浆或聚合物水泥砂浆等材料填充，达到平整密实。

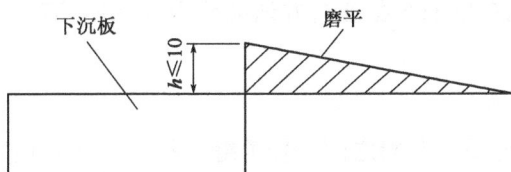

图 2-1-20　错台磨平法示意图(单位:mm)　　　　图 2-1-21　错台填补法示意图(尺寸单位:mm)

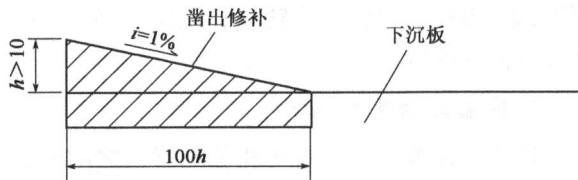

②对坑洞较多且连成一片的,应采取薄层修补方法进行修补。先切割面积的图形边线,切割边线应与桥面中心线平行或垂直,切割的深度应在 6cm 以上且不得切割到上部结构,并将切割面内的光滑面凿毛;清除槽内的混凝土碎屑;将修补的混凝土填入槽内,振捣密实,并保持与原混凝土面板齐平。喷洒养护剂进行养护,待混凝土达到通车强度后,方可开放交通。

③低等级公路上的桥梁,对面积较大,深度在 3cm 以内的成片坑洞,可用沥青混凝土进行修补,修补时应在槽底面和槽壁洒黏层沥青。

(4)拱起处治

①板端拱起但桥面完好时,应根据板块拱起高低程度,计算要切除部分板块的长度。先将拱起板块两侧附近 1～2 条横缝切宽,待应力充分释放后切除拱起端,逐步将板块恢复原位,对缝隙和其他接缝进行清缝,并灌接缝材料。

②板端拱起且发生断裂或破损时,可采用全深度补块方式(集料嵌锁法、刨挖法、设置传力杆法等)修补。

(5)裂缝处治

针对不同开裂宽度的裂缝,可以采用适宜的维修技术,常见方法有扩缝灌浆法、条带罩面法、集料嵌锁法、刨挖法、设置传力杆法等,具体见表 2-1-1。

水泥混凝土桥面裂缝处治方法一览表　　　　　　　　　　　　　表 2-1-1

序号	开裂情况	适宜采用的维修技术
1	缝宽 <3mm	扩缝灌浆法
2	缝宽 3～15mm	条带罩面法
3	缝宽 >15mm	集料嵌锁法
4		刨挖法(适用于接缝间传荷较差的部位)
5		设置传力杆法(适用于重型交通荷载)

单元二　伸缩缝、桥面系其他构件常见病害及养护措施

一、伸缩缝的基本概念及常见病害

1. 伸缩缝的条件

当气温发生变化时,桥梁产生伸长和缩短的变形,在车辆荷载作

伸缩缝的养护与维修　　伸缩缝的更换

用下,梁、板端部也将产生转动和纵向位移,为使车辆在桥面平稳通行并适应桥面的变形,需要设置桥面伸缩缝。

2. 伸缩缝的常见病害

桥梁伸缩缝一般设置于相邻两梁端之间和梁端与桥台背墙之间。伸缩缝直接与大气环境接触,并与桥面一同承受车辆荷载的反复作用,极易出现病害。伸缩缝出现病害后将直接影响行车的平稳性、舒适性甚至安全性,产生跳车等不良现象。伸缩缝是桥梁中易损坏且较难修复的部位,其常见病害主要有以下类型。

(1)凹凸不平

桥梁墩、台的不均匀沉降,梁板变位和梁端混凝土破坏等的作用造成伸缩缝产生高差。有的伸缩缝安装时,施工误差与桥面铺装不在同一高度,也会造成凹凸不平(图2-2-1)。在桥梁与道路的连接处,由于路基的沉降速率大于桥梁的沉降速率,很容易产生高差,这也是造成伸缩缝凹凸不平的原因。伸缩缝产生凹凸不平病害后,引起跳车,使伸缩缝承受很大的冲击,加速伸缩缝和桥梁其他构件的破损,还会造成行车安全事故,应及时进行修补。

(2)锚固区缺陷

锚固区混凝土压碎破坏或锚固钢筋损坏(图2-2-2),将不能正常锚固伸缩缝,从而造成桥面因温度等原因产生的纵向变形不能有效传递至伸缩缝,使得部分桥梁构件产生附加应力。

图2-2-1 伸缩缝凹凸不平

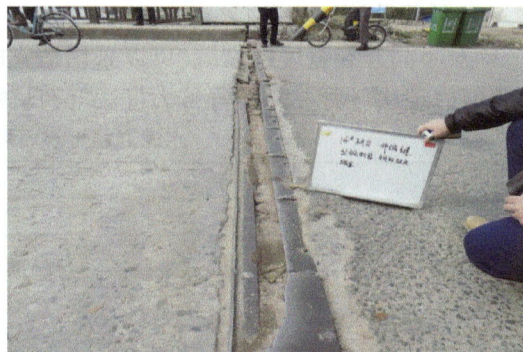

图2-2-2 伸缩缝锚固区损坏

(3)伸缩缝破损

伸缩缝破损指伸缩缝本身材料的破损,主要表现为:异形钢梁变形、压断;连杆、支承箱和支承梁等连接开裂破坏;橡胶条老化、脱落;伸缩量过大,造成止水橡胶挤出或拉裂、脱落、破损(图2-2-3)等。伸缩缝破损后,桥面污物将侵蚀桥面以下其他构件,伸缩缝自身部件损坏还将影响桥梁正常伸缩变形,危害极大。

(4)伸缩缝失效

伸缩缝失效(图2-2-4)指伸缩缝失去伸缩功能,失效现象主要有伸缩缝间隙过小顶死、齿板变形咬死、缝内有杂物顶死、未设置伸缩缝等。日常养护中,极容易忽视此问题。

3. 不同类型伸缩缝的检查重点

在设计时,会根据伸缩量大小、公路等级、自然环境、经济条件等因素,确定伸缩缝类型,常见的有梳齿板式伸缩缝(图2-2-5)、橡胶板式伸缩缝(图2-2-6)、模数式伸缩缝(图2-2-7)、型钢伸缩缝(图2-2-8)等形式。

图2-2-3 伸缩缝止水橡胶破裂

图2-2-4 伸缩缝失效

图2-2-5 梳齿板式伸缩缝

图2-2-6 橡胶板式伸缩缝

图2-2-7 模数式伸缩缝

图2-2-8 型钢伸缩缝

(1)梳齿板式伸缩缝

①观察梳齿板式伸缩缝在梳齿与承托连接处是否牢固。

②经常清除缝内硬物、杂物,保证排水和自由伸缩。

③经常检查紧固螺栓,防止梳齿板转动外翘。

(2)橡胶板式伸缩缝

①保持伸缩缝表面清洁、行车平顺,防止硬物破坏橡胶块。

②紧固松脱的固定螺栓,防止橡胶剥离。

③橡胶板丢失应及时修补,大面积破损时应将同型号的橡胶板全部更换。

④清除伸缩缝内的垃圾和杂物,保持伸缩缝自由伸缩。

⑤防止伸缩缝局部下陷或凸出而产生的噪声。

(3)模数式伸缩缝

①检查伸缩缝内洁净度,保持伸缩缝自由伸缩。

②经常检查钢板焊接部位是否可靠。

③防止密封橡胶带老化、严重漏水。

(4)型钢伸缩缝

①每月一次清除伸缩缝内的垃圾和杂物,保持伸缩缝的自由伸缩。

②防止密封橡胶带的老化,如有漏水,则应更换密封橡胶带。

4. 伸缩缝常见病害产生原因

(1)设计阶段

①梁端部尺寸设计不当,在反复荷载作用下,梁端破损引起伸缩缝失灵。

②伸缩量计算不准确,未能准确计算伸缩缝安装时的实际温度对伸缩缝的影响,伸缩缝本身无法或很难调整初始位移量。

③部分桥梁设计时,将伸缩缝的锚固件置于桥面铺装层中,与主梁连接的效果较弱,在重载车辆的作用下,伸缩缝受力不均衡,最终导致混凝土黏结力失效。

④设计中未明确后浇混凝土的防裂措施,造成伸缩缝预留槽混凝土极易损坏,导致伸缩缝使用质量下降。

(2)施工阶段

①未能严格遵从施工工艺和标准,尤其是根据伸缩缝的施工温度设置的初始位移量不正确,致使伸缩缝不能正常工作。

②伸缩缝与两侧水泥混凝土或沥青混凝土铺装层结合不好,结合处碾压不密实,产生开裂、脱落。

③伸缩缝安装后,预留槽清理不干净,后浇混凝土浇筑不密实,出现蜂窝、空洞等,达不到设计要求,在车辆荷载的反复碾压下损坏。

④伸缩缝锚固钢筋与伸缩缝钢构件焊接不牢固,梁端伸缩缝间距未严格按设计要求设置,定位角钢位置不准确,产生施工质量缺陷。

(3)运营阶段

①未能及时处理桥面铺装因大气环境和车辆反复碾压产生的病害,造成伸缩缝的进一步损坏。

②桥梁养护人员未能及时清除伸缩缝内的杂物,部分作业人员缺乏基本养护知识,将桥面杂物扫入伸缩缝,造成伸缩缝卡死。

③车辆荷载和交通量的不断增加,极易导致伸缩缝损害,尤其是桥台处的伸缩缝,受桥台跳车等因素的影响,车辆的冲击作用加大,给桥梁伸缩缝的有效使用和耐久性带来严重威胁。

④地震等其他恶劣条件的影响。

5. 伸缩缝一般规定及常见措施

对伸缩缝进行养护时，应保证其平整、顺宜和正常伸缩，并处于良好的工作状态。应定期清除堵塞的杂物，出现渗漏、变形、连接部位开裂、跳车、行车有异常噪声时，应及时维修。以下展开介绍伸缩缝养护的一般规定以及针对部分缺陷、损坏的养护措施。

（1）一般规定

伸缩缝的养护，应满足下列规定：

①伸缩缝应平整、直顺，无漏水，处于良好的工作状态。

②应经常清除伸缩缝的缝内积土、垃圾等杂物，使其正常发挥作用。

③伸缩缝的密封橡胶带（止水带）损坏后，应及时更换。密封橡胶带的选择，应参照并满足原规格和性能要求。

④梳齿板式伸缩缝的钢板脱焊时，应及时补焊；螺栓松动、脱落时，应及时维修。

⑤进行桥面伸缩缝的修补或更换工作时一般不中断交通，但需对通行车辆采取部分限制措施，如半幅施工，半幅通行车辆；或白天对施工部位采用盖板覆盖，夜间封闭交通施工等。不论采取何种施工方式，都应尽量缩短施工工期，在保证修补质量的前提下，减少对交通的影响。

（2）锚固区缺陷

松动的保护角钢或平板、松动的底板等构件可通过重新锚固的方式进行维修。如松动程度严重，则应进行替换。

①切割损坏部位后，安装附加锚具。如使用化学锚具，不应采用膨胀楔形锚具，避免锚固区在汽车冲击力作用下产生松动。

②浇筑钢筋或植筋，将底板、保护角钢或平板等伸缩缝构件与混凝土中的钢筋连接牢固，重新浇筑混凝土，并振捣密实。

（3）密封条损坏

先使用焊枪等工具对损坏部位的密封条进行高温加热处理，使密封条与伸缩缝钢梁自行脱离，将损坏的密封条抽出，再对伸缩缝钢梁内的垃圾杂物及残留的密封条进行清理，清理干净后，用润滑油脂均匀涂抹钢梁两侧凹槽，将准备好的新密封条平放于安装位置，用专用工具将密封条嵌进钢梁凹槽完成修补。

（4）锈蚀

伸缩缝出现锈蚀可以通过喷涂加有防锈剂的专用溶剂处理，或者采用其他可行的防锈措施均可。

（5）伸缩缝出现下列病害时，应及时更换：

①U形锌铁皮伸缩缝的锌铁皮老化、开裂、断裂。

②钢板伸缩缝的钢板变形、翘曲、脱落。

③橡胶条伸缩缝的橡胶条老化、脱落，固定角钢变形、松动。

④橡胶板式伸缩缝的橡胶板老化、开裂，预埋螺栓松脱，伸缩失效。

⑤伸缩缝的弹性元件或其他连接构件疲劳或失效，影响伸缩缝正常使用。

（6）更换伸缩缝时宜选择技术成熟、养护方便的，伸缩量应满足桥跨结构变形需要，安装应牢固、平整、不漏水。

(7)伸缩缝锚固区混凝土应确保完好,有开裂、松散时应及时修复。

(8)维修或更换伸缩缝时,应采取适当的交通管制措施。在锚固区混凝土强度未达到设计要求时,不得开放交通。

二、桥面系其他构件常见病害及养护措施

桥面系(图 2-2-9)属于桥梁附属设施,主要有桥面铺装、伸缩缝、防水和排水设施、人行道、栏杆(防撞护栏)、照明及标志标线等构件。桥面系虽然不是主要承重构件,但对桥梁主要承重构件具有保护作用,它直接承受车辆及人群等荷载,并将荷载传递至主要承重构件,其质量好坏关系着桥梁的交通运输服务水平。

桥面系其他构件养护与常见病害

桥面系其他构件的维修

图 2-2-9 公路桥梁桥面系

1. 人行道常见病害及养护措施

(1)人行道常见病害

人行道板易出现裂缝、铺砌破损等现象,路缘石易出现松动、残缺及缺失现象(图 2-2-10)。出现病害的原因多与人行道和桥梁上部主要承重构件变形不协调,或人行道板等小型构件在现浇和预制中施工质量欠佳等有关。

(2)人行道养护措施

当人行道或路缘石等构件发生破损或缺失时,将不能有效保障通行安全,应立即采取措施,在缺损部位设置安全警示标志,对破损或缺失部位进行快速修补。新修补的部位应与原人行道连接牢固可靠。当人行道面砖发生缺失时,可人工凿除松动的面砖和基层水泥砂浆(图 2-2-11),铺筑同强度等级的砂浆,捣实后铺筑同类型面砖。

图 2-2-10 桥梁人行道断裂病害

图 2-2-11 人工凿除松动的人行道面层

2. 栏杆(防撞护栏)常见病害及养护措施

(1)栏杆(防撞护栏)常见病害

①松动。栏杆立柱因撞击或基础设置不牢固会出现松动的病害,部分栏杆松动亦与扶手、花板等连接构件的缺失有关(图2-2-12)。

②锈蚀。金属栏杆在外部环境作用下锈蚀,导致表面漆皮脱落,部分锈蚀严重的栏杆构件存在断裂的现象。钢筋混凝土栏杆构件因施工时保护层等设置不合理,钢筋锈蚀后混凝土胀裂露筋(图2-2-13)。

图2-2-12　桥梁人行道栏杆扶手缺失　　　　图2-2-13　桥梁人行道栏杆锈蚀露筋

③防撞护栏露筋。防撞护栏受到外力冲击而保护层破损,露出内部埋置钢筋。

(2)栏杆(防撞护栏)养护措施

①定期维护,保持栏杆立柱表面清洁;对于倾斜或松动的栏杆立柱,予以固定;如已变形、损坏或缺失,应尽快修复、更换或补缺。

②若人行道高程调整,原护栏高度不再符合规定,应对护栏的高度予以调整。

③护栏表面金属或非金属防护层应及时修补,涂装层破损严重的部位,应及时喷涂防锈材料,保证栏杆使用的耐久性;反光膜脱落后,应及时补贴。

④防撞护栏露筋时,应凿除露筋附近的混凝土直至露出新鲜面,对外露钢筋进行除锈后,采用水泥砂浆或快速修补砂浆等材料进行修补,待养护后正常使用。

3. 防排水系统常见病害及养护措施

(1)防排水系统常见病害

①排水不畅。桥面防排水系统设计、施工不当等原因会造成桥面积水不能及时疏排,桥面积水渗流后,会造成其他构件表面水污染,混凝土腐蚀劣化。积水沿桥面破损或裂缝渗流至拱腔或台背时,会造成沉降等病害,影响桥梁正常使用和安全。

②泄水管、引水管缺陷。桥面垃圾积累未及时清理(图2-2-14)会导致泄水管、引水管、排水孔堵塞(图2-2-15);排水设施构件老化破损、缺件、管体脱落等病害会造成排水不畅;部分跨线桥梁,桥面积、留水引起桥下溅水,严重影响交通出行及周边环境。

(2)防排水系统养护措施

①按时清扫桥面,保证桥面纵、横坡的完好和泄水孔通畅,桥面应保持大于1.5%的横坡,以利于迅速排除桥面上的积水。

②保持桥面铺装内设置的防水层使用性能良好,防止雨水渗入梁体造成混凝土和钢筋腐

蚀,进而影响桥梁结构的耐久性、安全性。

③及时修补或更换损坏的排水管等设施,经常疏通排水管,及时清除管内的淤泥和杂物,确保排水通畅。

④经常检查维修导水设施的支撑构件,防止支撑构件损坏影响排水。

⑤排水设施和导水设施之间应连接可靠,确保排水系统整体的工作性能。

⑥互通立交除泄水管排水外,不得在桥面其他位置向桥下排水。

图 2-2-14　桥面泄水孔口周边砂石堆积

图 2-2-15　桥面泄水孔堵塞

4. 照明及标志标线常见病害及养护措施

(1)检查照明设施是否符合规范要求,对于不符合要求的照明设施应及时维修、更换。

(2)标志(牌)标线如有残缺、破损、模糊等,应及时修整、更换标志(牌),及时刷涂符合规范的反光标线。

单元三　桥梁支座常见病害及养护措施

一、桥梁支座的基本概念及常见病害

1. 桥梁支座的基本概念

桥梁支座(图 2-3-1)作为桥梁五大部件之一,设置于桥梁上部结构与桥墩、台之间。作为支承桥梁上部结构的传力装置,桥梁支座既要将桥梁上部结构所受荷载可靠地传递给下部结构,又要根据设计要求保证上部结构能发生一定程度的变位。

2. 桥梁支座常见病害

常见的桥梁支座分为固定支座和活动支座两种类型。其中,固定支座既要承担主梁与墩台间的竖向压力,又要保障主梁在发生挠曲时

支座的
常见病害1

支座的
常见病害2

可在支承处自由转动。活动支座除能传递竖向压力外,还能保证主梁在支承处既能自由转动,又能水平移动。下面将介绍几种常见支座及其特征。

图 2-3-1　桥梁支座施工图

(1)板式橡胶支座

橡胶支座由数层橡胶片与薄钢板镶嵌、黏合、压制而成。橡胶支座成本合理,构造简单,安装方便,使用性能优良,适应任意方向的变形。板式橡胶支座(图 2-3-2)是最常见的橡胶支座。

板式橡胶支座有矩形和圆形两种截面形状。普通板式橡胶支座的橡胶材料以氯丁橡胶为主,也有采用天然橡胶的。聚四氟乙烯滑板式支座是在普通板式橡胶支座上按照支座尺寸大小粘贴一层厚 2～4mm 的聚四氟乙烯板,除具有普通板式橡胶支座的竖向刚度与压缩能力外,还能减小支座与梁底不锈钢板之间的摩擦系数,使桥梁上部结构的水平位移不受限制。

板式橡胶支座的常见病害如下。

①老化变质、开裂

板式橡胶支座在正常使用过程中,受荷载、环境因素影响,材质和结构会发生变化,出现老化开裂的现象(图 2-3-3)。支座老化开裂后逐渐失去原有的工作性能,甚至丧失使用功能。橡胶老化实质是橡胶支座的失效过程,是不可逆转的过程。

橡胶板式支座出现老化变质、开裂时,应立即进行更换。

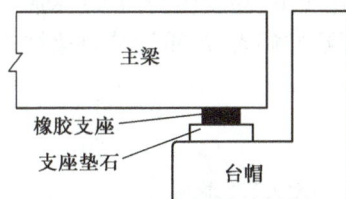

图 2-3-2　板式橡胶支座示意图

图 2-3-3　板式橡胶支座开裂

②缺陷

a. 活动支座缺陷。活动支座缺陷是指滑板磨损、滑脱,不锈钢钢板脱落,滑板倒置等,使活动支座无法正常滑移,或者滑动位移量超过标准允许范围。

b. 钢板锈蚀。钢板锈蚀多与桥面伸缩缝破损,桥面积水下渗,导致支座处积水有关,积水造成梁底钢板锈蚀(图2-3-4)。对于沿海桥梁,海风、海水具有腐蚀性,对支座钢板的锈蚀作用尤为严重。钢板严重锈蚀将导致支座失效。

　　c.临时支座未拆除。先简支后连续或悬臂施工等工艺需对梁体设置临时支座,施工时未进行临时支座拆除(图2-3-5),落梁后造成支座无法正常滑移,产生异常剪切变形,严重时甚至对梁体或盖梁造成破坏。

图2-3-4　支座预埋钢板锈蚀

图2-3-5　临时支座未拆除

　　d.外鼓。外鼓指橡胶支座承受的竖向荷载过大,超过支座允许压应力,或支座本身产品质量低劣致使板式橡胶支座橡胶层不均匀外鼓,并产生分层环向裂纹(图2-3-6)。其中轻微外鼓对桥梁使用影响不大。

　　除此之外,施工架梁时偏压会使支座产生较大的初始变形,也会造成支座外鼓。新桥支座偏压、剪切,大多数是架梁不平稳造成的。

　　e.压裂、压坏。支座承载力不足,在受压后会产生压裂破坏。超载严重还会引起支座胶层错位,开裂严重并出现钢板外露,处于压溃状态。

　　支座压裂一般是1~2条较宽的裂缝,而支座老化是较多的细裂缝,检查时应注意区分。

　　③位移

　　a.支座脱空。梁板间多个支座未有效调平,或梁体在荷载作用下变形不协调,会导致支座脱空,出现支座脱空受力的现象(图2-3-7)。支座脱空的梁体往往比附近其他梁体高。支座脱空在空心板梁中较为常见。由于梁底受力不均匀,在车辆荷载作用下,易发生受力大(未脱空处)的支点处混凝土破坏,进而造成铰缝破坏,桥面形成纵向裂缝等延伸病害,严重影响桥梁结构安全。

图2-3-6　支座外鼓破坏

图2-3-7　支座脱空

b.支座移位、串动。支座移位、串动指支座在施工中未正确安装,或运营阶段梁体发生位移,造成支座偏离设计位置(图2-3-8),从而影响梁体受力。

图2-3-8　支座移位挤出

④变形

a.支座剪切。支座剪切包括以下两种情况:梁(板)安装就位时与设计规定的安装温度相差过大,导致剪切变形(图2-3-9)大于设计值;梁(板)端建筑垃圾清除不彻底,限制梁(板)的正常伸缩,使支座向一个方向偏移过大等。板式橡胶支座剪切变形过大表现为支座水平剪切角超过标准规定值。滑板支座因摩阻力过大而失效,也会导致支座剪切。支座剪切造成支座滑动失效,严重的可能造成梁体变形破坏。

b.支座偏压。施工误差,支座安装位置不准确,若支承垫石或梁底面不水平,极易造成支座一侧受力变形较大,另一侧变形较小,形成偏压(图2-3-10)。

图2-3-9　支座剪切变形

图2-3-10　支座偏压

(2)盆式橡胶支座

盆式橡胶支座(图2-3-11)一般适用于竖向承载较大的桥梁,根据其工作特性可分为固定支座、单向活动支座和多向活动支座三种(图2-3-12),其中单向活动支座和多向活动支座在安装时具有固定方向。与板式橡胶支座相比较,盆式橡胶支座具有承载能力大、水平位移量大、转动灵活等特点,多用于大跨径桥梁。

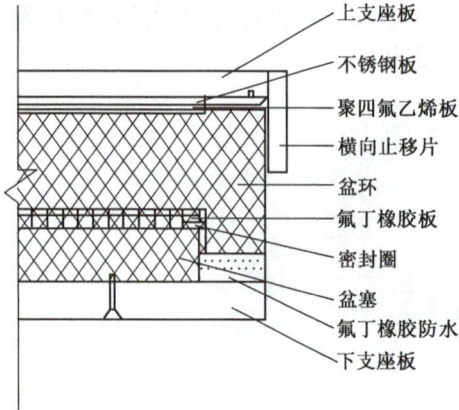

图 2-3-11 盆式橡胶支座

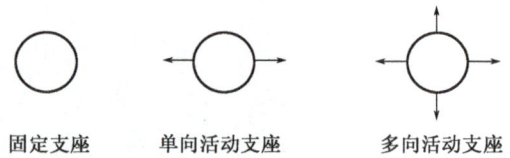

图 2-3-12 盆式橡胶支座的种类

盆式橡胶支座的主要病害如下。

①组件损坏

组件损坏指盆式支座固定螺栓弯曲断裂,上承压板或下座板弯曲变形,钢盆开裂,钢组件锈蚀、盆内构件缺损等病害。

a. 钢盆开裂。钢盆铸造质量低劣,盆壁内部有缺陷;支座垫石或梁底支承接触面不平整,导致受力不均匀,局部应力集中,使钢盆出现盆环竖向开裂,对橡胶失去径向约束,导致支座失效破坏。

b. 钢组件锈蚀。在使用过程中,钢制构件发生锈蚀(图 2-3-13),将影响支座的使用性能和耐久性。

c. 盆内构件缺损。盆内构件缺损是指密封圈压缩变形、老化、开裂,中间钢板变形损坏,导致支座失效破坏。

②安装缺陷

a. 螺栓安装不当。螺栓安装不当是指螺栓未安装、未紧固、未安装螺母、螺栓过长、剪切、锚栓孔未灌浆等,无法固定底座,导致支座变形和失效。

b. 支座限位装置未拆除(图 2-3-14),造成支座无法正常滑移,产生异常剪切,使得钢盆变形,甚至会造成梁体破坏。

图 2-3-13 盆式支座组件锈蚀

图 2-3-14 盆式支座限位装置未拆除

c. 施工顺序错误。原本应在浇筑混凝土后拆除的临时支座提前拆除,导致支座变形失效。箱梁在张拉前解锁,导致支座变形破坏。

d. 支座脱空。与板式橡胶支座脱空原因类似。

e. 单向支座安装错误。盆式支座的固定支座和活动支座安装位置错误,或单向活动支座和双向活动支座安装位置及安装滑移方向错误,造成支座无法正常滑移,严重时造成梁体破坏。

③聚四氟乙烯滑板缺损

盆式橡胶支座荷载大、位移大,若使用过程中养护不当或表面粗糙,易造成聚四氟乙烯滑板磨损(图2-3-15)或缺损。当聚四氟乙烯滑板磨损后,梁底与滑板的摩擦阻力增大,导致滑板挤出,有时密封橡胶也会被挤出。滑板被磨成粉末,有的从钢盆中析出呈棕色状;有时橡胶板也会磨成粉末,与滑板粉末一起析出。

④位移

a. 水平位移。梁体发生较大位移,导致支座位移同步过大,超出设计限值(图2-3-16)。产生这类病害与设计、施工有很大关系。

图2-3-15 聚四氟乙烯滑板磨损　　　图2-3-16 盆式橡胶支座发生较大位移

b. 偏压、转角位移。支座偏压倾斜,上承压板轻微脱空,导致锚固螺栓顶死弯曲;支座安装错误,偏压过大,导致上压板倾斜角过大,支座上、下钢板顶死。

(3)支座垫石

在桥墩、台顶设置支座垫石,可以增大梁底到桥墩、台顶面的距离,方便桥梁支座的安装、调整、观察及更换作业。

支座垫石常见病害如下。

①缺陷

支座垫石设置于桥台、墩顶部与支座连接部分,承受荷载大,要求强度高,平整度高,多为高强度混凝土或环氧树脂细石混凝土(或砂浆)现场浇筑。支座垫石缺陷将导致其承载力下降。

②承压面不平整

支座垫石承压面不平整会导致支座局部承压破坏,钢板变形。

③钢板缺损

钢板不平整,局部承压、变形会造成支座破坏或失效;钢板缺失,垫石不平整,会造成支座变形。

④污染

支座垫石因环境等因素出现积水、杂物堆积等情况,影响支座正常使用,并加速支座老化。

二、桥梁支座养护措施

支座的养护与一般维修

1.桥梁支座的养护与维修

（1）一般规定

桥梁支座在养护与维修时应符合下列规定:

①保持支座各组件完整、清洁、有效,防止积水、积雪和结冰,并及时清除支座周围的垃圾,保证支座正常工作。

②钢支座应除锈防腐。除铰轴和滚动面外,其余部分均应涂漆防锈。

③支座的锚栓应连接紧固,支承垫板应平整紧密。

④养护与维修时,应防止橡胶支座与油脂接触,焊接时应对支座进行保护。

⑤板式橡胶支座局部脱空、偏压时,应加垫钢板。

⑥高阻尼橡胶支座等减隔振类支座连接构件失效时,应予以维修或更换。

⑦垫石出现破损等病害,应及时修补。

（2）出现位移、变形等受力不均情况

梁支点承压不均匀时,应进行调整。调整时可采用千斤顶将梁上部顶起,然后移动调整支座的位置。在矫正支座位置以后,重新落梁。为避免桥孔结构倾斜,落梁应缓慢进行,并注意千斤顶的工作状态是否均衡。调整顶升时可采用楔子,以保证上部结构能恢复原位。

（3）出现老化、变质等情况

橡胶支座老化、变质导致功能失效时,需要及时更换。

（4）出现缺陷情况

①支座上板翘起、扭曲、断裂时,应予以更换或补充。焊缝开裂应予以维修加固。

②滚动面不平整,辊轴有裂纹或切口,以及个别辊轴大小不合适时,必须予以更换。

③对钢支座每3年敲铲油漆一次(包括盆式橡胶支座的钢圈部分),清除锈迹,打磨光亮,并重新涂刷防锈油漆保护。

（5）出现污染情况

支座各部应保持完整、清洁,每年应检查一次。

对于各种橡胶支座,应经常清除桥墩、台帽上的污水和垃圾;宜用高压水枪冲洗,每年9—10月实施一次,枪口的出水压力为 $10 \sim 15 \mathrm{kg/cm^2}$。

支座的更换

2.桥梁支座的更换

（1）一般规定

桥梁支座出现下列情况时,应予以更换。

①支座的固定锚栓剪断并造成其他构件出现病害;轴承有裂纹或切口,辊轴大小不合适;混凝土摆柱出现严重开裂、歪斜等。

②支座上、下钢板翘起、断裂。

③板式橡胶支座出现严重不均匀压缩变形,或发生过大的剪切变形、加劲钢板外露或脱胶、橡胶开裂、老化变质。

④橡胶隔振类支座本体被撕裂。

⑤小跨径桥梁油毡支座的油毡垫层损坏、掉落、老化。

⑥支座滑动面磨损严重,或造成其他构件出现病害。

⑦钢支座主要受力部件脱焊,钢部件磨损出现陷凹,或出现较大裂缝、牙板折断,或辊轴连杆螺栓剪断、支座卡死等。

⑧支座存在其他影响桥梁正常运营或结构受力安全的病害。

(2)更换流程

①施工准备

a. 做好支座处治与更换施工组织。整体更换支座的施工方案,应通过计算,确定更换支座的批次,以及顶、落梁的位移量和工序。顶升梁体的临时支架应满足强度、刚度及稳定性要求。梁的顶升和落梁应按设计要求进行。

b. 核对工程量。

c. 支座的检查与测量。更换支座时应依据环境温度进行支座偏移量的验算,并宜选择在有利的温度条件下测量原支座和新支座的高度差,并在施工中予以调整,确保梁体、桥面高程符合加固设计要求。支座应逐块检查,将脱空的支座取出。画出支座的中心线,测量支座四周梁体底部到盖梁的高程。

②梁体顶升

a. 顶升准备。顶升前应对桥梁基础、墩台、主梁、桥面系和附属工程的技术状况逐一进行检查。对基础、墩台及上部承重结构的缺陷应先行处治。按设计要求解除相关的纵向连接。按照不同支座的类型,制订不同的顶升方案。

b. 顶升。桥梁支座净空小,造成薄型千斤顶施工不便的,应对墩、台帽上缘混凝土进行局部凿除,确保操作空间满足施工要求,找平后再布设千斤顶。凿除时应由人工采用电锤施工,不得使用风镐,避免过大振动导致桥墩、台帽损伤。对于桥墩、台帽顶面局部凿除部位,在支座更换完成后,采用结构胶批嵌修复,恢复表面平整。

c. 修整垫石。顶升完成后,取下支座,修整支座垫石。修整支座垫石施工前,首先标识支座平面位置并精确测量需要处理的支座位置梁底到桥墩、台帽净距,计算所需修复垫石厚度、垫石中心厚度增加量。对于脱空的球冠橡胶支座,在处治中一律更换成板式橡胶支座,因此在计算修复垫石施工厚度时,还应考虑球冠高度。

d. 支座处理及安装。垫石处理完成后,开始放置支座。当存在四氟滑板支座原不锈钢板安装错误的情形时,需拆除原不锈钢板,粘贴新不锈钢板。此外,对于完全脱空的原板式橡胶支座、四氟滑板式支座,尽量予以保留利用。

e. 落梁。落梁前,检验处治支座与支承同一板梁的相邻支座的安装高度,保证两块支座的顶面处于同一水平面。第一次落梁至预定高程,第二次落梁在梁底调平结构材料(结构胶),固化后进行,落梁至原有高程处。落梁后,检查支座是否水平,钢板与支座是否密贴,支座四周是否异常,板梁底面至桥墩、台帽顶面的净高应与处治前一致。若存在脱空、支座不水平现象或其他异常问题,则需返工重新调整,直到合格为止。

单元四 典型工程案例

一、工程背景

徐家桥(图 2-4-1、图 2-4-2)位于某市境内的 X092 县道 K48 + 393 处,建成于 1968 年,原设计荷载等级为汽车—13 级,拖车—60。桥梁全长 68.3m,上部构造为 2 孔净跨径约 25m 的空腹式等截面悬链线双曲拱桥(横桥向为六肋五波),推定拱轴系数 $m = 2.240$,净矢跨比约为 1/5。主拱圈各片拱肋宽度均为 20cm,各拱波净跨径为 120cm,双曲拱主拱圈全宽为 750cm,高度为 92cm。徐家桥现桥面净宽为:净—6.5m(行车道) + 2 × 0.50m(安全带)。

图 2-4-1 桥梁立面图

图 2-4-2 桥面系全景

桥面是直接承受车辆荷载作用并与外界环境直接接触的结构层,其状况好坏直接影响到桥梁结构的使用舒适性与耐久性。徐家桥桥面表面为沥青混凝土形式,其病害主要表现为:

(1)桥面铺装对应腹孔范围内存在多处横桥向通长裂缝(裂缝宽度 0.3 ~ 0.8mm)(图 2-4-3,图 2-4-4)。

图 2-4-3 桥面铺装在 1 号腹孔处横桥向开裂

图 2-4-4 桥面铺装在 3 号腹孔处横桥向开裂

（2）桥台处桥面铺装龟裂，并伴随局部凹陷，现已在凹陷处加铺沥青以维持纵向线形平顺（图2-4-5）。

（3）全桥个别泄水孔存在堵塞现象（图2-4-6）。

图2-4-5　桥台处桥面铺装沉陷(已修补)

图2-4-6　泄水孔堵塞

桥面病害产生的主要原因为，腹拱圈承受了超过其承载能力的汽车荷载，产生横桥向通长开裂并延伸至桥面，从而导致桥面横桥向通长开裂。桥台处桥面铺装龟裂并伴随局部凹陷是由于桥面铺装在来往车辆的反复碾压作用下，与车辆荷载直接接触的桥面铺装层极易发生破坏。桥面积水经开裂的路面渗入台腔，并将台腔内填料经砌缝脱空处带走，使桥台路面下产生空洞并逐渐扩大，以致台后路面下陷。

二、施工方案及实施过程

根据桥梁桥面系已出现的病害及可能发展的新病害，拟采取以下措施进行桥面系维修加固：

（1）拆除原桥面系（图2-4-7），按照设计要求绑扎钢筋后（图2-4-8），安装整体式桥面板悬臂段模板（图2-4-9），现浇20cm厚的C40混凝土，并在整体式桥面板下设置15cm厚C15贫混凝土垫层，施工时应严格控制整体式桥面板高程（图2-4-10），保证桥面排水顺畅；

图2-4-7　对原桥面破碎拆除

图2-4-8　整体式桥面板钢筋绑扎

图 2-4-9　整体式桥面板模板安装

图 2-4-10　控制整体式桥面板高程

（2）浇筑整体式桥面板时应注意设置假缝，并按规范要求设置直径 100mm 的泄水管；

（3）拆除原桥栏杆、扶手，现浇 C30 混凝土人行道纵、横梁，预制安装人行道板及栏杆、扶手。人行道向桥面中心处设置 1% 横坡排水，为此在人行道板上抹 2～3.25cm 厚水泥砂浆（水泥砂浆内设置 ϕ2mm 钢丝网）。

重做桥面铺装施工注意事项：

（1）在凿除桥梁原桥面铺装的过程中，不允许采用大型机械设备。应采用小型机具配合人工进行凿除或挖除，以免对桥梁产生新的损伤（尤其注意不要伤及主拱圈），并及时将废料运至弃土场地。

（2）注意做好桥面板钢筋网的定位工作，防止钢筋网沉底。

（3）注意切割桥面防滑刻槽。

三、实施效果

采用 20cm 厚的整体式桥面板对原 8cm 厚桥面铺装进行改造后，将原拱桥侧墙内拱腔填料范围内的桥面铺装更换为整体式桥面板。整体式桥面板内配置了双层直径为 14mm 的钢筋网，大大增强了桥面板的强度和刚度，进一步改善了原桥腹拱圈受力。设置悬挑梁，进一步拓宽了桥面系的宽度，提升了交通运输服务能力。

对改造后的徐家桥进行跟踪回访发现，整体式桥面板未新增病害，桥面板平整度较好、行车舒适性良好（图 2-4-11、图 2-4-12）。

图 2-4-11　整体式桥面板施工前近景

图 2-4-12　整体式桥面板施工后全景

？思考题

1.列举沥青混凝土和水泥混凝土桥面铺装的常见病害类型。

2.列举伸缩缝的常见病害类型。

3.列举桥面系其他构件的常见病害类型。

4.列举支座的常见病害类型。

5.简述沥青混凝土桥面铺装的一般养护措施。

6.简述水泥混凝土桥面铺装的一般养护措施。

7.简述伸缩缝需要更换的情形。

8.简述支座更换的流程。

模块三
MODULE 3
桥梁常见裂缝病害及修补技术

学习目标

知识目标

(1)了解裂缝产生的机理及分类。

(2)熟悉桥梁常见裂缝的形式及成因分析。

(3)熟悉表面封闭裂缝的原理及常见形式。

(4)掌握表面封闭裂缝的施工方法及质量控制要点。

(5)熟悉压力灌浆法修补裂缝的原理。

(6)掌握压力灌浆法修补裂缝的施工方法及质量控制要点。

技能目标

(1)能开展桥梁裂缝的调查和分析。

(2)能进行表面封闭裂缝施工。

(3)能进行压力灌浆法修补裂缝施工。

单元一 桥梁常见裂缝病害特征

一、裂缝的基本概念及分类

桥梁裂缝常见
病害特征

1. 裂缝的基本概念

裂缝指构件表面发生开裂的现象,通常指密度大于 0.03 ~ 0.05mm 的宏观裂缝。混凝土裂缝的出现通常是由于混凝土发生体积变化时受到约束,或者是在荷载作用下混凝土内产生过大的拉应力,当拉应变 ε 大于 0.0001 ~ 0.0015

时,桥梁混凝土构件就会产生裂缝。简单地说,就是当混凝土中产生的拉应力大于抗拉强度时,就会出现开裂现象。

2. 裂缝的分类

桥梁结构在生命周期中会因为不同的原因产生不同形式的裂缝。对于圬工结构来说,产生裂缝是不可避免的,钢筋混凝土构件通过在受拉区配置钢筋,可以在一定程度上改善开裂的情况。预应力钢筋混凝土构件在结构受拉区域提前施加预压力,进一步增强了结构抗裂能力。

桥梁结构混凝土裂缝的影响程度要依据裂缝产生的原因、开裂位置、长度、宽度、是否继续发展、使用环境等因素综合来判断。有些桥梁允许带裂缝工作,有些桥梁不允许开裂(甚至不允许出现拉应力),有些裂缝的发展会降低结构的受压区高度,进而对结构承载力有较大影响,有些裂缝对结构的耐久性会产生一定的影响,所以对裂缝的检查与分析十分必要。在实际检测和养护工作中,应正确识别裂缝类型,准确分析裂缝产生的原因,并判断其是否在允许范围内,是否需要进一步维修等。

桥梁裂缝有以下分类方式。

(1)按外观形式分类

①构件上、下表面分为网状裂缝、纵向裂缝(纵桥向裂缝)、横向裂缝(横桥向裂缝)、斜向裂缝。

②构件侧立面分为网状裂缝、竖向裂缝、水平裂缝、斜向裂缝。

(2)按产生原因分类

①结构裂缝

结构裂缝是由外荷载作用所致,产生的原因通常有配筋不足、预应力损失过大、汽车或人群荷载超载等,其裂缝产生的程度通常会随着荷载的增大而进一步增加。这类裂缝的出现预示着结构承载力可能不足或存在其他严重问题,不应只简单地进行裂缝修补,通常要进行桥梁结构的加固或提载。

②非结构裂缝

非结构裂缝产生的原因通常与结构变形、使用环境及其他因素有关。桥梁结构会因为温度变化、基础变位、收缩徐变作用产生变形变位,当受到约束时,变形或变位受限,会在桥梁结构混凝土中产生应力,当拉应力超过混凝土抗拉强度极限值时,混凝土就会产生裂缝。此类裂缝一旦产生,应力即得到释放。若引起裂缝的诱因不产生作用,裂缝的形态也趋于稳定。使用环境的不良影响会致使混凝土由表至内产生劣化、钢筋锈蚀等,从而引起结构开裂。施工质量、建筑材料的问题也是引起混凝土开裂的原因,会使混凝土结构存在"先天"缺陷。

裂缝产生的原因有时比较单一,有时比较复杂,可能是多种原因共同所致,因此桥梁养护人员只有具备扎实的理论基础、较强的专业能力和丰富的养护经验,才能"对症下药",保证桥梁结构的运营安全。

对于结构裂缝,应根据桥梁混凝土构件结构类型及裂缝最大宽度来区分。例如,钢筋混凝土构件在使用阶段是容许出现裂缝的,这是由桥梁结构设计采用的计算理论决定的。《公路桥梁承载能力检测评定规程》(JTG/T J21—2011)规定,桥梁结构或构件在持久状况下裂缝宽度应小于规范的限值。而全预应力混凝土梁和部分预应力混凝土梁不能出现梁体竖向裂缝,这是设计中予以规定的。因此,桥梁混凝土构件的表面裂缝最大宽度超过表 3-1-1 的限值,即属于病害。当桥梁处于潮湿地区或空气中含较多腐蚀性气体的环境时,裂缝宽度限值应更加严格。

《公路桥梁承载能力检测评定规程》(JTG/T J21—2011)裂缝限值表 表 3-1-1

结构类别	裂缝部分			允许最大裂缝(mm)	其他要求
钢筋混凝土梁	主筋附近竖向裂缝			0.25	—
	腹板斜向裂缝			0.30	—
	组合梁结合面			0.50	不允许贯通结合面
	横隔板与梁体端部			0.30	—
	支座垫石			0.50	—
预应力混凝土梁(全预应力、A 类)	梁体竖向裂缝			不允许	—
	梁体纵向裂缝			0.20	—
砖、石、混凝土拱	拱圈横向裂缝			0.30	裂缝高小于截面高的 1/2
	拱圈纵向裂缝			0.50	裂缝长小于跨径的 1/8
	拱波与拱肋结合处			0.20	—
墩台	墩台帽			0.30	
	墩身台身	经常受侵蚀性环境水影响	有筋	0.20	不允许贯通墩台身截面 1/2
			无筋	0.30	
		长年有水但无侵蚀	有筋	0.25	
			无筋	0.35	
		干沟或季节性有水河流		0.40	—
		有冻结作用部分		0.20	—

注:表中所列除特指外适用于一般条件,对于潮湿地区或者空气中含较多腐蚀性气体条件下的缝宽限制应要求严格一些。

《公路钢筋混凝土及预应力混凝土桥涵设计规范》(JTG 3362—2018)中的最大裂缝宽度限值是在进行桥梁结构设计时进行裂缝宽度验算时使用的,是指在作用频遇组合并考虑长期效应的影响下构件的垂直裂缝,但不包括施工中混凝土因收缩过大、养护不当及渗入氯盐过多等引起的其他非受力裂缝。对裂缝宽度的限制,应从保证结构耐久性,钢筋不被锈蚀,以及过宽的裂缝影响结构外观,引起人们心理上的不安等方面考虑。规范从设计计算的角度提出了各类环境中,钢筋混凝土和 B 类预应力混凝土构件的最大裂缝宽度限值,见表 3-1-2。在实际养护工作中,规范可以辅助判断桥梁结构产生的裂缝是否符合设计计算的要求。

《公路钢筋混凝土及预应力混凝土桥涵设计规范》(JTG 3362—2018)最大裂缝宽度限值

表 3-1-2

环境类别	最大裂缝宽度限值(mm)	
	钢筋混凝土构件、采用预应力螺纹钢筋的 B 类预应力混凝土构件	采用钢丝或钢绞线的 B 类预应力混凝土构件
Ⅰ类-一般环境	0.20	0.10
Ⅱ类-冻融环境	0.20	0.10

续上表

环境类别	最大裂缝宽度限值(mm)	
	钢筋混凝土构件、采用预应力螺纹钢筋的 B 类预应力混凝土构件	采用钢丝或钢绞线的 B 类预应力混凝土构件
Ⅲ类-近海或海洋氯化物环境	0.15	0.10
Ⅳ类-除冰盐等其他氯化物环境	0.15	0.10
Ⅴ类-盐结晶环境	0.10	禁止使用
Ⅵ类-化学腐蚀环境	0.15	0.10
Ⅶ类-磨蚀环境	0.20	0.10

二、桥梁常见裂缝的形式及成因

1. 简支梁裂缝

(1)结构裂缝

结构裂缝是由外荷载引起的裂缝,又称受力裂缝。简支梁为受弯构件,其产生的主要裂缝类型有弯曲裂缝、剪切裂缝、横向联系裂缝等(图 3-1-1)。

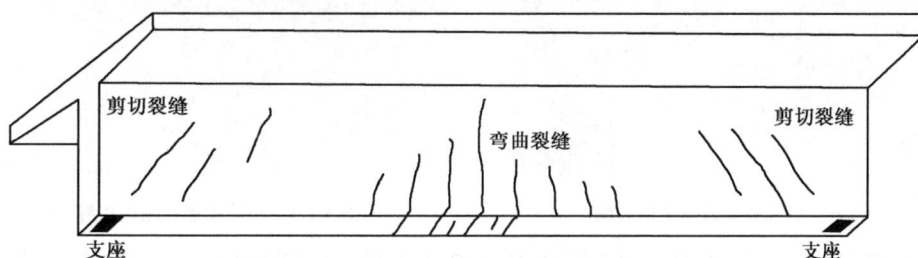

图 3-1-1　简支梁典型的结构裂缝

①弯曲裂缝

弯曲裂缝一般从截面的受拉边缘开始出现,逐步发展至梁板的侧面。开裂导致中性轴不断上升,直至构件整体发生破坏。

简支梁的受拉边缘一般在跨中($L/4 \sim 3L/4$)底部,弯曲裂缝沿横桥向开裂,部分裂缝会发展到梁板侧面的受拉钢筋处,与主筋方向垂直。裂缝宽度为 $0.05 \sim 0.25$mm,空心板、小箱梁因截面挖空等,还可能在裂缝处出现渗水和白色钙化物的析出,这些都是识别裂缝的方法。

竖向弯曲裂缝一般在梁跨径方向 $L/4 \sim 3L/4$ 范围内产生,这类裂缝在梁板的侧面,从梁板的受拉区边缘,沿与主筋垂直的方向竖直向上延伸。通常在两条延伸较长的裂缝间有数条较短的裂缝,向下往往与底板横向裂缝相连。对于跨径小于 10m 的梁,裂缝少而细,多为混凝土收缩和梁受挠曲所产生的裂缝。

图 3-1-2 为某钢筋混凝土 T 形梁在跨中附近产生的竖向裂缝,裂缝宽度在 $0.05 \sim 0.20$mm 范围内,裂缝之间的间距一般为 $10 \sim 20$cm;图 3-1-3、图 3-1-4 为某钢筋混凝土空心板腹板的竖向裂缝和底板的横桥向裂缝,宽度在 $0.03 \sim 0.20$mm 范围内,裂缝的间距为 $10 \sim 30$cm;图 3-1-5

为小箱梁底板横桥向裂缝,由于箱梁内部有积水,积水顺着裂缝渗出,产生白色钙化物析出,严重时还会形成白色晶体。

图3-1-2　T形梁跨中竖向弯曲裂缝

图3-1-3　空心板梁腹板竖向裂缝

图3-1-4　空心板底跨中横向裂缝

图3-1-5　小箱梁底板横向裂缝、渗水

弯曲裂缝主要是由梁板受拉区弯曲拉应力超出混凝土极限抗拉强度引起的。对于钢筋混凝土结构,只要裂缝发展的高度控制在设计中性轴以下,且裂缝宽度不超过限值,此类弯曲裂缝对结构的承载能力影响不大,但对结构的耐久性存在影响,应积极采取措施对裂缝进行封闭修补。而预应力钢筋混凝土结构出现弯曲裂缝,则表示结构承载能力不足,应当立即对交通进行限载限行,并及时采取加固措施,提升桥梁抗弯承载能力。

②剪切裂缝

剪切裂缝在T形梁中出现较多,空心板和小箱梁较少出现。这类裂缝一般在支点至$L/4$跨径范围内出现。在梁的侧面腹板上,剪切裂缝延伸方向与梁纵向成$45° \sim 60°$的夹角。斜裂缝通常有数条,宽度一般为$0.05 \sim 0.20$mm。

图3-1-6为某钢筋混凝土T形梁在支点附近出现的多条剪切裂缝,裂缝宽度为$0.10 \sim 0.15$mm,间距为$50 \sim 80$cm;图3-1-7为某钢筋混凝土小箱梁出现的剪切裂缝,裂缝宽度为$0.05 \sim 0.10$mm,间距为$30 \sim 50$cm。

剪切裂缝的产生与剪力或剪力和弯矩共同作用有关,此时在支点附近主拉应力的作用下,梁板的两侧产生斜裂缝。剪切裂缝的产生多与腹板截面面积小、抗剪钢筋配置不够等有关,故剪切裂缝多在梁板的两侧同时出现或对称出现,倾斜方向与主压应力迹线方向一致,大致在

1/2梁高处的缝宽最大。钢筋混凝土构件产生剪切裂缝时应与裂缝限值进行比较,若超出则说明桥梁抗剪承载力不足,应当及时予以加固提载。预应力混凝土出现剪切裂缝时也应及时处治。

图3-1-6　T形梁支座附近剪切裂缝

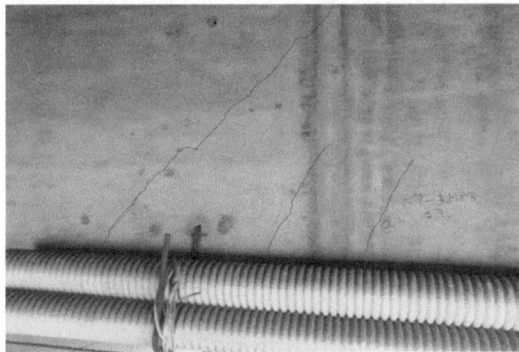

图3-1-7　小箱梁腹板剪切裂缝

③横向联系裂缝

装配式简支桥梁因其施工效率高、质量易得到保证被广泛应用,其横向联系形式多样,大体分为"干接"和"湿接"。早期装配式桥梁多采用"干接",即用焊接短钢筋和钢板的方式连接相邻梁片,现行施工多采用"湿接",如T形梁和小箱梁的湿接段、空心板的铰缝,均采用钢筋连接后浇筑混凝土的方式。横向联系由于施工质量、车辆振动和设计缺陷等问题,连接效果减弱或缺失,在荷载作用下,出现"单梁(板)"受力,进而产生开裂,故也一并列入结构裂缝。横向联系裂缝分为铰缝开裂和横隔梁裂缝。

铰缝开裂:空心板铰缝在施工时铰缝钢筋未按照图纸要求的钢筋位置和间距布置,铰缝混凝土浇筑时,底部未采取有效的封填措施,导致铰缝混凝土水泥浆流失产生空洞等问题,使得铰缝在重车荷载反复作用下破坏。通常来说,裂缝还会反射到桥面铺装,可在桥面上出现间距大致相等的纵桥向裂缝(图3-1-8)。

横隔梁裂缝:常见于T形梁上,早年间,部分桥梁的横隔板因设计不合理,以及因施工、养护不当等,在重载车辆的反复作用下,变形位移过大,产生裂缝、接头抹面砂浆脱落、钢板(筋)脱焊等病害(图3-1-9～图3-1-11)。

图3-1-8　空心板铰缝开裂反射至桥面铺装

图3-1-9　T形梁横隔板连接处竖向裂缝

图 3-1-10　横隔板接头抹面砂浆脱落

图 3-1-11　横隔板连接钢板脱焊

（2）非结构裂缝

非结构裂缝主要有收缩裂缝、温度裂缝、化学裂缝和其他一些因施工不当产生的裂缝。

①收缩裂缝

在混凝土硬化过程中，多余水分蒸发引起的混凝土体积缩小称为干缩。同时，水泥与水发生水化作用逐渐硬化而形成的水泥骨架不断紧密，引起混凝土体积缩小，称为凝缩（塑性收缩）。混凝土收缩以干缩为主。混凝土在养护期间因保湿不够、防裂钢筋网设置不合理等问题，会产生收缩裂缝。

收缩裂缝按表现形式可分为网状收缩裂缝、竖向（横向）收缩裂缝、纵向收缩裂缝、预应力管道收缩裂缝、沉落裂缝等。

a. 网状收缩裂缝。网状干缩裂缝发生在混凝土面层，裂缝浅而细，宽度多为 0.05 ~ 0.20mm，在混凝土表面一般表现为网状（图 3-1-12）。

凝缩裂缝一般呈不规则多边形分布，或者大致呈互相平行状分布。裂缝之间的距离最小的有几厘米，最大的有十几厘米。这些裂缝刚开始都是很浅的，逐渐会发展成为贯穿性裂缝（图 3-1-13）。

图 3-1-12　网状干缩裂缝

图 3-1-13　凝缩裂缝

b. 竖向收缩裂缝。当收缩受到约束而产生的拉应变大于混凝土的极限拉应变时，混凝土会产生竖向收缩裂缝，裂缝与拉应力方向相垂直。

图 3-1-14 左侧所示为梁腹板半高处的表面裂缝,这类裂缝多见于高度较高的钢筋混凝土 T 形梁、I 形梁和箱梁腹板上,位于腹板 1/2 梁高处,可呈"枣核形",其下端达不到梁的受拉区边缘。表面裂缝在腹板 1/2 梁高附近宽度较大,缝宽一般为 0.2~0.5mm,严重者可达 0.8mm。裂缝中间宽度大,上、下端的宽度较小,裂缝间距大致相等,且在梁跨间各部分都可能产生。在梁的跨中附近,这类裂缝大致与主筋垂直,而在梁的支点与 L/4 跨径之间,裂缝大致与梁轴线成 60°角。

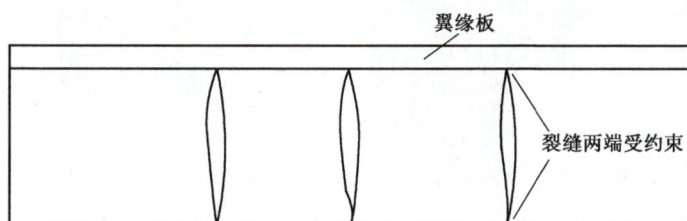

图 3-1-14　T 形梁腹板 1/2 梁高处收缩裂缝示意图

c.纵向收缩裂缝。空心板梁底纵向裂缝一般位于孔中心底部,单孔的为 1 条,双孔为 2 条(图 3-1-15 和图 3-1-16)。空心板梁封头板砂浆收缩后引起渗水,使空腔内聚积水,钢筋混凝土空心板梁的裂缝在受荷载作用时张开,内部积水逐渐渗出,裂缝处除有渗水痕迹外,有时还伴有析白现象,也有轻微的钢筋锈蚀现象出现。此类裂缝一般不影响承载能力,但影响耐久性。

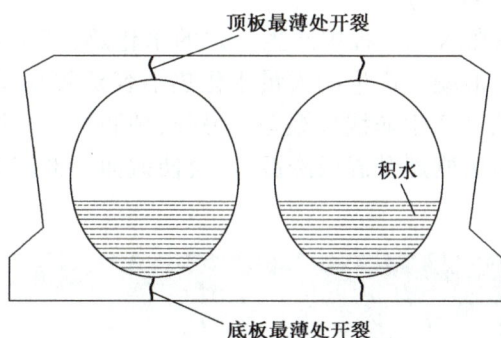

图 3-1-15　空心板顶、底板开裂

图 3-1-16　空心板底面纵向开裂

②温度裂缝

钢筋混凝土结构随着温度变化将产生热胀冷缩变形,这种温度变形受到约束时,在混凝土内部就会产生拉应力,当此应力达到混凝土的抗拉强度极限值时,即会引起混凝土裂缝,这种裂缝称为温度裂缝。按结构的温度场、温度变形、温度应力不同,温度裂缝可分为四种类型:

a.表面温度裂缝。表面温度裂缝一般发生在向阳面日照强度较大的构件表面,当构件表面与内部温差大时,混凝土表面就会产生拉应力,从而产生裂缝。表面温度裂缝浅而细,宽度为 0.03~0.05mm(图 3-1-17)。

b.截面均匀温差裂缝。一般桥梁结构为长细结构的杆件体系,当温度变化时,构件截面受到均匀温差的作用,可忽略横截面两个方向的变形,只考虑沿梁长度方向的温度变形,当这种变形受到约束时,在混凝土内部就会产生拉应力,出现裂缝(图3-1-18)。

图 3-1-17　网状表面裂缝

图 3-1-18　均匀温差裂缝

c. 截面上、下温差裂缝。以桥梁结构中大量采用的箱形梁为例,外界温度骤然变化会造成箱梁内外的温度差,考虑到桥梁为长细结构,可以认为在沿梁长方向箱梁内外的温差是一致的,沿水平横向没有温差。此时,则可将三维热传导问题简化为沿梁的竖向温度梯度问题,一般假设梁的截面高度方向,温差呈线性变化。在这种温差作用下,梁不但有轴向变形,还产生弯曲变形。梁的弯曲变形在超静定结构中不但引起结构的位移,而且因多余约束存在,还会产生结构内部温度应力。当上、下温差变形产生的应力达到混凝土抗拉强度极限值时,混凝土就会出现裂缝,这种裂缝称为截面上、下温差裂缝(图3-1-19)。

d. 截面内、外温差裂缝(大体积混凝土)。水泥在水化过程中产生一定的水化热,其大部分热量是在混凝土浇筑后3天以内释放的。大体积混凝土产生的大量水化热不容易散发,内部温度不断上升,而混凝土表层散热较快,使截面内部产生非线性温差。另外,预制构件采用蒸气养护时,混凝土升温或降温过快,致使混凝土表面剧烈升温或降温,也会使截面内部产生非线性温度差(图3-1-20)。

图 3-1-19　截面上、下温差裂缝

图 3-1-20　大体积混凝土截面内、外温差裂缝

在这种截面内、外温差作用下,结构将产生弯曲变形,截面纵向纤维因温差的伸长将受到约束,产生温度自应力,对超静定结构还会产生阻止挠曲变形的约束应力。有时此温度应力是相当大的,尤其是混凝土早期强度比较低,很容易产生裂缝。

③化学裂缝

化学裂缝主要有钢筋锈蚀裂缝和集料膨胀裂缝。

a.钢筋锈蚀裂缝。钢筋锈蚀裂缝的形态一般是顺筋向的,裂缝两侧往往有高差(图3-1-21),随着钢筋锈蚀进一步发展,裂缝会变宽(图3-1-22),甚至导致混凝土保护层脱落,俗称"暴筋",从而导致截面承载力下降,直至最终引起结构破坏。

图3-1-21 梁底纵向主筋锈蚀后开裂　　　　图3-1-22 腹板锈蚀钢筋引起开裂

b.集料膨胀裂缝。当在混凝土一处首先发现集料膨胀裂缝时,应把它当作一个信号,因为很可能在其他部位也会相继出现。这类材料自损现象危害很大,目前尚无防治措施,因而被称为混凝土的"癌症"。

碱-集料反应破坏的典型现场特征之一是混凝土开裂。浅层膨胀源裂纹在网节点周围出现,为多条放射状裂纹,起因是混凝土表面下的反应集料颗粒周围的凝胶或集料内部产物吸水膨胀。深层的膨胀源产生的裂缝呈不规则状:有的是线状,有的是不规则网状。

2.连续梁裂缝

连续梁因其变形小、结构刚度大、行车平顺等优点,在公路桥梁中应用较多。连续体系在连续支点处产生负弯矩,大大降低了跨中正弯矩,进而可以提高桥梁的跨越能力,但支点附近产生的负弯矩也使连续梁除了产生简支梁常见的开裂外,还可能产生负弯矩裂缝。

连续梁在结构配筋时多采用预应力的形式,常用的截面形式为T形梁、小箱梁和箱梁;连续箱梁按截面高度是否变化,可分为等截面和变截面;按照施工方法不同,又可分为整体现浇、简支变连续、悬臂现浇、悬臂拼装等。不同的截面形式和不同的施工方法导致连续梁开裂的现象存在一些差异性和特殊性,而不同类型的连续梁产生裂缝的成因还涉及设计计算、施工工艺、养护管理、材料性质、气候环境等,因此难以系统全面地列举连续梁的开裂情况。

对结构裂缝形式和状态的调查发现,目前预应力混凝土连续箱梁桥结构裂缝的产生位置和形式具有一定的规律,可以推断导致该类结构裂缝产生的因素也具有一定的稳定性。因此从裂缝产生的部位对裂缝进行划分,是一种比较直接且有效的方法。本教材按裂缝发生部位,将连续体系箱梁裂缝分为顶板裂缝、腹板裂缝、底板裂缝、齿板裂缝等。连续箱梁典型裂缝如图3-1-23所示。

a)连续箱梁顶板

b)连续箱梁腹板

c)连续箱梁底板

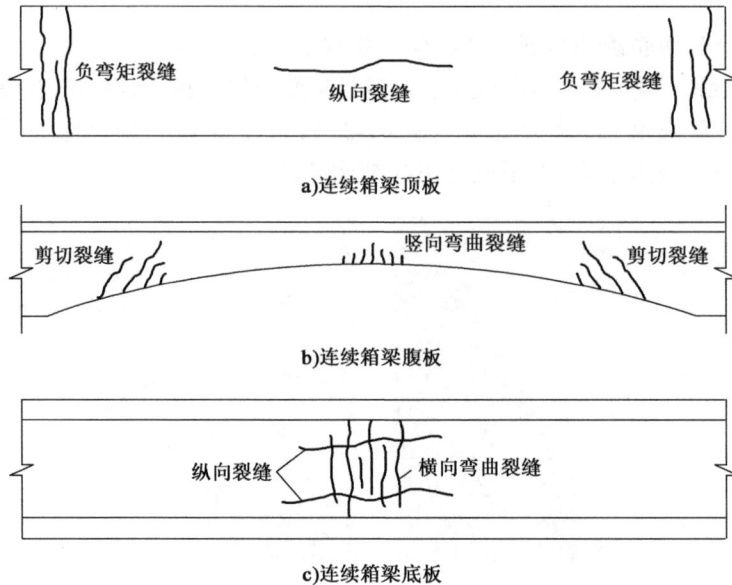

图 3-1-23　连续箱梁典型裂缝示意图

（1）顶板裂缝

①顶板横向裂缝

连续梁顶板裂缝一般发生在支点负弯矩区域。负弯矩作用致使截面上缘受拉，若产生的弯曲应力超过了混凝土极限抗拉强度，则会产生顶板横向裂缝（图 3-1-24）。因为连续梁顶板以上为桥面板或桥面铺装，横向裂缝通常来说会反射至桥面板或桥面铺装。

产生顶板横向裂缝，意味着支点负弯矩区域某些截面存在抗弯承载能力不足的问题，应当引起足够的重视。通常，负弯矩处抗弯承载能力不足除截面高度不够、混凝土强度不足和配筋不足等原因外，还与负弯矩筋的分布范围有关，这是设计计算错误或施工误差导致的。除此之外，由于混凝土徐变、预应力损失、车辆超载和基础不均匀沉降等原因，顶板也有可能产生支点负弯矩区域的横向裂缝。

因顶板横向裂缝通常可以向上反射，为保持桥面的整体性，施工时通常在桥墩顶的桥面板或桥面铺装处均匀地切割一条深度为 2cm、宽度为 1cm 的假缝，并填充聚氨酯等防水弹性材料，用于释放负弯矩产生的拉应力。若产生较多横向裂缝，则应查明原因后，采取合适的加固措施。

悬臂施工阶段，靠悬臂端附近的截面箱梁翼缘板端部沿横桥向有时会出现裂缝。悬臂施工阶段，需经过一、二节段，纵向预加力锚固集中力才能均匀分布到全截面上。悬臂端附近截面翼缘板通常存在预应力盲区，若此时张拉横向预应力束，则翼缘板纵桥向受拉，沿横桥向产生裂缝（图 3-1-25）。

②顶板纵向裂缝

连续梁由于截面形式不同，开裂原因和裂缝位置也不同。箱梁顶板纵向裂缝一般会出现在跨中合龙段、支点区域及顶齿板区域等，也可能在全跨出现。T 形梁和小箱梁翼缘板顶面出现纵向裂缝，则可能与翼缘板根部的负弯矩有关。图 3-1-26 和图 3-1-27 为某箱梁顶板底部的纵向裂缝,常见的有合龙段温度裂缝、内外温差裂缝、活载裂缝、约束裂缝、预应力钢束不直裂缝等。

图 3-1-24 箱梁顶板底面横向裂缝

图 3-1-25 箱梁翼缘板横向裂缝

图 3-1-26 箱梁顶板纵向裂缝(中间位置)

图 3-1-27 箱梁顶板纵向裂缝(承托位置)

顶板裂缝的危害比其他部位的裂缝危害要大得多,这是由于桥面雨水容易通过裂缝进入梁体,加剧主筋锈蚀。当顶板裂缝宽度达到 0.05mm 时,就有可能渗水,因此对于顶板裂缝宽度,不能用设计规范规定的 0.2mm 或养护规范规定的 0.25mm 来判断,而应更加严格。

对北方地区,桥面经常撒除冰盐,此时桥面的水或含氯离子的水就极易渗入裂缝,到达预应力钢筋而锈蚀钢筋。而预应力钢筋比普通钢筋更易锈蚀,即发生所谓的"应力腐蚀"现象,有很大可能突然断裂。因此对于产生负弯矩的桥面系,防水和封闭裂缝的措施非常重要。

(2)腹板裂缝

腹板裂缝根据其产生形态可分为斜向裂缝、竖向裂缝、水平裂缝、斜向水平组合裂缝四种。

①腹板斜向裂缝

a.腹板的斜向裂缝主要出现在边跨的支点附近,中跨梁则以桥墩中心线为对称,从桥墩中心线至预应力钢束的反弯点出现斜向开裂,裂缝与水平线的夹角通常为 15°～45°(图 3-1-28)。产生腹板斜向裂缝的主要原因是在荷载作用下,支点附近产生较大的剪力,在主拉应力垂直方向上出现开裂。与简支梁斜向裂缝开裂原因相同,腹板斜向裂缝也与腹板厚度过薄、抗剪箍筋设置不够、竖向预应力张拉控制不佳导致预应力损失过大等原因有关。

b. 在部分连续反弯点上的裂缝存在由腹板竖向弯曲裂缝延伸至斜向剪切裂缝的形态,此类裂缝为弯剪裂缝(图3-1-29)。这是该梁段弯矩和剪力共同作用所致。弯剪裂缝往往为延伸到底板的横向裂缝。

图3-1-28　箱梁腹板斜向裂缝(中跨附近)

图3-1-29　箱梁腹板斜向裂缝(边跨附近)

②腹板竖向裂缝

腹板竖向裂缝的形式和产生原因与连续梁的施工方法有着密切的联系(图3-1-30)。因弯曲产生的竖向裂缝为结构性裂缝,因现浇支架的约束、沉降等产生的竖向裂缝多为次内力作用所致,竖向拼接等裂缝与施工质量等因素有关。

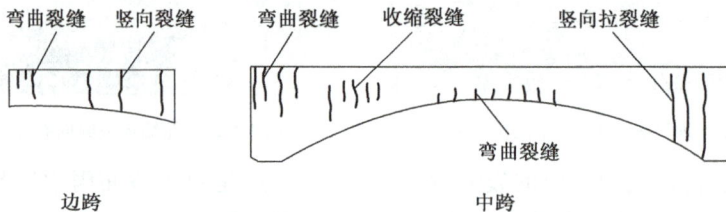

图3-1-30　箱梁腹板竖向裂缝示意图

③腹板水平裂缝

出现在悬臂浇筑时1号块的腹板水平裂缝与混凝土收缩,箱梁内、外温度差等因素有关,在配筋时未能有效考虑。出现在合龙段的腹板水平裂缝与温度应力有关。当桥面宽度较大时,在阳光的照射下,顶板升温,出现纵、横向变形,导致跨中附近腹板产生较大的挤推力,使得腹板产生水平裂缝(图3-1-31)。

④腹板斜向水平组合裂缝

腹板斜向水平组合裂缝主要发生在边跨支座附近和中跨 $L/4 \sim 3L/4$ 范围内,水平裂缝位于腹板上缘,斜裂缝约呈45°分布(图3-1-32)。究其原因,这类裂缝为竖向正应力和主拉应力共同作用的结果。

⑤腹板沿波纹管裂缝

腹板沿波纹管裂缝可能有水平或斜向的形态,主要与波纹管在混凝土内布置的线形有关。产生此类裂缝的原因主要是波纹管未能有效固定,在混凝土振捣时出现偏位,致使管道位置偏离且不平顺,抗裂构造钢筋和混凝土保护层厚度不足导致开裂(图3-1-33)。预应力锚固处,较大的锚固力导致混凝土收缩也可产生这类裂缝(图3-1-34)。

图3-1-31　腹板水平裂缝

图3-1-32　腹板斜向水平组合裂缝

图3-1-33　腹板沿波纹管裂缝(中段)

图3-1-34　腹板沿波纹管裂缝(锚固位置)

(3)底板裂缝

底板裂缝可分为网状裂缝、横向裂缝、纵向裂缝、斜向裂缝和分离裂缝五种。

①底板网状裂缝

底板网状裂缝一般由混凝土收缩引起(图3-1-35),其产生的原因与简支梁收缩裂缝基本相同。

②底板横向裂缝

底板横向裂缝一般出现在连续梁正弯矩最大的截面,其位置应结合弯矩内力图进一步确定。采取节段预制拼装方式施工的桥梁则出现在接缝附近(图3-1-36)。由正截面抗弯承载力不足引起的底板横向裂缝,一般会贯穿底板全宽范围,严重时底板裂缝向上延伸到腹板,形成U形裂缝。节段拼装接缝处的横向裂缝多与接缝处受力不平顺等原因有关,大跨径连续梁还应考虑徐变作用和预应力损失等因素。

③底板纵向裂缝

连续梁底板纵向裂缝常见于跨中附近(图3-1-37和图3-1-38),出现一条或多条裂缝。由于箱梁底板的横向钢筋一般采用构造配筋,若底板宽度较大,还会产生横向弯矩,跨中附近纵、横向弯矩共同作用,产生多向应力,使得横向抗弯能力降低。

图 3-1-35 底板网状收缩裂缝

图 3-1-36 底板横向裂缝

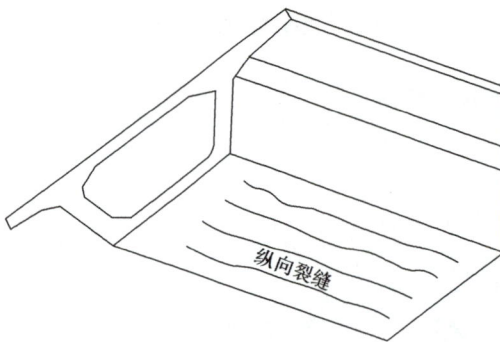

图 3-1-37 箱梁底板纵向裂缝示意图

图 3-1-38 箱梁底板纵向开裂

④底板斜向裂缝

底板斜向裂缝一般来说有多条且基本平行,多发生于斜、弯桥梁,部分直桥由于汽车荷载偏载作用也会产生较大扭转力,设计计算时,抗扭钢筋配筋不足,导致斜向开裂。

⑤底板分离裂缝

底板分离裂缝产生的原因为底板曲面在纵向预应力束作用下会产生径向分布力。如果曲面为抛物线,那么径向分布力为径向均布力。如果钢束弯曲半径很小,径向力分布力集中度则会增大(图 3-1-39),齿板钢束反向弯曲部位径向力很大。如果施工不当,局部波纹管上浮,使弯曲半径减小,也会增大径向力。

底板分离裂缝主要分布在纵向预应力筋范围内,底板底面产生这类纵向裂缝后,可能会沿着底板厚度方向产生层离,有的引起局部起壳(图 3-1-40),严重者底板下半层混凝土脱落。

(4)齿板裂缝

齿板裂缝是指箱梁底板顶面齿板前部产生纵向裂缝,这是齿板前部钢束反向弯曲产生径向力所致(图 3-1-41)。

底板锚块开裂的事例屡见不鲜,特别是锚固在梁跨受拉区的底板束,设计施工稍有不当就会引起底板锚块处混凝土开裂。底板齿板裂缝一般始于内底板锚块后面,并与箱梁桥纵轴成30°~45°角,斜向两侧腹板扩展,如图 3-1-42 所示。

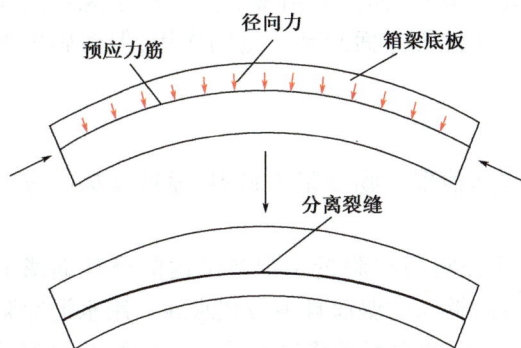

图 3-1-39　径向力产生分离裂缝

图 3-1-40　梁底局部起壳

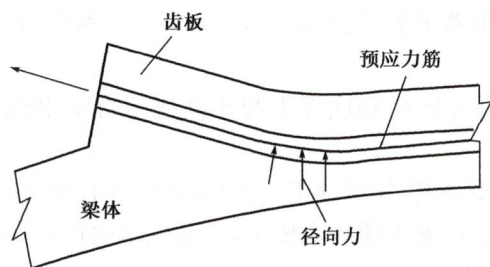

图 3-1-41　齿板受力示意图

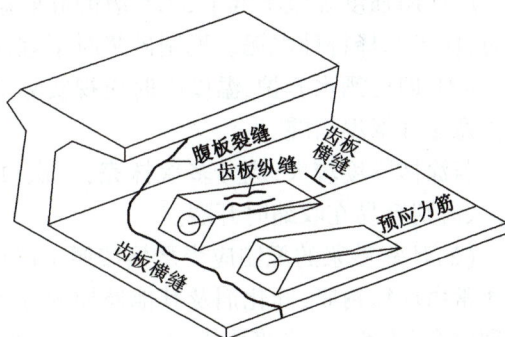

图 3-1-42　齿板裂缝分布示意图

单元二　表面封闭法施工

一、表面封闭法原理及方法

表面封闭法施工

表面封闭法是一种利用裂缝封闭材料对桥梁混凝土构件表面细微裂缝（通常缝宽≤0.15mm）进行封闭修补的方法。表面封闭法根据裂缝封闭材料和施工方法的不同，主要有填缝、表面抹灰、表面粘贴修补、凿槽嵌补、表面喷浆等方法。表面封闭法通过对裂缝通道进行封闭，使得混凝土具有较强的防水性，防止有害物质进入，提高耐久性。

1. 填缝

填缝是桥梁圬工砌体裂缝修理中非常简便的一种方法，修补方法一般为：先清理裂缝内杂质并将拟修理面清洗干净。根据裂缝形式可用勾缝刀、抹子、刮刀等工具进行操作。修补材料通常有水泥砂浆、抗裂砂浆或环氧腻子等。水泥砂浆配合比通常为1∶2.5或1∶3且不得低于原砌筑灰浆的强度。使用抗裂砂浆或环氧腻子等新型材料时,应当遵照生产厂家规定的使用条件和方法操作。填缝处理可在提升美观性和耐久性等方面起到一定的作用,但对砌体的整体性、强度等所起的作用甚微。

2. 表面抹灰

表面抹灰是指用水泥浆、水泥砂浆、环氧砂浆或其他聚合物砂浆等材料,通过涂抹的方式对圬工砌体或混凝土表面裂缝进行封闭。

(1)利用水泥砂浆等传统材料进行抹灰修补,应先将裂缝附近一定范围内的修补面凿毛或磨毛,将修补面洗刷干净确保无油污等,洒水保持修补面的湿润且不得挂水珠。用水泥净浆进行底浆涂刷(厚度 0.5~1.0mm),并配置 1:2~1:1 的水泥砂浆进行涂抹。待修补水泥砂浆收水后,用铁抹子进行最后的压实和抹光,保证修补部位水泥砂浆的密实性和表面的美观性。应使用强度等级不低于 32.5 级的硅酸盐水泥或普通硅酸盐水泥,当处在腐蚀或者高温环境时,应当选择特种水泥。配制砂浆时不宜使用粗砂,一般建议使用中细砂。一般来说,涂抹后 3~4h 即可洒水养护,温度高时应视实际情况调整养护方式,并防止太阳直射;冬季低温时,应注意做好保温措施。

若涂抹厚度较大,应分多次抹完,一次过厚容易在侧面和底部引起流淌或因自重出现脱壳,太薄则容易在收缩时开裂。

(2)环氧砂浆的配制应当严格按照生产厂家的要求操作,不同厂家的材料特性有所差异,它通常由环氧树脂、固化剂及其他外加剂等组成。涂抹施工流程主要为:沿裂缝走向进行凿槽处理(深度为 5mm,宽度为 1~2cm)。凿除面应当平整无污渍和浮渣等,必要时用钢丝刷进行清缝,用皮老虎或工业风枪吹灰,修补面保持干燥。裂缝外宜用丙酮溶液进行擦洗,保持无油污等。

先在裂缝修补范围内涂刷环氧浆液,如裂缝深度较大,应考虑采用压力灌注法,并通过调整外加剂用量来保证良好的流动性。用刮刀将配置好的环氧砂浆在裂缝处刮压,使修补后的表面与原混凝土面齐平。环氧砂浆的硬化成型与温度有关,常温(20~25℃)下需等待 5~7天时间,养护期间桥梁通行需采取限速等措施,防止结构震动、雨水等影响修补效果,以保证施工质量。

配置环氧砂浆时,应佩戴口罩,带塑料防水手套,防止皮肤灼伤。长时间大规模使用环氧树脂时,要注意环境通风;修补后须洗手,一般溶剂处不宜有明火,以防引起火灾。

为减少环氧材料配置不规范等带来的问题,并提升现场施工效率,越来越多新型修补材料如聚合物砂浆等在工程中广泛应用。聚合物砂浆是由可以分散在水中的有机聚合物和水泥、砂石等拌制而成,常用的聚合物有丙烯酸酯、聚乙烯醇等。聚合物砂浆的修补方法可以参考环氧砂浆的修补过程,修补后具有防水抗渗效果良好、黏结强度高、抗腐蚀性强、抗冻性能良好且更环保等优势。

3. 表面粘贴修补

当桥梁构件表面的细微裂缝分布比较密集且开裂面积较大时,可采取表面粘贴的方式进行修补,表面粘贴修补是指用胶黏剂把纤维材料或钢板等粘贴在开裂范围内的混凝土表面,达到封闭裂缝目的的一种修补方法。

（1）纤维材料的粘贴

修补所用的纤维材料主要有玻璃纤维布或碳纤维布，粘贴施工后具有强度高、防水性好等优势且施工简便。

粘贴前将修补范围内的混凝土表面打磨平整至无尖角和凸起，凹陷处应使用修补膏填平。使用清水冲洗干净，使得表面无油污和浮尘等。粘贴时，先涂刷一层环氧基液作为底胶，再缓慢将纤维材料展开铺平，用滚筒刷或刮板等在纤维材料表面进行滚压或刮压，使环氧基液与纤维材料充分融合并溢出。必要时可粘贴多层，详细施工方法和注意事项可参考模块五中的粘贴碳纤维复合材料加固技术。

（2）钢板粘贴

钢板粘贴是将钢板粘贴在裂缝表面进行修补施工的方法，主要流程为：对混凝土表面拟粘贴部位进行打磨。打磨后的表面应当平整，用丙酮或二甲苯擦洗修补部位的混凝土表面，以便除去黏结面的油脂和灰尘。对钢板进行裁剪，并去除钢板表面的锈渍和油污等。在钢板和混凝土粘贴面上均匀涂刷钢板粘贴胶，压贴钢板。用螺栓等均匀加压并固定，最后在钢板表面涂刷养护防锈漆等。

4. 凿槽嵌补

凿槽嵌补适用于数量不多且宽度接近规范限值的裂缝。沿混凝土裂缝凿出一条深槽（深度为5mm左右的V形槽），然后在槽内嵌补各种黏结材料，如环氧砂浆、沥青、等。修补时槽的两边混凝土面必须修理平整，槽内要清洗干净，必要时可在填料前用丙酮擦洗。如槽口外需要抹水泥砂浆或喷涂砂浆，则在凿毛时，还须将槽口外的混凝土表面一并凿毛，同时清理干净。

用水泥砂浆填补时，事先要保持槽内润湿，但不应有积水；用沥青或环氧材料填补时，要保持槽内干燥，否则应先采取其他措施，使槽内干燥后再进行填补。

5. 表面喷浆

表面喷浆是在经凿毛处理的裂缝表面喷射一层密实且强度高的水泥砂浆保护层来封闭裂缝的一种修补方法。根据裂缝的部位、性质和修补要求与条件，表面喷浆可分为无筋素喷浆、挂网喷浆或挂网喷浆结合凿槽嵌补方法。

进行喷浆以前，必须完成各项准备工作。需要喷浆的结构表层应仔细敲击，在敲击过程中发现剥离的部分应当敲碎并除去，有缺陷的部位应提前填塞。如修补部位的钢筋混凝土存在露筋的现象，还应先清除露筋部位钢筋上的铁锈。为使喷涂层黏结牢固，宜将裂缝凿成V形槽。喷浆以前先用水冲洗结构物表面，并在开始喷浆之前先把基层润湿一下，然后开始喷浆。

二、表面封闭法施工过程

1. 施工准备

（1）技术准备

桥梁养护技术人员在施工前应当熟悉桥梁相关检测报告和设计图纸等文件，了解项目的规模、施工环境、技术标准等,并收集现行规范对施工的具体要求,其中涉及的规范主要有《公路桥梁加固设计规范》(JTG/T J22—2008)、《公路桥梁加固施工技术规范》(JTG/T J23—2008)、《混凝土裂缝修补灌浆材料技术条件》(JG/T 333—2011)等。

在开工前,应当进行现场复勘,对照检测报告或设计图纸核对裂缝位置、长度、宽度等是否与设计图纸或合同任务一致。同时应对裂缝产生的原因进行分析和评判,若与设计或检测单位所描述的情况有出入,应当及时反馈,必要时需做变更。若部分桥梁进行裂缝修补时已经存在结构承载力不足的情况,应当考虑在施工周期内裂缝继续发展的可能,应判断和追踪裂缝属于静止裂缝、活动裂缝还是尚在发展的裂缝。裂缝检测和追踪评判的主要方法如下:

①裂缝长度检测

以裂缝两端的实际走向长度定义为裂缝长度,可用钢尺、皮尺等工具测量。

②裂缝宽度检测

以裂缝最宽处的数值作为裂缝宽度,可用裂缝卡、塞尺和裂缝宽度测试仪等工具进行测量(图3-2-1~图3-2-3)。

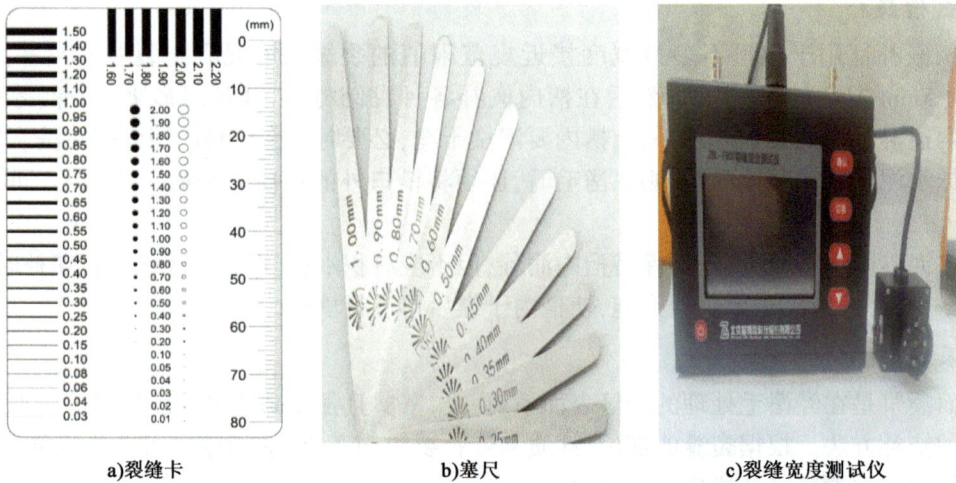

a)裂缝卡　　　　　　b)塞尺　　　　　　c)裂缝宽度测试仪

图3-2-1　常用裂缝宽度测量工具和仪器

图3-2-2　利用裂缝卡测量裂缝宽度　　　　图3-2-3　利用裂缝宽度测试仪测量裂缝宽度

③裂缝深度检测

以结构表面至结构未裂部位的距离作为裂缝深度,可用钻芯取样、超声波和弹性波等方法进行裂缝深度检测。图3-2-4和图3-2-5是利用冲击回波法测量裂缝深度,属于无损检测。

图3-2-4　利用冲击回波法测量裂缝深度

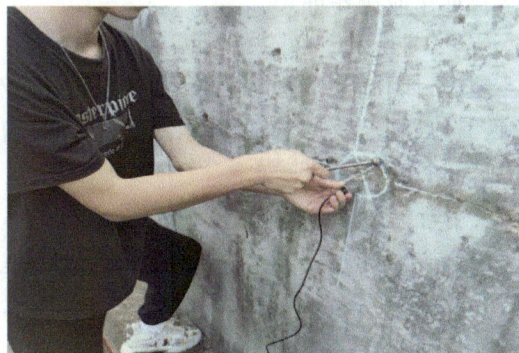

图3-2-5　利用冲击回波法测试面敲击

④施工过程中的裂缝发展观测

施工过程中,应选择关键位置处的裂缝或具有代表性的裂缝进行跟踪观测,观察裂缝长度、宽度、深度和数量及发展趋势。通常可以对已存在的裂缝的起、终点进行标记,并注明观测记录的时间,记录裂缝随时间发展的规律(图3-2-6和图3-2-7)。若发现裂缝发展较快,应当立即停止施工,查明原因。

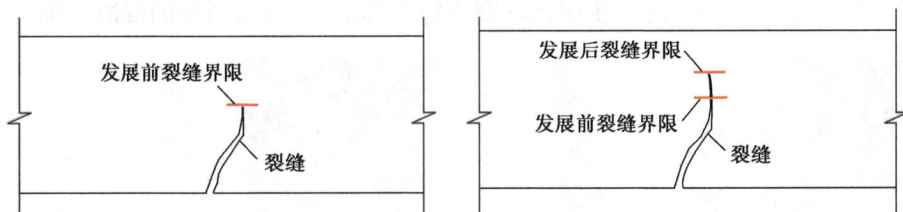

图3-2-6　施工过程中的裂缝发展观测

若裂缝宽度$f_w \geq 0.15$mm,应当采用灌浆修补法进行处理。

(2)机具准备

表面抹灰修补使用的工具主要包括角磨机、凿毛机、刮板、抹刀、钢丝刷等。

(3)材料准备

所用的裂缝修补材料包括裂缝修补用胶、环氧类注浆料、聚合物水泥注浆料等。采购材料前应当根据设计文件和规范要求的性能参数进行选型。材料进场时,还应对材料的出厂检

图3-2-7　记录裂缝长度的变化

验证明、合格证等进行核验。材料存放应当遵守防火、防潮的原则,切勿使用变质过期的修补材料。

（4）人员准备

施工现场应当配有项目负责人、技术负责人、施工员、安全员、质检员、监理员等，具体人数根据现场施工需要确定。施工企业"三类"人员应取得安全生产考核合格证，特种作业人员应取得特种作业操作证。

（5）作业条件

裂缝封闭施工不得在雨天及空气潮湿条件下进行，适合在天气晴朗、温度在10℃以上时进行，具体还应参考修补用材料产品说明书确定。当施工温度在10℃以下时，密封胶及注入胶应选用冬季用型号。

2. 施工工序

采用水泥砂浆表面抹灰的方式进行裂缝封闭施工的具体工艺流程如图3-2-8所示。

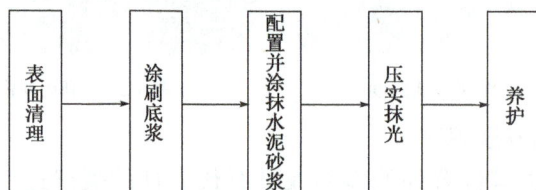

图3-2-8　水泥砂浆表面密封法施工工艺流程

（1）表面清理

①对沿裂缝走向两侧3～5cm范围进行标记（图3-2-9），将标记范围内的混凝土表面进行凿毛或拉毛（图3-2-10），裂缝内应使用钢丝刷将粉尘等清除，露出新鲜的混凝土面。

图3-2-9　裂缝清理范围标记定位　　　　　图3-2-10　裂缝表面清理拉毛

②用毛刷将表面的灰尘清理干净，并用丙酮溶液擦洗混凝土表面（图3-2-11），去除表面油污。如裂缝内潮湿，应等待其充分干燥，或用工业风枪等吹干。清理后效果如图3-2-12所示。

（2）涂刷底浆

正式涂抹水泥砂浆前，先用水泥净浆在凿毛且清理干净后的裂缝范围内涂刷一层底浆（底浆厚度0.5～1.0mm）作为界面处理，如图3-2-13所示。

（3）配置并涂抹水泥砂浆

按工程量和施工进度、人员数量等合理配置水泥砂浆用量，水泥砂浆应选用强度等级高于

32.5 级的硅酸盐水泥或普通硅酸盐水泥,比例为 $1:2 \sim 1:1$,且应选用中细砂,将水泥砂浆一次或分次抹完(涂抹次数越多,厚度越厚),涂抹的总厚度不小于 10mm(图 3-2-14)。

图 3-2-11　清理表面污物

图 3-2-12　清理后效果

图 3-2-13　涂刷底浆

图 3-2-14　涂抹水泥砂浆

(4)压实抹光

涂抹完成后,还应用铁抹子将表面压实、抹光(图 3-2-15)。

(5)养护

在涂抹完成 $3 \sim 4h$ 后应洒水养护。

3. 施工要点及注意事项

(1)压实过程应当缓慢、均匀用力,切勿将已填入裂缝的水泥砂浆带出。

(2)关于水泥砂浆的养护,在夏季施工时,应防止太阳光直射;冬季应注意保温,避免因受冻强度降低。

图 3-2-15　压实抹光

(3)施工现场设置各种提示、警示等安全防范标识,提高施工人员的风险意识,指导施工人员文明施工、安全生产,严格遵守安全操作规程。

(4)所有参加施工的作业人员必须经安全技术操作培训合格后,方可进入现场进行施工。特殊工种必须持有操作证上岗作业,严禁无证上岗作业。

（5）各工种、各工序施工前均应由施工单位进行书面安全技术交底后方可进行施工作业。

（6）施工时，做好裂缝修补人员的安全防护，防止注浆材料溅入眼睛。

（7）应避免裂缝修补材料对裂缝周围结构表面的外观污染。

（8）裂缝修补施工前，制定相关应急预案，在突发事件发生后及时启动。

（9）安全文明施工须符合国家相关安全管理规定。

4. 施工质量要求

（1）实测项目

混凝土裂缝修补混凝土裂缝修补（表面封闭法）实测项目见表3-2-1。

混凝土裂缝修补（表面封闭法）实测项目 　　　表3-2-1

序号	检查项目	规定值或允许偏差	检查方法和频率
1	中心线允许偏差（mm）	±5	钢尺：2 点/m
2	注浆嘴设置间距（mm）	200～300	钢尺：1 点/3m
3	打磨范围（mm）	超出裂缝四周50～100	钢尺：2 点/m
4	裂缝两侧表口封闭宽度（mm）	≥50	钢尺：2 点/m
5	裂缝两侧表口封闭厚度（mm）	≥2	游标卡尺：2 点/m

采用取芯法对注浆效果进行检验时，应采用劈裂抗拉强度测定方法。当检验结果符合下列条件之一时，视为符合设计要求：

①沿裂缝方向施加的劈力，其破坏应发生在混凝土部分（内聚破坏）。

②虽有部分破坏发生在界面上，但其破坏面积不应大于破坏总面积的15%。

（2）外观鉴定

表面封缝材料固化后应均匀、平整，尽可能与原结构材料颜色一致，不出现裂缝、孔洞，无脱落。

单元三　压力灌浆修补法施工

一、压力灌浆修补法原理及方法

压力灌浆
修补法施工

压力灌浆修补法是指以一定的压力将环氧树脂类化学黏结剂或水泥浆液等灌缝材料灌入桥梁结构混凝土产生的裂缝内部。该方法适用于宽度较大或深度较深的裂缝修补，分为高压灌浆和低压渗透两种方式，常用的是低压渗透。灌缝材料具有良好的强度、防水和黏结性，可阻止水和腐蚀性气体等对混凝土内部的侵蚀。

二、压力灌浆修补法施工过程

1.施工准备

（1）技术准备

压力灌浆修补法施工技术准备工作内容与表面封闭法基本一致,当裂缝宽度$f_w \geq 0.15$mm时采用压力灌浆修补法进行处理。施工前也应当参照图纸要求,对现场裂缝进行仔细的核对、检测和施工监测,具体要求同表面封闭法。

（2）机具准备

压力灌浆法修补裂缝的主要机具包括角磨机、压力灌浆专用注射器、配套注浆嘴、钢丝刷、毛刷、抹刀等。

（3）材料准备

修补所用的封缝胶、环氧树脂注浆料等应当按照设计文件和规范提出的要求进行选型,进场时,还应对材料的出厂检验证明、合格证等进行核验,必要时需现场进行材料性能的验证检测。材料存放应当遵守防火、防潮的原则,切勿使用变质过期的修补材料。此外,因注浆嘴为一次性使用材料,还应根据裂缝的走向和长度来估算所需注浆嘴的数量。

（4）人员准备

施工现场应当配有项目负责人、技术负责人、施工员、安全员、质检员、监理员等,具体人数根据现场施工需要确定。施工企业"三类"人员应取得安全生产考核合格证,特种作业人员应取得特种作业操作证。

（5）作业条件

裂缝修补施工不得在雨天及空气潮湿条件下进行,适合在天气晴朗、温度在10℃以上时进行。具体作业条件还应参照修补用材料产品说明书确定。当施工温度在10℃以下时,封缝胶及注浆料应选用冬季用型号。

2.施工工序

不同的灌注材料的施工工序略有差别,常用的为化学灌浆。化学灌浆修补法施工工艺流程如图3-3-1所示。

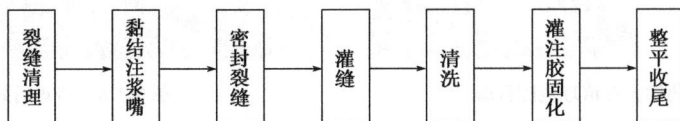

裂缝清理 → 黏结注浆嘴 → 密封裂缝 → 灌缝 → 清洗 → 灌注胶固化 → 整平收尾

图3-3-1 化学灌浆修补法施工工艺流程

自动压力灌缝注射器（图3-3-2）是灌浆的重要工具,通常由针头、活塞、高强度弹簧、筒身、手柄和固定后盖等组成,并配套注浆嘴。使用时,活塞提升使得筒身内产生真空,吸入灌浆料;灌缝时,通过高强度弹簧产生压力,持续对裂缝内部灌浆。

（1）裂缝清理

沿裂缝走向标记两侧各3~5cm作为清理范围（图3-3-3）。使用钢丝刷对清理范围内的混凝土表面的灰尘、浮浆和松散部分等进行清理(图 3-3-4)。采用丙酮溶液对清理面进行擦洗,以保证清理面的干净。如裂缝内潮湿,应待其充分干燥,必要时用工业风枪吹干,注意不要将裂缝通道堵塞。

图 3-3-2　自动压力灌缝注射器

图 3-3-3　裂缝清理范围定位

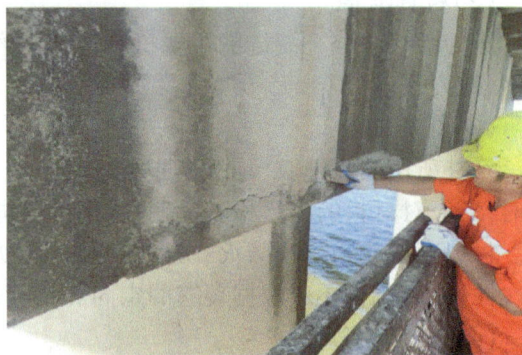

图 3-3-4　裂缝表面清理

为保证封缝胶与原结构混凝土面有效黏结,必要时可使用角磨机等对清理范围作适当打磨(图 3-3-5)。清理后效果如图 3-3-6 所示。

图 3-3-5　角磨机对清理范围打磨

图 3-3-6　清理后效果

(2)黏结注浆嘴

使用记号笔对注浆嘴黏结位置进行标记,注浆嘴布置间距一般为 200 ~ 300mm。如裂缝宽度较大,可适当增加间距;裂缝宽度较小,应适当加密间距。

注浆嘴的布设应选择混凝土平整面,先将注浆嘴底座盘擦洗干净并确保无水渍,然后用抹刀将黏结剂均匀地涂抹在底座周围,将注浆嘴骑缝粘贴在裂缝上,并保证注浆孔在裂缝正上方(图 3-3-7 和图 3-3-8)。注浆嘴既是化学浆液的注入口,也是排气口,操作时切勿堵死注浆嘴和裂缝通道,待黏结剂固化之后方可进行下一步施工。

图 3-3-7　注浆嘴抹胶

图 3-3-8　黏结注浆嘴

（3）密封裂缝

注浆嘴埋设后,应当对裂缝进行密封。密封采用封缝胶或涂刷环氧树脂基液与胶泥等在裂缝上方均匀涂刮形成一条连续的密封带（图 3-3-9 和图 3-3-10）。为保证密封质量,建议密封带宽度为 30mm,厚度约为 3mm。密封涂刮应当连续施工,避免反复涂抹。

图 3-3-9　对注浆嘴进行密封

图 3-3-10　沿裂缝进行密封

（4）灌缝

灌缝材料一般为水泥浆或化学灌浆材料。化学灌浆材料分为有机和无机材料,其中,常用的有机灌浆材料以各种高分子材料为主,主要有环氧树脂、硅酸钠等材料。化学灌浆料的配置一定要严格按照生产厂家的要求执行,尤其应当注意环境温度、时间、拌和质量等影响因素。裂缝密封后的效果和灌缝材料的配制分别如图 3-3-11 和图 3-3-12 所示。

图 3-3-11　密封裂缝后效果

图 3-3-12　灌缝材料配制

灌浆前,应当进行密封检查,检查注浆嘴是否通畅和密封带的封闭情况。若灌缝材料要求不得与水接触,还应通过注浆嘴吹入压缩空气至缝内干燥。

自动压力灌缝注射器在活塞杆上设置了锁扣,抽吸灌浆材料后,将拉杆完全拉起并旋转90°即可锁紧拉杆,旋转自动压力灌缝注射器牢固安装在注浆嘴上,再旋转90°即可释放拉杆,在弹簧的作用下,活塞杆自动下压实现自动注浆灌缝(图3-3-13和图3-3-14)。目前市面上常用的自动压力灌缝注射器可提供0.5~1.6MPa的注浆压力,属于低压注浆。

图3-3-13　安装自动压力灌缝注射器

图3-3-14　自动灌缝

若注射器中的灌缝材料全部注入裂缝,则说明该处的裂缝还未灌缝饱满,需要继续注浆。注浆过程中出现下列情形之一,表明裂缝处注浆饱满,可转入下一个注浆嘴继续注射,直至整条裂缝注满为止(图3-3-15)。

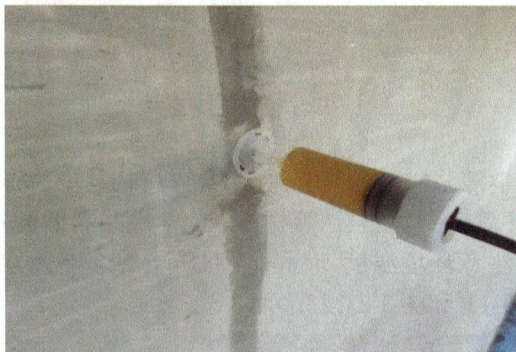

a)注浆前浆液量

b)注满后浆液有存留

图3-3-15　自动压力灌缝注射器注浆前后变化

a. 在注浆压力下,上部注浆嘴有浆液流出,这时应及时用专用堵头堵孔,封闭上部注浆嘴,并维持原工作压力1~2min。

b. 当存留在注浆器中的浆液(不得发热、变稠)5min内未见注入,或吸浆率小于0.05L/min。

(5)清洗

因固化后的灌缝料很难清除,故灌缝完成后,对于溢出的灌缝料,应及时用丙酮或甲苯反复清洗,除去残余胶,然后用清水漂洗、晾干。

（6）灌注胶固化

静置,待灌缝料自行固化,固化时间应根据环境温度并参考所使用的灌浆材料厂家说明书决定。

（7）整平收尾

裂缝修补完成后,应及时移除注浆嘴(图3-3-16),并用封缝胶将注浆嘴处抹平,修整饰平,如图3-3-17所示。在灌缝料完全固化后,可用取芯法进行灌注质量检验。

图3-3-16　移除注浆嘴

图3-3-17　修整饰平

3. 施工要点及注意事项

（1）裂缝交叉点应当设置注浆嘴,贯穿型裂缝应在构件贯穿面的交接处布置注浆嘴。

（2）必须待注浆嘴的黏结剂和封缝胶完全固化后,方可进行裂缝注胶工序。

（3）注胶完毕,应保证注射器中有少许胶体余量。

（4）应重点关注裂缝密封是否完全,对封缝不好造成的灌注胶溢渗的情况,应及时封堵。灌缝材料不得混入水、灰尘或其他杂质。

（5）若试压气压达到0.5MPa时某注浆嘴仍不通气,则说明该部位与其他注浆嘴未连通,应重新埋设注浆嘴,并缩短注浆嘴之间的间距。

（6）注浆顺序应当遵循竖向裂缝由下至上,斜向裂缝由低到高的原则进行。

（7）施工现场应当设置各种提示、警示等安全防范标识,提高施工人员的风险意识,指导施工人员文明施工、安全生产,严格遵守安全操作规程。

（8）所有参加施工的作业人员必须经安全技术操作培训合格后,方可进入现场进行施工。特殊工种必须持有操作证上岗作业,严禁无证上岗作业。

（9）各工种、各工序施工前均应由施工单位进行书面安全技术交底后方可进行施工作业。

（10）施工时,做好裂缝修补人员的安全防护,防止注浆材料溅入眼睛。

（11）应避免裂缝修补材料污染裂缝周围结构表面的外观。

（12）裂缝修复施工前,应当制定相关应急预案,在突发事件发生后及时启动。

（13）安全文明施工均须符合国家相关安全管理规定。

4. 施工质量要求

（1）实测项目

混凝土裂缝修补实测项目见表3-3-1。

混凝土裂缝修补(压力灌浆修补法)实测项目   表 3-3-1

序号	检查项目	规定值或允许偏差	检查方法和频率
1	灌胶嘴间距(mm)	符合设计要求	尺量:抽查 10%
2	灌胶压力(MPa)	符合设计要求	压力表读数:全部
3	停胶后持压时间(min)	符合设计要求	计时器:全部
4	灌缝饱满程度	饱满	观察芯样、压力机:按设计规定,设
5	劈裂抗拉强度(MPa)	符合设计要求	计未规定时每检验批取 3~5 个芯样

注:采用相同材料和方法的灌浆裂缝为 1 个检验批。

采用取芯法对注浆效果进行检验时,应采用劈裂抗拉强度测定方法。当检验结果符合下列条件之一时,视为符合设计要求:

①沿裂缝方向施加的劈力,其破坏应发生在混凝土部分(内聚破坏)。

②虽有部分破坏发生在界面上,但其破坏面积不应大于破坏总面积的 15%。

(2)外观鉴定

表面封缝材料固化后应均匀、平整,不出现裂缝、孔洞,无脱落,并尽量与原结构混凝土颜色保持一致。

单元四 典型工程案例

一、工程背景

墩下中桥(图 3-4-1 和图 3-4-2)位于某市境内国道 G206 线 K1423+999 处,建成于 2004 年。桥梁位于圆曲线半径 $R=1459.123\text{m}$ 路线上,斜交角为 80°。桥梁全长 85.08m,桥梁上部构造为 4×20m 预应力混凝土空心板。依据原设计单位出具的施工图,桥梁下部构造为扩大基础配双柱式桥墩及肋式桥台。原设计桥面净宽为净—12m(行车道)+2×1.25m(人行道)。依据桥梁管养单位提供的桥梁卡片,桥梁原设计荷载等级为汽车—20 级,挂车—100。

图 3-4-1　桥梁立面图

图 3-4-2　桥面系全景

现场对全桥各跨各片空心板底面及上、下游侧边板空心板侧面进行了检查。第一跨及第二跨空心板底面普遍存在多条纵桥向裂缝，裂缝宽度为 0.15～2.00mm。第三跨仅两片边梁存在纵桥向裂缝，裂缝宽度为 0.15～1.00mm。各跨空心板边板侧面普遍存在纵桥向开裂现象，裂缝宽度为 0.2～0.8mm。第四跨空心板情况较好，未发现明显肉眼可见病害。现场观察到空心板预应力钢铰线锚固端均存在不同程度的开裂现象。空心板表面混凝土局部存在桥面渗水结晶现象。

全桥共计 18 片空心板存在纵向开裂，并有部分空心板存在渗水等严重影响结构耐久性病害。板底渗水的原因是部分空心板内模跑模致顶板过薄，在车辆荷载的作用下，部分空心板顶板局部碎裂，且该部分桥面亦碎裂，桥面积水由此渗流至空心板孔洞形成板内积水，积水渗流至板底形成白色晶体。

空心板纵向开裂的原因系施工原因致使空心板保护层过薄，加上受渗水侵蚀，纵向钢筋生锈胀裂等，导致空心板产生纵向裂缝（图 3-4-3、图 3-4-4）。

图 3-4-3　空心板底面纵向裂缝　　　　图 3-4-4　空心板侧面纵向裂缝

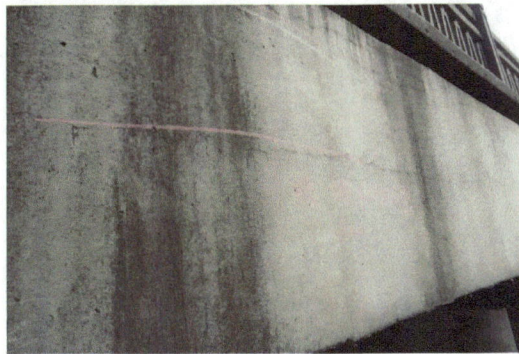

二、施工方案及实施过程

因桥梁空心板出现的裂缝宽度均超过了 0.15mm，裂缝长度合计约为 108.7m，由于该裂缝不属于结构性裂缝，且经结构验算，空心板承载力能满足荷载作用，决定采用化学灌浆法对裂缝进行修补。

化学灌浆法修补裂缝施工按照缝口表面处理（图 3-4-5）→安装压浆嘴和出浆嘴（图 3-4-6）→封缝→密封检查→灌浆（图 3-4-7）→封口结束（拆除压浆嘴和出浆嘴，如图 3-4-8）→检查的顺序进行，并应在施工中注意以下事项：

（1）注浆前应对裂缝缝口进行表面处理，使工作面平顺、干燥、无油污。处理范围沿裂缝走向宽 30～50mm。

（2）注胶嘴的布置：沿缝的走向，间距 200～400mm，在裂缝交叉处、较宽处、端部、裂缝贯穿处以及钻孔内均应埋设注浆嘴。每一条裂缝至少一个进浆嘴、排气嘴、出浆嘴（图 3-4-9）。

（3）压力注浆修补裂缝应根据浆液流动性选择注浆压力，一般在 0.1～0.4MPa。

（4）竖向、斜向裂缝压浆应自下而上进行。

图 3-4-5　表面清理

图 3-4-6　安装压浆嘴和出浆嘴

图 3-4-7　灌浆

图 3-4-8　拆除压浆嘴和出浆嘴

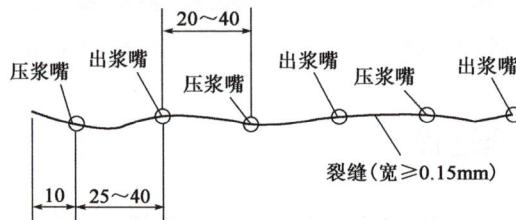

图 3-4-9　压浆嘴和出浆嘴布置示意图(尺寸单位:mm)

(5)注浆结束,应检查注浆效果和质量,发现缺陷应及时补救。

(6)化学灌浆修补裂缝用的修补胶的安全性能指标应符合表3-4-1的要求。

裂缝修补胶(注射剂)安全性能指标　　　　　　　　　　　　　　　　表 3-4-1

检验项目		性能要求
胶体性能	抗拉强度(MPa)	≥25
	抗拉弹性模量(MPa)	≥1500
	抗压强度(MPa)	≥50
	抗弯强度(MPa)	≥30,且不得呈碎裂破坏
不挥发物含量(固体含量)(%)		≥99
可灌注性		在产品说明书规定的压力下,能注入宽度为0.1mm的裂缝

三、实施效果

预应力空心板裂缝采用压力灌浆修补后,通过对空心板进行连续检查,未发现新增裂缝病害,已修补部位未产生白色晶体,说明裂缝封闭效果良好。裂缝修补前后的对比如图 3-4-10 和图 3-4-11 所示。

图 3-4-10　裂缝修补前

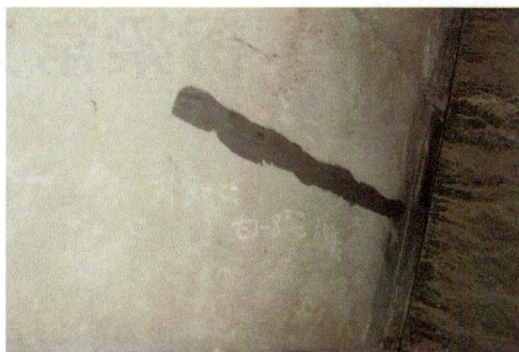

图 3-4-11　裂缝修补后

?思考题

1. 试从裂缝产生原因的角度总结桥梁裂缝的类型。
2. 简述简支梁常见裂缝形式及产生原因。
3. 简述连续梁常见裂缝形式及产生原因。
4. 简述裂缝表面封闭法常用施工方法。
5. 简述水泥砂浆表面封闭裂缝修补法的施工流程。
6. 简述水泥砂浆表面封闭裂缝修补法的施工要点。
7. 简述压力灌浆修补法的施工流程。
8. 简述压力灌浆修补法的施工要点。

模块四
MODULE 4
桥梁常见缺陷及修补技术

学习目标

知识目标

(1)熟悉混凝土材料的常见缺陷类型及成因。

(2)熟悉缺陷修补常用的形式及材料。

(3)掌握缺陷修补的施工方法及质量控制要点。

(4)了解钢筋锈蚀产生的机理。

(5)掌握钢筋除锈的施工方法。

(6)熟悉圬工桥梁常见缺陷形式及成因。

(7)掌握圬工桥梁缺陷修补的施工方法及质量控制要点。

技能目标

(1)能开展桥梁缺陷的调查和分析。

(2)能实施桥梁混凝土缺陷的修补施工。

(3)能实施钢筋除锈施工。

(4)能实施圬工桥梁的缺陷修补施工。

单元一 桥梁常见缺陷特征

桥梁破损常见
病害特征

一、混凝土材料的常见缺陷

混凝土是建造桥梁时使用的主要材料,桥梁构件混凝土由于施工质量不佳,导致出现"先天性"缺陷,又或因为桥梁在使用期间长期暴露在野外环境中,极易受到冻融、日照、雨雪、风荷载、腐蚀物侵蚀、火灾和撞击等影响,混凝土表层或内部整体出现缺陷或者劣化。缺损主要类型有蜂窝、麻面、孔洞或空洞、掉角、风化、磨损、剥落(露筋)等,大致可分为质量缺陷和表面缺陷。

1. 混凝土质量缺陷

质量缺陷产生的原因大多数与施工质量有关,主要有以下几种类型。

蜂窝:混凝土局部疏松,粗集料砂多浆少,集料间出现空隙,形成蜂窝状孔洞。

麻面:混凝土表面局部缺浆且粗糙。

孔洞或空洞:表层或混凝土内部在浇注混凝土过程中缺乏必要的振捣或出现漏浆,导致混凝土表面或内部出现孔洞或空洞。

掉角:构件角边处混凝土局部掉落,或出现不规整缺陷。

2. 混凝土表面缺陷

表面缺陷是桥梁在建成后,随时间推移产生的外表缺陷,主要有以下几种类型:

混凝土表层缺陷
修补法施工

风化:混凝土构件表面或整体出现的因物理、化学性质变化而形成的表面材质退化现象。

磨损:指构件在外界作用下出现的集料和砂浆的表面磨耗脱损现象。

剥落(露筋):混凝土强度不足或钢筋锈蚀体积膨胀引起混凝土表层脱落,产生粗集料或钢筋外露现象。

二、混凝土材料缺陷表现形式及产生原因

1. 麻面

麻面是指混凝土表面局部缺浆,手摸表面有粗糙感,或有大面积细小凹坑的现象(图4-1-1)。通常来说,麻面影响的厚度较小,未出现钢筋外露。

产生麻面的原因主要是梁体混凝土施工质量不佳。例如,混凝土配合比不合理;模板材质吸水性强或未充分湿润;模板表面粗糙或未清理干净,拆模时混凝土表面被黏损;泵送混凝土气泡多停留在模板表面。

混凝土麻面是一种表面的缺陷,不会对结构承载力造成影响,但麻面范围内的混凝土对外界水和腐蚀性气体的防护能力较差,对桥梁耐久性产生影响,使混凝土表面不美观。

2. 蜂窝

蜂窝是指混凝土在振捣时存在局部不密实,有集料且少水泥浆,呈蜂窝状孔洞。一般蜂窝位置的混凝土比较松散,用手或铁锤可比较轻松使混凝土剥离。在钢筋混凝土或预应力混凝土表面,蜂窝处一般还会出现露筋的现象(图4-1-2)。

图 4-1-1 麻面图

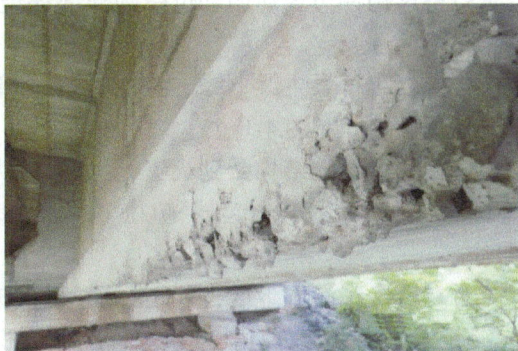
图 4-1-2 蜂窝图

梁体混凝土出现蜂窝这种表观缺陷,是施工原因造成的,具体如下:

(1)浇筑桥梁混凝土施工时,未按要求进行振捣,存在振捣不实或漏振的情况。

(2)模板密封性或者固定性较差,振捣或其他原因的碰撞造成大量漏浆后形成蜂窝现象。

(3)设计或施工原因导致钢筋间距较密或保护层厚度较小,混凝土在此处的均匀性较差,出现蜂窝和露筋的现象。

出现蜂窝后,混凝土的连续性和密实性都较差,水和腐蚀性气体等可以直接进入混凝土内部,使得混凝土严重碳化,对钢筋失去保护作用,导致钢筋出现锈蚀。蜂窝还加速了混凝土的劣化,严重影响混凝土的强度和耐久性,进一步降低了混凝土构件的承载能力,影响结构安全。

3. 剥落、掉角

剥落是指混凝土表面的水泥砂浆脱落,导致粗集料外露的现象。剥落严重时会出现集料和砂浆一起脱落,或者混凝土表面灰浆呈片状脱落,并造成钢筋的外露。掉角也是一种混凝土剥落的现象,出现位置在构件的边角处。

造成剥落和掉角的原因有:

(1)混凝土保护层厚度太薄,受到外力荷载作用等,构件开裂贯通后表面混凝土剥落;严重时,内部钢筋锈蚀后产生膨胀力,进一步加剧剥落(图4-1-3)。

(2)碱-集料膨胀,造成构件开裂,进一步造成剥落(图4-1-4)。

图4-1-3 钢筋锈蚀造成掉角

图4-1-4 碱-集料膨胀造成的混凝土剥落

(3)桥梁构件边缘薄弱部位受到外部环境影响,混凝土劣化(或风化),强度下降,进一步剥落(图4-1-5)。

(4)混凝土桥梁主梁下缘、主拱圈下缘等部位,因船舶、汽车碰撞产生的机械冲击,相应部位混凝土剥落掉角(图4-1-6)。

(5)钢筋混凝土结构受到火灾,受火温度大于600℃时混凝土残余强度降低50%,弹性模量降低90%,表面混凝土起鼓、疏松、爆裂和剥落。图4-1-7为某桥钢筋混凝土拱肋遭受火灾后图片。

(6)在寒冷和潮湿地区,混凝土处于严重冻融和干湿循环状态,也可能剥落(图4-1-8)。

混凝土出现剥落、掉角,使得结构的截面积减小,将对桥梁结构承载力产生影响;出现剥落后,还会减小钢筋保护层厚度或导致钢筋外露,钢筋极易生锈,对结构的耐久性产生影响。

图 4-1-5　混凝土劣化造成的剥落露筋

图 4-1-6　掉角图

图 4-1-7　火烧造成的混凝土表面剥落

图 4-1-8　墩柱混凝土因河水冻融造成的表面脱落

4.空洞、孔洞

混凝土空洞通常指的是构件出现既没有集料也没有水泥浆的空穴。空洞由于发生在内部，混凝土表面通常与正常混凝土没有差别，但用硬物敲击或用超声波等仪器可以检测出空洞的存在。深度较浅的空洞可能会出现外壳混凝土剥离，使钢筋和空洞外露，形成孔洞。通常来说，肉眼可见的叫孔洞，在混凝土内部不可见的叫空洞。

出现空洞或孔洞的原因主要有：

（1）在桥梁钢筋混凝土构件的边缘，普通钢筋和预应力筋波纹管附近，设计或施工原因导致钢筋间距过小，使得混凝土中的粗集料或水泥浆被卡住，若振捣则不充分或者漏振则形成空洞。有时钢筋与模板之间的净距偏小，也极易造成肉眼可见的孔洞，轻微时则出现蜂窝。图 4-1-9 所示的空洞是 T 形梁马蹄下缘预应力波纹管处未能有效振捣而造成的。

（2）空心板梁预制或现浇时，气囊芯模移位，造成混凝土厚度不足，从而形成空洞。

（3）一些小尺寸的构件，现浇施工时振捣不充分也容易出现孔洞，图 4-1-10 所示为现浇拱肋下缘出现的孔洞。

混凝土空洞的存在缩小了结构的有效截面，对结构受力产生不利影响，同时钢筋易锈蚀，对耐久性造成较大的影响，发现后应及时进行修补填实，内部空洞可凿开后修补。

图 4-1-9　空洞图

图 4-1-10　孔洞图

5. 露筋

　　露筋指的是桥梁结构中的主筋、箍筋等未被混凝土完全包裹而外露的现象（图 4-1-11 和图 4-1-12）。对于预应力钢筋混凝土结构，不允许出现预应力筋外露的情况。图 4-1-13 是拱肋受力主筋出现钢筋锈蚀外露的病害，这种情况通常会降低拱桥的承载力；图 4-1-14 是 T 形梁横隔板连接处钢筋外露，造成横向联系削弱。

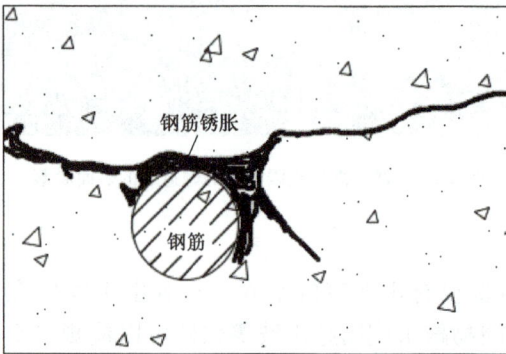

图 4-1-11　钢筋锈蚀后开裂示意图

图 4-1-12　钢筋锈蚀造成混凝土局部剥落

图 4-1-13　钢筋锈蚀造成混凝土大面积剥落

图 4-1-14　横向联系钢筋锈蚀混凝土剥落

露筋的产生多与施工质量有关。混凝土浇筑施工时,钢筋保护层垫块发生移位,使得钢筋与模板之间的间隙过小,加之混凝土振捣不密实或出现漏振的情况,极易产生露筋。

6.混凝土保护层厚度不满足设计要求

混凝土对钢筋的保护作用包括两个方面:一是混凝土的高碱性使钢筋表面形成钝化膜;二是保护层对外界腐蚀介质、氧气及水分等渗入的阻止作用。混凝土对钢筋的保护取决于自身的密实度及保护层厚度。因此,混凝土保护层厚度及其分布均匀性是影响结构耐久性的一个重要因素。混凝土保护层厚度过小,从外观上可看到钢筋分布的痕迹,钢筋外露(图4-1-15和图4-1-16)最终导致钢筋锈蚀;混凝土保护层厚度过大,则设计的防裂钢筋对表面收缩的约束作用减弱,极易在混凝土表面产生收缩裂缝。

图4-1-15 混凝土保护层厚度过小

图4-1-16 混凝土保护层厚度过小导致钢筋锈蚀

7.混凝土碳化

组成混凝土的材料通常有水泥、粗(细)集料、水等,其中水泥和水发生水化反应,生成的水化物(水泥石)具有一定的强度,将散粒状的粗(细)集料黏结成整体。在混凝土的硬化过程中,约有三分之一的水泥用量将生成氢氧化钙[$Ca(OH)_2$],氢氧化钙在硬水泥浆体中结晶,或者在其空隙中以饱和水溶液的形式存在。因为氢氧化钙的饱和水溶液是pH值为12左右的碱性物质,所以新鲜的混凝土呈碱性。

然而,大气中的二氧化碳通过混凝土表面的孔隙溶解于毛细管及孔隙中液相表面,再向混凝土内部扩散,与混凝土中的氢氧化钙发生作用,生成碳酸钙或者其他物质,使水泥石原有的强碱性降低,pH值下降到8.5左右,这种现象称为混凝土碳化,它是混凝土中性化常见的一种形式。通常情况下,早期混凝土具有很强的碱性,在这样强碱性环境中埋置的钢筋容易发生钝化,使得钢筋表面产生一层钝化膜,阻止钢筋的锈蚀。但当有二氧化碳和水从混凝土表面通过孔隙进入混凝土内部时,就发生了混凝土碳化现象。当混凝土保护层完全碳化时,混凝土中埋置的钢筋表面钝化膜被逐渐破坏,在同时有水和氧气存在的情况下钢筋就会锈蚀(图4-1-17~图4-1-19)。

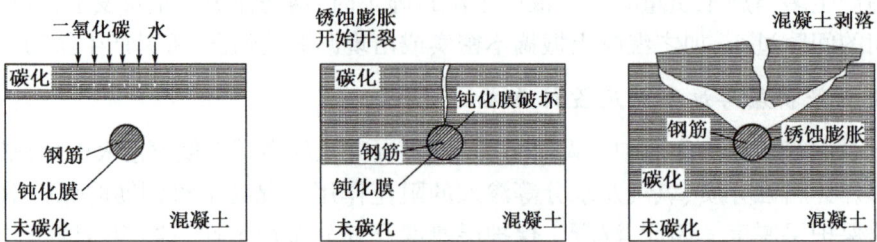

图 4-1-17 混凝土碳化后导致钢筋锈蚀的原理

图 4-1-18 混凝土碳化测试(严重碳化)

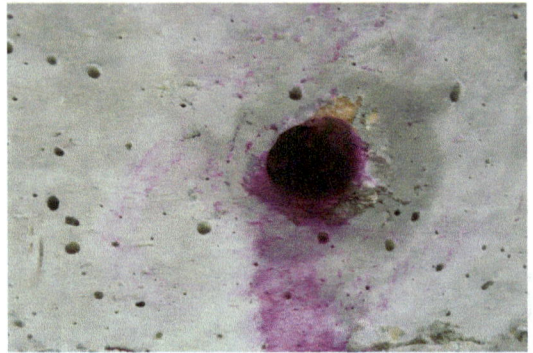

图 4-1-19 混凝土碳化测试(轻微碳化)

单元二 混凝土缺陷修补法施工

一、缺陷修补法原理及方法

1. 缺陷维修前的清除工作

缺陷修补的方法很多,但一般在修补前,都应当将各类缺陷影响范围内松散、破碎和被污染的部分清除,直到露出新鲜和完好的混凝土面。如清除过程中发现混凝土内的钢筋或其他金属预埋件发生锈蚀,还应当进行除锈,除锈内容在后续部分会详细介绍。常用的清除方法有:

(1)小型工具凿除法。对于混凝土浅表且范围较小的缺陷,可用钢丝刷、角磨机、凿子等小型工具进行清理。

(2)机具凿除法。对于需凿除深度和范围较大的缺陷,可利用以空压机或电机为动力的机具进行凿除,一般常用的有电动冲击钻、气动冲击钻等。

(3)高速射水法。对于混凝土浅表且范围较大的缺陷,为提高清除效率,可采用高速水流清除混凝土损坏的部分,还可以同步进行混凝土的清洗和湿润,这对于后续采用水泥基修补材料是非常适宜的。

2. 常用的缺陷修补材料

缺陷修补材料应当保证修补部位在桥梁后续的使用中状态稳定,受力良好并对桥梁构件起到进一步保护或防护的作用。修补材料主要有传统修补材料和新型修补材料两大类。传统修补材料一般是以水泥为胶凝剂的混凝土、砂浆等材料;新型修补材料通常也是以混凝土和砂浆为基础,进一步添加环氧树脂等黏结剂或能够散发在水里的聚合物高分子材料等进行改良后的材料。

采用水泥混凝土和水泥砂浆进行修补,优点是技术简单、成本便宜等,缺点是与原结构的黏结性较差、养护程序复杂等。使用水泥混凝土修补时,可采用和原结构强度等级相同或高一级的细石混凝土,其他技术指标也不得低于原结构混凝土的要求,水泥强度等级一般为 42.5MPa以上。根据不同修补位置和施工条件,还应加入适当的外加剂,以增强修补材料的和易性、收缩补偿等,并注意养护的时间和条件。

采用水泥砂浆修补时,可采用与原结构混凝土同品质的水泥砂浆。配合比应当根据试验或经验确定,并保证修补后的强度不低于原结构混凝土。当修补深度较大时,可适当掺和一些砾料,以增强水泥砂浆的强度,减少收缩。

新型修补材料通常价格比较贵,不同厂家生产的修补材料差异较大,优点是强度通常较高,与原结构的黏结性较好且施工养护周期较短等,缺点是成本较高,对环境具有一定的污染。近年来,随着新型材料的广泛研究,一些高强、高黏结、快硬、耐高温、耐低温、耐腐蚀的新型材料在桥梁维修养护工程中被应用,越来越多的生产厂家还可以根据不同项目的特点和需求,对新型修补材料的配合比进行优化,以实现个性化的生产。故使用此类材料时,应当首先满足《公路桥梁加固设计规范》(JTG/T J22—2008)对于材料的要求,并严格按照生产厂家的操作说明进行施工。

3. 常用缺陷修补方法

按照桥梁构件混凝土出现缺陷的深浅、面积及修补作用等不同因素,缺陷修补的方法可分为刮涂法、喷浆修补法和模筑法。

(1)刮涂法

当桥梁混凝土构件表面出现浅表、小面积的缺陷,如麻面、轻微风化、轻度剥落、局部露筋及其他小面积破损时,可采用刮涂法进行施工。刮涂法施工的材料主要有水泥砂浆、聚合物水泥砂浆、环氧砂浆、环氧混凝土等,施工工艺流程如图 4-2-1 所示。

①在刮涂水泥砂浆前 2h,应用清水冲洗待修补部位的混凝土表面,使得混凝土表面充分湿润(但不得有积水)。如使用环氧类修补材料,施工前,应当保持混凝土面干燥。

②采用环氧砂浆修补前,应当先在已做凿毛处理的修补面上涂刷一层改性环氧基液,使得环氧基液能够充分浸润修补面,起到增强新、旧材料黏结的作用。

缺陷表面处理 → 胶黏剂拌制 → 缺陷封嵌 → 封涂处养护

图 4-2-1　刮涂法施工工艺流程

③如桥梁修补部位对防渗、防裂等有较高要求,应当使用改性环氧砂浆或改性环氧混凝土。

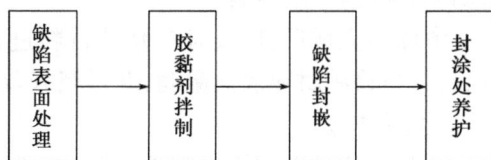

④修补砂浆宜采用机械拌和,如使用已配合好的商品料,则应在施工前再进行人工拌料,搅拌好的砂浆应当在1h内使用完成。

⑤刮涂法应当保证修补材料的密实度,刮涂施工时应当缓慢用力,确保修补材料压实压密。若修补材料厚度较大,应当分层刮涂,每一层厚度不超过15mm。

⑥修补材料完全固化前,应采取现场保护,避免雨水、太阳直射等影响材料性能。水泥砂浆和聚合物水泥砂浆等应进行洒水或覆盖保湿材料养护,环氧类材料应严格按照生产厂家的要求进行养护。

(2)喷浆修补法

当桥梁构件表面出现大范围的缺陷及破损时,可采用喷浆修补法进行施工。喷浆材料一般采用水泥砂浆、聚合物水泥砂浆等,施工工艺流程如图4-2-2所示。

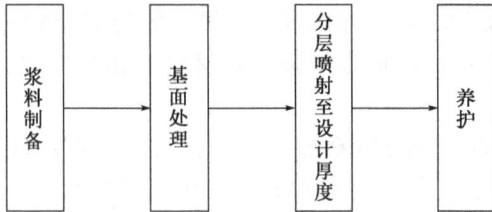

图4-2-2 喷浆修补法施工工艺流程

①喷浆材料应采用快凝、早强的硅酸盐水泥材料,尽可能采用小水灰比,以保证修补材料的流动性。砂子宜采用细度模数在2.7~3.7范围内的河砂,其中直径在0.075mm的细砂含量应当控制在20%以内。

②喷浆前1h,应对拟修补范围使用高压水进行清理,保证修补范围内混凝土表面无污物且充分湿润。

③为防止喷浆层收缩开裂,可在修补材料内增设钢筋(丝)网,钢筋(丝)网应与原结构有效固定。

④当喷浆距离在80~120cm时,喷浆压力宜控制在0.25~0.40MPa。实际施工时,应根据实际修补材料的特性、喷头与喷射面距离、输料管长度和最大升高等因素,对喷浆的压力做适当调整(表4-2-1)。

喷浆工作压力、管长和最大升高三者间的关系　　　　　表4-2-1

喷浆工作压力 (MPa)	管长 (m)	最大升高 (m)	喷浆工作压力 (MPa)	管长 (m)	最大升高 (m)
0.25~0.35	25~45	5	0.35~0.40	100~120	
0.35~0.40	45~70	10			

⑤分层喷射时,应当在上层修补材料未完全固化前进行下层喷射,两层喷射的时间间隔应根据修补材料特性和所采用试验方式确定。若上层修补材料已固化,则需使用钢丝刷刷松上层材料再喷射下层材料。

⑥喷射完成后,应及时对修补材料进行洒水养护,注意洒水时不得对已修补部分进行破坏,仅保持修补材料表面湿润,并适当采取遮阴覆盖等保湿措施。

(3)模筑法

当桥梁构件混凝土出现大体积空(孔)洞、较大深度的蜂窝和深度剥落等缺陷时,可采用模筑法进行修补。修补材料可采用聚合物砂浆、聚合物混凝土等,施工工艺流程如图4-2-3所示。

图4-2-3 模筑法施工工艺流程

①浇筑前,应当对原混凝土进行凿毛处理,保证凿毛的深度不小于6mm,并对凿毛后的混凝土面进行清理。

②浇筑模板可根据现场实际,采用吊模、支模等方式,并在顶面或侧面设置混凝土浇筑槽口。搅拌好的混凝土应在1h内用完。

③混凝土浇筑过程中,应采用敲击振捣或插捣等方法保证新浇筑的混凝土密实。确无良好振捣条件,可以采用自流平混凝土。良好的振捣也是保证新、旧混凝土结合牢固的重要措施。

④修补材料完全固化后,方可拆模。拆模后,应及时洒水养护并采取覆盖等措施,确保养护条件满足要求。

4. 混凝土表面防腐涂装

当桥梁在运营过程中处于腐蚀环境中时,应当在混凝土表面进行防腐处理,常见的防腐处理形式有混凝土表面憎水处理、涂刷水泥基渗透结晶型防腐涂装和混凝土表面防腐涂层等。

选择防腐材料型号时,应综合考虑桥梁所处环境的温度、湿度及养护条件等因素,采用能有效抵抗外部不良因素侵害的,经检验符合国家有关标准要求的材料。混凝土桥梁涂装前应除去混凝土表面模板残渣、油污及杂物等,金属外露的锐边、尖角和毛刺应打磨圆润。涂装前应使混凝土表面保持干燥、清洁。在混凝土表面处理检查合格后4h内进行施工。

二、缺陷修补法施工过程

1. 准备工作

（1）技术准备

施工前应对照检测报告和施工图,现场核对缺陷修补的类型、数量和位置等信息。如有出入,应当及时反馈给检测单位和设计单位,必要时进行设计变更。根据设计要求和现行规范要求准备好数量充足的修补材料;根据缺陷的类型和面积选择合理的施工方法,并根据施工方法和缺陷位置选择合理的施工作业平台。通常来说,在施工时间比较长,作业范围广且桥梁建筑高度允许的情况下,可搭设脚手架,模筑法应搭设稳固的支架;施工作业时间短,缺陷面积小且分散,可选择桁架式桥检车作为施工作业平台。

（2）机具准备

缺陷修补作业使用的主要机具包括冲击钻、凿毛机、打磨机、钢丝刷、工业风枪、空压机、高压水枪、抹刀、刮刀等。

（3）材料准备

设计的各类修补材料应当符合《公路桥梁加固设计规范》（JTG/T J22—2008）的要求,如需对钢筋涂刷阻锈剂,则还应满足《工程结构加固材料安全性鉴定技术规范》（GB 50728—2011）的要求。

（4）人员准备

施工现场应当配有项目负责人、技术负责人、施工员、安全员、质检员、监理员等,具体人数根据现场施工需要确定。施工企业"三类"人员应取得安全生产考核合格证,特种作业人员应取得特种作业操作证。

（5）作业条件

本作业适合在天气晴朗、温度在5℃以上时进行，具体作业条件应参照修补所用的材料产品说明书确定。

2. 施工工序

缺陷修补施工工艺流程按照图4-2-4执行。

缺陷部位处理 → 钢筋除锈 → 钢筋阻锈 → 缺陷部位修补 → 养护

图4-2-4　缺陷修补施工工艺流程

（1）缺陷部位处理

①标记施工范围：对缺陷附近混凝土的松散程度进行检查，并对需要凿除清理的区域进行标记（图4-2-5），用粉笔或记号笔标记出施工范围。

②凿除破损混凝土：对缺陷修补范围内松散的混凝土进行凿除（图4-2-6），露出坚硬的新鲜混凝土。当缺陷面积和深度较大时，凿除时建议将修补范围周边凿成锯齿状。

图4-2-5　标记缺陷修补施工范围

图4-2-6　凿除缺陷周边松散部位

③基面凿毛：凿除工作完成后，用凿毛机或冲击钻对混凝土基面进行凿毛（图4-2-7）。

④基面清理：凿毛工作完成后，用压缩空气、工业风枪或毛刷将混凝土表面的灰尘、松散的混凝土小颗粒吹（刷）净，并用丙酮对新鲜混凝土表面进行清洗，以去除油渍（图4-2-8）。

图4-2-7　基面凿毛

图4-2-8　基面清理

（2）钢筋除锈及阻锈

当缺陷深度较大且已露筋和锈蚀时，在完成凿除和凿毛工作后，对钢筋进行除锈和阻锈，具体施工步骤为：

①钢筋除锈：用钢丝刷或打磨机等对外露部位的钢筋反复打磨，除去锈渍（图4-2-9）。除锈等级应达到 St3 级，即完全清除表面杂质和锈迹，表面无附着不牢的铁锈、氧化皮或油漆涂层等，底材显露部分的表面有金属光泽。当钢筋锈蚀情况严重时（如锈断），则应沿锈断钢筋方向继续开凿至未锈部位，使用同类型高强度等级的短钢筋进行焊接处理。

②钢筋阻锈：钢筋除锈至露出金属光泽后，应及时对钢筋涂刷阻锈剂进行保护（图4-2-10）。阻锈剂涂刷每层厚度为 1～2mm。钢筋保护剂属化学产品，应注意在施工过程中采取必要的防护措施；钢筋保护剂的建议使用量为 2～4kg/m³/mm（厚）或 60～120g/m。

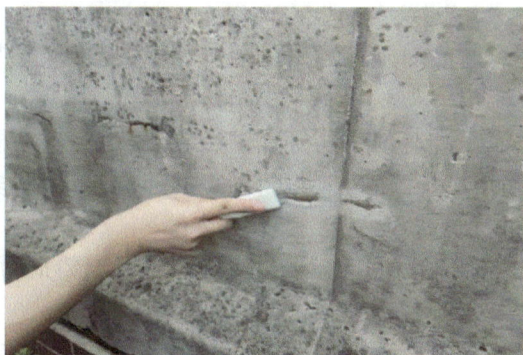

图 4-2-9　钢筋除锈

图 4-2-10　涂刷阻锈剂

（3）缺陷部位修补

①当混凝土破损面积较小时，一般刮涂环氧砂浆或聚合物水泥砂浆进行修补。

a. 使用环氧砂浆修补时，为使新、旧混凝土表面拥有牢固的黏结力，应当在已凿毛的混凝土表面均匀地涂抹一层环氧基液，涂抹应尽量做到薄而均匀（图4-2-11）。使用聚合物水泥砂浆时则应保证凿毛面表面湿润，但不得有明水。

b. 按照产品说明书要求配置环氧砂浆和聚合物水泥砂浆，应当做到随用随配。夏季温度高时，应格外注意单次配料用量，以免浪费材料。

c. 按照由下至上的顺序，缓慢用力将修补材料刮抹至修补面，保证修补材料与原结构接触良好且密实。修补厚度较大时，应当分层刮抹。

②混凝土破损面积较大时，一般选用立模浇筑聚合物砂浆或聚合物混凝土进行修补。

a. 立模：在待浇筑区域设置模板，从下往上

图 4-2-11　涂抹环氧类修补砂浆

浇筑施工时，应在顶面设置顶模；从上往下填补作业时，应在底面设置底模，并用拉杆固定。设置侧模时，可在模板外设立支撑固定，以防模板发生位移或凸出。模板安装过程中应设置防倾覆设施，模板接缝处应严密、不漏浆。

图 4-2-12　缺陷修补后效果

b. 浇筑聚合物砂浆或聚合物混凝土:按一定厚度、顺序和方向分层浇筑修补材料,在下层修补材料初凝或能重塑前完成上层修补材料的浇筑。修补材料厚度较大时需要振捣密实,厚度较小时可进行抹压密实。缺陷修补后效果如图 4-2-12 所示。

（4）养护

在混凝土修补工作完成后,应在自然条件下进行养护。夏季或冬季施工应采取适宜的温度保护措施。

3. 施工要点及注意事项

（1）当使用环氧类等材料进行修补时,应当注意产品对施工温度的要求,高温或寒冷季节应当选择专用型号。

（2）环氧基液涂刷后,应做好保护,防止灰尘、流水和其他杂物等侵蚀,还应避免扰动涂刷好的环氧基液;涂刷过程中应力求薄而均匀,对于钢筋附近和其他凹凸不平的部位,需特别多刷几次。

（3）当在环氧砂浆内掺阻锈剂溶液时,拌合物的搅拌时间应延长 1min,掺阻锈剂粉剂时,应延长 3min。

（4）缺陷修补材料在施工及养护期间,应当对桥面通行车辆采取限速措施,避免震动影响修补效果。

（5）刮涂环氧砂浆时应均匀,并进行反复压抹;斜、立面涂抹时适当增加浆内填料,并反复压抹;底面涂抹时使用油性环氧基液,环氧砂浆厚度 0.5cm 为宜,均匀压抹。

（6）施工现场设置各种提示、警示等安全防范标识,提高施工人员的风险意识,指导施工人员文明施工、安全生产,严格遵守安全操作规程。

（7）严格按《公路养护安全作业规程》（JTG H30—2015）设置施工标志、限速标志、反光锥形交通路标,并采取其他必要的安全措施。

（8）所有参加施工的作业人员必须经安全技术操作培训合格后,方可进入现场进行施工。特殊工种必须持有操作证上岗作业,严禁无证上岗作业。

（9）在施工过程中,保证施工人员始终佩戴安全帽及需要的防护装备;凿除松散混凝土时,应采取防止扩散的措施,如布料遮挡;在施工过程中,应防止环氧树脂浆液及其他废液滴漏污染水体。

（10）各工种、各工序施工前均应由施工单位进行书面交底后方可进行施工作业。

（11）混凝土破损修补施工前,制定相关应急预案,在突发事件发生后及时启动。

（12）安全文明施工须符合国家相关安全管理规定。

4. 施工质量要求

（1）实测项目

在混凝土破损修补完成后,应对其表面平整度进行量测,允许偏差应满足表 4-2-2 的要求。

平整度允许偏差值实测项目 表 4-2-2

序号	检查项目	规定值或允许偏差	检查方法和频率
1	保护层厚度(mm)	+8,-5	钢筋检测仪:抽查30%,每处测3~5点
2	大面积平整度(mm)	≤5	2m 直尺;每处测2尺

注:项目2仅当修补面积大于5m² 时进行检查。

（2）外观鉴定

混凝土破损修补完成后应对其外观进行检查,确保表面平整,无裂缝、脱层、起鼓、脱落等;修补后表面色泽应与原结构表面色泽基本一致。

对浇筑面积较大的混凝土或砂浆,应预留试块检测其强度;新、旧混凝土的黏结情况可通过敲击法和钻芯取样检测,钻芯检测应符合《公路桥梁加固施工技术规范》(JTG/T J23—2008)的要求。

单元三　钢筋除锈施工

一、钢筋锈蚀的表现形式及成因

钢筋混凝土结构物的耐久性问题越来越引起人们的重视,而钢筋锈蚀则是影响结构物耐久性的主要因素之一。随着工业污染及建筑结构的老化,钢筋锈蚀问题越来越突出,直接影响结构物的安全使用。

混凝土中钢筋锈蚀后,由于锈皮会吸湿产生化学反应而膨胀,其体积将增大2~4倍,从而胀裂混凝土保护层。钢筋锈蚀引起的裂缝形态一般是顺筋向的。对先锈后裂的混凝土构件,实际上在钢筋锈蚀早期,构件内部已有层离裂缝存在,但外部还尚未出现裂缝。此时可用小锤轻敲听声,有空壳声表示内部已有层离裂缝起壳,然后凿开检查。

对于混凝土开裂导致的锈蚀,一般在裂缝宽度较大处发生个别点的"坑蚀",继而逐步形成"环蚀",同时向裂缝两边扩展形成锈蚀面,使钢筋有效面积减小。严重锈蚀时,会导致沿钢筋长度出现纵向裂缝。

钢筋锈蚀进一步发展,还会导致混凝土保护层脱落,从而降低有效面积,直至最终引起结构破坏。埋置较浅的钢筋锈蚀一般沿钢筋方向剥落,而主筋的锈蚀剥落则面积较大。

钢筋锈蚀可分为红色锈蚀和黑色锈蚀。氢氧化铁在水的作用下,进一步生成红锈(铁锈),一部分氧化不完全生成 Fe_3O_4(黑锈),在钢筋表面形成锈层。红锈体积可大到原来体积的4倍,黑锈体积可大到原来的2倍,从而使混凝土开裂、剥离,破坏了混凝土的受力性能,降低了材料的耐久性,影响桥梁的使用寿命,缩小了钢筋的受力截面。铁锈层及其引起的混凝土裂缝削弱了钢筋和混凝土共同作用的效果。除此以外,钢筋锈蚀还会使预应力钢筋或高强度钢筋产生预应力损失或脆性破坏等严重后果。

根据《涂装前钢材表面锈蚀等级和除锈等级》(GB 8923.1—2011),钢材表面的四个锈蚀等级分别以 A、B、C 和 D 表示。这些锈蚀等级的文字描述如下:

A——全面地覆盖氧化皮而几乎没有铁锈的钢材表面;

B——已发生锈蚀,并且部分氧化皮已经剥落的钢材表面;

C——氧化皮已因锈蚀而剥落,或者可以刮除,并且有少量点蚀的钢材表面;

D——氧化皮已因锈蚀而全面剥离,并且已普遍发生点蚀的钢材表面。

在钢筋混凝土结构中,钢筋处于水泥水化时所生成的强碱介质中($pH = 12 \sim 14$),钢筋表面会形成钝化膜,可以抑制钢筋的锈蚀过程。如果有其他因素的影响,如混凝土不密实、保护层遭受破坏、太薄、混凝土碳化、裂缝或者外加剂,将会导致钢筋锈蚀。从钢筋锈蚀机理上讲,钢筋在水、氧的条件下,会发生一系列的电化学反应,钢筋处于阳极,释放出电子 e:

$$Fe \rightarrow Fe^{2+} + 2e^-$$

水中的氧离子吸收来自钢筋的电子呈现阴极:

$$O_2 + 2H_2O + 4e^- \rightarrow 4OH^-$$

电子由阳极不断地流向阴极,产生腐蚀电流,在钢筋表面生成氢氧化亚铁薄膜,并与水、氧结合生成氢氧化铁,即铁锈:

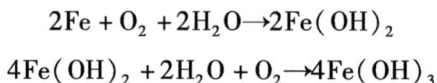

$$2Fe + O_2 + 2H_2O \rightarrow 2Fe(OH)_2$$

$$4Fe(OH)_2 + 2H_2O + O_2 \rightarrow 4Fe(OH)_3$$

二、常见的钢筋除锈方法

在工程中,常见的钢筋除锈方法有:①抛丸除锈:利用机械设备的高速运转把一定粒度的钢丸靠抛投的离心力抛出,被抛出的钢丸与构件猛烈碰撞打击从而达到去除钢材表面锈蚀的目的。②喷丸除锈:利用高压空气带出钢丸喷射到构件表面。③喷砂除锈:利用高压空气带出石英砂喷射到构件表面。④除锈剂:以特制的无机物为主,辅以多种化学缓蚀剂配制成溶液,适用于机械设备、车辆、船舶、军械、五金工具、建筑模板、金属零配件等钢材的除锈。⑤酸洗除锈:亦称化学除锈,其原理是利用酸洗液中的酸与金属氧化物进行化学反应,使金属氧化物溶解,而除去钢材表面的锈蚀和污物。在酸洗除锈后一定要用大量清水清洗。⑥手工和动力除锈:工具简单,施工方便,但劳动强度大,除锈质量差。该法只有在其他方法都不具备的条件下才能局部采用。

钢筋锈蚀
处理施工

考虑到桥梁养护作业的特殊性,目前主要以人工除锈和喷涂除锈剂方法为主,其他除锈方式使用时应考虑对作业人员的损害和环境污染的因素。

对于大范围的钢筋除锈,尤其是受力钢筋,还应考虑钢筋除锈对黏结力的影响。钢筋与混凝土的黏结强度主要由化学胶结力、机械咬合力和摩擦阻力组成,这三部分都与钢筋表面粗糙程度和钢筋锈蚀程度密切相关。几种除锈方法中,人工除锈方式对黏结力的影响最小。人工除锈主要采用钢丝刷、角磨机等小型机械操作,由于钢丝刷等硬度较钢筋低,且人工操作力度可控,对钢筋的本材影响最小。使用除锈剂和抛(喷)丸的方式除锈对钢筋肋高的削弱程度比

较接近,对黏结力的影响也比较接近。锈蚀率越大的钢筋,钢筋表面生成锈蚀产物越多,除锈后其相对肋高和直径减小。当钢筋直径和除锈方法都相同时,锈蚀率大的钢筋除锈后试件的极限黏结应力会降低。钢筋表面横肋和纵肋的高度随直径增大而增大,但增大不成比例。当直径加大时,肋的黏结面积增大不多,相对肋高反而降低,因此相对黏结面积减小,极限黏结强度降低。

三、钢筋除锈施工过程

1.准备工作

（1）技术准备

钢筋除锈作业应当根据设计要求,明确除锈的等级。一般来说,除锈作业非单独施工,通常是缺陷修补及其他维修加固工序之一,应当提前对桥梁结构整体维修加固的施工工艺进行熟悉,不因钢筋除锈作业耽误整体施工进度。

（2）机具准备

钢筋除锈常用的工具有角磨机、钢丝刷、防护面罩、空压机等。

（3）材料准备

专用除锈剂和阻锈剂应当符合《钢筋混凝土阻锈剂》（JT/T 537—2018）、《混凝土防腐阻锈剂》（GB/T 31296—2014）的要求,除锈和阻锈材料不得对缺陷修补和加固材料的性能造成影响,必要时需做试验确认。

（4）人员准备

除锈作业一般非独立施工项目,施工作业人员配备要求与缺陷修补等一致。

2.施工工序

（1）人工除锈施工

人工除锈作业虽然比较费时费工,但操作简单,也是效果较好的方式,适用于除锈面积小的情况,具体施工工序为:

①对钢筋外露锈蚀范围内的部分混凝土进行凿除,将锈蚀钢筋凿出。

②使用角磨机配置磨片对钢筋表面反复磨削（图 4-3-1）,待锈蚀物被清除后,在钢筋表面再次来回打磨,使钢筋露出银白色金属光泽。

③喷涂防锈漆,对钢筋进行防锈处理。

④根据设计要求,在缺陷修补或加固材料中添加阻锈剂。

（2）使用除锈剂除锈施工

除锈剂在建筑业、制造业等多种行业中都有运用,这种产品可以快速去除构件或金属物体表面的锈蚀,并在表面形成一层持久的钝化膜,可以防止新锈蚀的生成。除锈剂主要由草酸、六亚甲基四胺、十二烷基苯磺酸钠、十二烷基硫酸钠

图 4-3-1　使用角磨机除锈

等物质构成,在去除锈蚀物的同时,可在金属表面生成致密的钝化膜,防止其继续锈蚀,且反应完的产物对环境几乎没有影响。除锈剂是盐酸和硫酸等强酸的环保替代产品。根据构件所在位置不同和方便性,可以选择不同的操作方法,常见的有喷涂、涤刷、浸泡等,其中,浸泡的效果最佳。除锈剂在使用过程中应避开高温、明火等场所,并在通风良好的空旷场地进行,避免除锈剂接触皮肤或被吸入人体,使用完毕应妥善处理废液。使用除锈剂除锈的具体施工工序为:

①按照产品使用要求,准备好除锈剂。一般除锈剂需要采用喷涂的方式作业。

②将除锈剂喷涂在锈蚀钢筋的表面,静置浸泡 1～2min 后,钢筋表面的锈蚀物溶解在除锈剂中,且在钢筋表面生成了一层银白色的钝化膜,这是由于除锈剂中的缓蚀剂作用,在钢筋表面生成钝化膜,可以防止新锈蚀的产生。

③除锈完的钢筋必须用清水冲洗掉附着在表面的残余除锈剂,然后擦干表面水分。

④检查除锈效果,对除锈不彻底的部位进行人工复除。图4-3-2 是使用除锈剂除锈后钢筋前后的对比照片。

图 4-3-2　使用除锈剂除锈效果

3. 施工要点及注意事项

(1)在使用角磨机前,个人要做好防护措施,开启设备后,观察磨片或钢丝刷转动情况良好后,方可开始作业。

(2)除锈时,使钢丝刷的旋转方向背离操作人员,防止火星飞溅。操作人员应当双手紧握角磨机使高速旋转的钢丝刷紧贴钢筋表面,并缓慢向前移动。

(3)测量并记录除锈完成后各根钢筋的横肋高和纵肋高,并与其他除锈方法后的钢筋比较。如除锈磨削深度大,则应通知设计单位确认。

(4)使用除锈剂作业时,钢筋表面在接触除锈剂后会产生气泡,并散发大量热量,同时有刺鼻的气味产生,作业人员应当注意防护。

(5)除锈后应及时开展后续修补或加固作业,避免钢筋二次生锈。

4. 施工质量要求

根据涂装前钢材表面锈蚀等级和除锈等级的标准,用手工和动力工具清理,如刮、手工刷、机械刷和打磨等进行表面处理,用字母"St"表示。该标准有两个除锈等级,即 St2 和 St3,具体含义见表4-3-1。

手工和动力工具清理等级　　　　　　　　　　　　　　　表 4-3-1

等级	对应状态
St2(彻底的手工和动力工具清理)	在不放大的情况下观察时,表面应无可见的油脂和污物,并且没有附着不牢的氧化皮、铁锈、涂层和外来杂质
St3(非常彻底的手工和动力工具清理)	同 St2,但表面处理应更加彻底,表面应具有金属底材的光泽

手工和动力工具清理前,应铲除全部厚锈层,可见的油脂和污物也应清除掉。

手工和动力工具清理后,应清除表面的浮灰和碎屑。

单元四 圬工桥梁缺损维修施工

一、圬工结构的概念

圬工结构分为砖石结构和混凝土结构两大类。其中砖石结构是以砖、石材作为建筑材料,通过将其与砂浆或小石子混凝土砌筑而成的砌体所建成的结构;混凝土结构则是由砂浆砌筑混凝土预制块、整体浇筑的混凝土或片石混凝土等构成的结构。

圬工结构在桥梁构件中的应用非常广泛,如圬工拱桥的拱圈,桥梁的重力式桥墩、台,桥梁扩大基础,涵洞及重力式挡土墙等。

石材是圬工结构常用的材料,是无明显风化的天然岩石经过人工开采加工后的建筑用材。其强度高,抗冻与抗气性能好,在圬工桥梁中应用较为广泛。石材常用的类型有片石、块石、条石等,强度等级用 MU 表示,如 MU30 等。有时为节省石料的开采加工工作,并为了保证砌体表面的整体美观,工程中也常常采用混凝土预制块砌筑圬工结构。需要注意的是,整体浇筑的混凝土由于未设置受力钢筋,我们也称之为圬工结构,但通常浇筑的混凝土体积较大,容易产生施工质量问题。圬工砌体砌筑所需的砂浆是由一定比例的胶结料、细集料及水配制而成的,砂浆的强度等级用 M 表示,如 M10 等。

二、圬工桥梁常见病害及成因

圬工砌体表层常见的缺陷主要有:抹灰层、砌缝脱落,砌体表面麻面、起皮、起鼓、粉化、剥落,以及材料变质、风化和裂缝等(图 4-4-1 ~ 图 4-4-4)。圬工砌体表面缺陷如果不及时处理将会向内部发展,造成内部材料的变质、酥化,使强度降低。针对这些病害,修补的方法很多,可根据实际需要及适用、美观和耐久性的要求对圬工结构表层的缺陷进行修补。

图 4-4-1 圬工桥梁开裂

图 4-4-2 圬工桥梁麻面起皮

图 4-4-3　圬工桥梁砌缝脱落

图 4-4-4　圬工桥梁砌石风化

圬工结构产生病害与承载力不足、冲刷、变形过大、风化作用及振动等有关。圬工砌体由于在桥梁运营过程中受环境和材料自身缺陷等影响,易出现各类表面缺陷。胶结材料(如水泥砂浆)也易受环境和受力的影响,存在砌缝脱落的现象。若圬工桥梁变形过大,还会造成圬工结构开裂、砌体间挤压碎裂等严重影响结构安全的问题。

三、圬工桥梁缺陷的修补方法

圬工桥梁的缺陷修补主要针对胶结材料和圬工砌体进行。胶结材料(砌缝)出现脱落时,可采用勾缝的方式进行处理。对于圬工表面出现大面积风化、剥落等问题,可采取局部或整体面层涂抹水泥砂浆或环氧砂浆的方式进行防护。

四、圬工桥梁缺陷修补施工过程

1. 准备工作

(1)技术准备

圬工桥梁出现病害时,应当分析病害产生的原因。如圬工结构的病害与承载力不足或者变位较大(如基础不均匀沉降等)有关,应当先采取提载加固等措施,待处理完引起圬工结构病害的诱因后,方可进行圬工桥梁缺陷修补。

圬工桥梁缺损的
维修施工

(2)机具准备

圬工桥梁缺陷修补常用的工具有冲击钻、角磨机、钢丝刷、勾缝器、空压机、抹刀等。

(3)材料准备

砌筑或修补使用的水泥砂浆或环氧水泥砂浆等应当满足设计图纸和《公路桥梁加固施工技术规范》(JTG/T J23—2008)的要求,修补材料的强度等级宜高于原结构使用的材料。

(4)人员准备

施工现场应当配有项目负责人、技术负责人、施工员、安全员、质检员、监理员等,具体人数根据现场施工需要确定。施工企业"三类"人员应取得安全生产考核合格证,特种作业人员应取得特种作业操作证。

（5）作业条件

如圬工结构修补部位存在渗水等情况，应当查明渗水原因，并进行封堵及疏导后，方可进行勾缝和修补作业。

2. 施工工序

（1）勾缝修补

①使用冲击钻或凿子将已松动或破损的灰缝进行清除，深度应尽可能清理至已松动范围且不少于5cm，以保证勾缝材料具有一定的黏结性。

②使用高压水对凿除部位进行冲洗，表面不得留有明水。

③用抹子和刮刀将水泥砂浆填入砌缝，并使用勾缝器压紧。

④待勾缝材料初凝后（用手摸不沾手），再使用勾缝器对砌缝形态进行调整，并将多余的砌缝材料清除。常用的勾缝形式有平缝、凹形缝、弧形凸缝和带形凸缝（图4-4-5）。

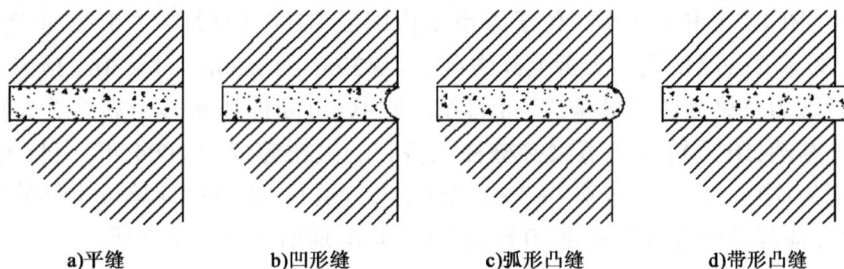

| a)平缝 | b)凹形缝 | c)弧形凸缝 | d)带形凸缝 |

图4-4-5　常见勾缝形式

（2）面层修补

①使用冲击钻等工具对风化和剥落的圬工表面进行清理，并对基面进行凿毛处理。

②使用高压水将表面灰尘、污物等清洗干净并保持表面湿润。

③浅层缺陷可直接涂抹水泥砂浆进行修补防护，深层缺陷可以采取模筑法进行整体浇筑，必要时还可挂钢筋网，并在新、旧结构中设置锚筋连接。

3. 施工要点及注意事项

（1）施工现场设置各种提示、警示等安全防范标识，提高施工人员的风险意识，指导施工人员文明施工、安全生产，严格遵守安全操作规程。

（2）严格按《公路养护安全作业规程》（JTG H30—2015）设置施工标志、限速标志、反光锥形交通路标，并采取其他安全措施。

（3）所有参加施工的作业人员必须经安全技术操作培训合格后，方可进入现场进行施工。特殊工种必须持操作证上岗作业，严禁无证上岗作业。

（4）在施工过程中，保证施工人员始终佩戴安全帽及需要的防护装备；凿除松散砌缝时，应采取防止扩散的措施，如布料遮挡；在施工过程中，应防止环氧树脂浆液及其他废液滴漏污染水体。

（5）各工种、各工序施工前均应由施工单位进行书面交底后方可进行施工作业。

（6）缺陷修补施工前，制定相关应急预案，在突发事件发生后及时启动。

（7）安全文明施工须符合国家相关安全管理规定。

4. 施工质量要求

（1）勾缝时，若砌体已完全脱落，修复后应当保证圬工结构表面的整体平整度。

（2）面层修补材料的颜色尽可能与原结构保持一致，如需更换砌石（砌体），其强度不得低于原结构标准。

单元五 典型工程案例

一、工程背景

沙嘴大桥（图4-5-1和图4-5-2）位于某市境内国道 G206 K1421＋775 处，横跨昌江，是国道 G206 线上的重要公路桥梁。大桥上部构造为 4×30m＋4×50m＋4×30m 预应力混凝土简支 T 形梁。桥墩为盖梁接柱式墩身（4～8 号桥墩配承台）配桩基础，0 号桥台为盖梁接肋式台身配承台接桩基础，10 号桥台为盖梁接桩柱式桥台。大桥建成于 2004 年，全长为 447.36m，现在桥面净宽为：净—12m（行车道）＋2×1.25m（人行道）。由原设计单位出具的施工图纸得知，大桥原设计荷载等级为汽车—超 20 级，挂车—120，通航等级为Ⅴ-2 级。

图 4-5-1　桥梁立面图

图 4-5-2　桥面系全景

对全桥各部件技术状况进行检查发现，桥梁主要病害如下：

（1）桥面铺装存在多处纵桥向裂缝（图4-5-3），纵向裂缝间距约为 240cm。

（2）上部结构：预应力混凝土简支 T 形梁少数表面出现剥落、掉角；部分预应力混凝土简支 T 形梁表面出现空洞、孔洞；少数 T 形梁混凝土保护层厚度不足，造成钢筋锈蚀。另外检查发现，多数横隔板连接钢板处出现开裂、断裂，少数横隔板未有效连接（图4-5-4～图4-5-6）。

对桥梁检查发现的病害进行分析，因预应力混凝土简支 T 形梁横隔板存在多处混凝土破损脱落，混凝土脱落后使得横隔板连接钢筋（板）产生锈蚀现象，部分焊缝处因锈蚀脱焊，造成横隔板未能有效连接，使得上部结构 T 形梁横向联系性能降低，部分梁板呈现"单板受力"状态，导致梁板变形过大，进而引起桥面在横隔板位置处出现纵桥向裂缝，桥面纵桥向裂缝是对上部 T 形梁变形过大的间接体现。

图 4-5-3　桥面铺装纵向开裂

图 4-5-4　横隔板未有效连接

图 4-5-5　横隔板连接处混凝土脱落

图 4-5-6　横隔板连接处混凝土脱落、钢筋锈蚀

二、施工方案及实施过程

针对桥梁已存在的病害及其影响,对部分未连接的横隔板采取补焊连接钢筋的方法进行加固,并对 T 形梁及横隔板存在混凝土破损脱落的部位采用聚合物砂浆进行局部修补。具体修补流程如下。

(1)现场拌制聚合物砂浆,聚合物砂浆为预混料,按产品说明加水搅拌至均匀无颗粒后方可使用(图 4-5-7)。聚合物砂浆初凝时间较短,应做到随拌随用。

(2)凿除待修补部位表面松动的混凝土,直至露出新鲜混凝土面,并用钢丝刷清除表面浮灰、杂质等(图 4-5-8)。当破损部位钢筋出现外露时,应及时进行除锈(图 4-5-9)。

(3)涂抹聚合物砂浆应根据破损深度选择合理的施工方式,对于深度≤30mm 的破损,可直接涂抹,对于深度>30mm 的破损,需分层涂抹。聚合物砂浆应压实抹平,确保与原结构贴合紧密且无空鼓,表面收光平整(图 4-5-10)。

修补采用的聚合物砂浆应符合《工程结构加固材料安全性鉴定技术规范》(GB 50728—2011)规范要求,并根据结构特点掺和一些聚丙烯短纤维等增强材料,以达到抗裂效果,聚合物水泥防水砂浆的物理力学性能要求按照表 4-5-1 执行。

图 4-5-7　拌制抗裂聚合物砂浆

图 4-5-8　修补部位打磨

图 4-5-9　钢筋除锈剂喷涂

图 4-5-10　破损部位修补

物理力学性能

表 4-5-1

检验项目		检验条件	鉴定合格指标	
			Ⅰ级	Ⅱ级
浆体性能	劈裂抗拉强度（MPa）	浆体成型后，不拆模，湿养护 3d；然后拆侧模，仅留底模再湿养护 25d（个别为 4d），到期立即在（23±2）℃、（50±5）%RH 条件下进行测试	≥7	≥5.5
	抗折强度（MPa）		≥12	≥10
	抗压强度（MPa） 7d		≥40	≥30
	28d		≥55	≥45
粘结能力	与钢丝绳粘结抗剪强度（MPa） 标准值	粘结工序完成后，静置湿养护 28d，到期立即在（23±2）℃、（50±5）%RH 条件下进行测试	≥9	≥5
	与混凝土正拉粘结强度（MPa）		≥2.5，且为混凝土内聚破坏	
耐环境作用能力	耐湿热老化能力	在 50℃、RH 为 98% 环境中，老化 90d（Ⅱ级聚合物砂浆为 60d）后，其室温下钢丝绳与浆体粘结（钢套筒法）抗剪强度降低率（%）	≤10	≤15

116

检验项目		检验条件	鉴定合格指标	
			Ⅰ级	Ⅱ级
耐环境作用能力	耐冻融性能	在 −25℃ 至 35℃ 之间冻融交变流环境中,经受 50 次循环(每次循环 8h)后,其室温下钢丝绳与浆体粘结(钢套筒法)抗剪强度降低率(%)	≤5	≤10
	耐水性能	在自来水浸泡 30d 后,拭去浮水进行测试,其室温下钢标准块与基材的正拉粘结强度(MPa)	≥1.5,且为基材内聚破坏	

三、实施效果

对全桥横隔板连接钢筋(板)进行除锈,并对混凝土破损部位进行修补后,减小了横向连接钢筋(板)锈蚀的可能。对因锈蚀脱焊缺失的钢筋(板)补焊连接,进一步增强了桥梁横向联系,减轻了预应力混凝土简支 T 形梁的受力,桥面纵向开裂现象也得到了有效遏制。横隔板修补前后的效果如图 4-5-11、图 4-5-12 所示。

图 4-5-11　横隔板修补前破损图

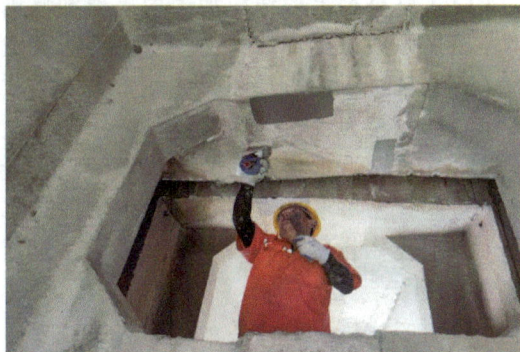

图 4-5-12　横隔板修补后效果图

思考题

1. 简述混凝土材料的主要缺陷类型及产生成因。
2. 简述缺陷修补常用的方法。
3. 简述缺陷修补施工流程。
4. 简述钢筋锈蚀常见处理方法。
5. 简述人工除锈的施工要点。
6. 简述除锈剂除锈的施工要点。
7. 常见圬工拱桥缺陷有哪些?
8. 常见勾缝形式有哪些?

模块五
MODULE 5
桥梁上部结构常见病害及常用加固方法

学习目标

知识目标

(1)了解桥梁上部结构加固的原理和原则。

(2)熟悉梁桥上部结构主要病害特征及成因。

(3)掌握桥面补强层加固的施工方法及质量控制要点。

(4)掌握增大截面加固的施工方法及质量控制要点。

(5)掌握粘贴钢板加固的施工方法及质量控制要点。

(6)掌握粘贴碳纤维复合材料加固的施工方法及质量控制要点。

(7)掌握体外预应力加固的施工方法及质量控制要点。

技能目标

(1)能实施桥面补强层加固的施工。

(2)能实施增大截面加固的施工。

(3)能实施粘贴钢板加固的施工。

(4)能实施粘贴碳纤维复合材料加固的施工。

(5)能实施体外预应力加固的施工。

单元一 桥梁上部结构加固基本原理

一、概述

桥梁结构形式多样,类型较多。按照上部结构受力特点,桥梁各杆系结构可分为梁、拱、刚架、桁架及其他组合结构等。各种类型的桥梁在受力形式上虽有不同,但加固原理大致相似。以简支梁(图5-1-1)为例,在竖向荷载作用下,梁内会同时产生弯矩和剪力两种内力,且在梁体结构内不同位置的内力值也不相同,同一截面不同位置的应力值也有差别。以正应力为例,根据材料力学的知识,在假定的弹性状态下的正应力计算公式为

$$\sigma = \frac{M}{W} \tag{5-1-1}$$

式中:σ——梁结构产生的正应力,kN;

M——荷载作用下主梁产生的弯矩,kN·m;

W——弯曲截面系数。

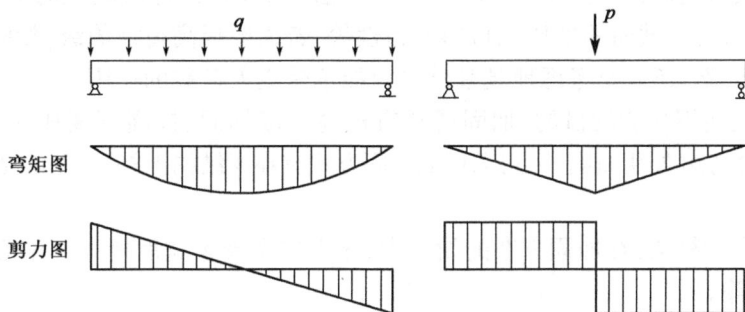

图 5-1-1　简支梁桥基本力学图式

当梁结构产生的最大正应力小于材料的许用应力时[式(5-1-2)],结构处于安全状态。许用应力的大小与结构使用的材料有关。

$$\sigma_{max} \leq [\sigma] \tag{5-1-2}$$

因此,梁桥上部结构主梁的受力状况由三个要素决定,即荷载作用产生的内力大小、截面的几何性质以及主梁建筑材料的自身强度。

当荷载作用增大时,如车辆荷载的超重等,会引起作用效应(内力)的增加,进而造成截面应力的增加。当截面应力超出材料强度的允许值时,就会造成上部结构主梁开裂等结构性病害。桥梁使用年限增加或施工质量存在问题等,使得上部构件的截面性质、材料特性等恶化,此时上部结构的承载能力不满足安全使用要求,桥梁处于危桥状态,需要采取加固措施。

二、加固基本原则

需要进行加固的桥梁应达到桥梁所在路线的技术标准要求,如需更改桥梁线形高程,还应当考虑与衔接道路的顺畅,通常来说应当遵循以下原则:

(1)桥梁受力模式清晰,已产生的病害成因明确,加固方案有针对性。

(2)加固施工方案具有可实施性,安全性有保障。

(3)加固材料性能稳定,与原结构的黏结性能良好,对于需要快速加固和修复的情形,还

需加固材料具有早强特性。

(4)维修加固施工,应当减小对环境的污染。

(5)加固施工应当合理安排工期,尽可能避免全封闭施工。

三、加固基本原理

梁桥上部结构加固方法很多,加固的原理和思路也不相同,但都遵循力学的基本原理。加固基本原理分类如下:

(1)按照提升承载能力的目的,加固通常有恢复至原设计荷载等级标准和提升荷载等级标准(又称为提载)。恢复至原设计荷载等级主要是因为存在设计或施工的质量缺陷,此时加固的方式主要是恢复原截面的性质或材料的特性等;若需要提高荷载等级,除应考虑桥梁自身的提载潜能影响因素,还需要考虑地基基础是否能承受更大荷载的作用。

(2)按照解决使用功能的目的,加固通常有提高强度加固、提高刚度加固、提高稳定性加固、抗震加固和提高耐久性加固等,可采用的加固方式有在原结构上补强、新增结构构件、局部防护等。

(3)考虑拓宽的桥梁,在加固方案的设计中,还需要考虑拓宽后桥梁在偏心荷载作用下是否满足规范要求等。

目前,采用比较多的加固方法主要有桥面补强层加固法、增大截面加固法、粘贴钢板加固法、粘贴纤维复合材料加固法、体外预应力加固法等。

单元二　梁桥上部结构常见病害

一、板梁桥主要病害

板梁桥以预制空心板和现浇实心板为代表,其板体、铰缝和支承部位易产生病害。其主要病害及特征如下。

1. 板体纵、横向开裂

板底横向裂缝多分布在跨中区域附近,部分裂缝贯通整个截面,该类裂缝主要与受力有关。在正弯矩作用下,梁下缘拉应力超过抗拉强度,导致底板甚至腹板的开裂。空心板底面横向裂缝如图5-2-1所示。

空心板板底常出现纵向裂缝,一般出现1~2条沿板跨径方向的纵向裂缝,裂缝较长,呈断续或连续状,开裂位置通常在底板厚度最薄处。裂缝处往往伴有渗水痕迹或白化现象。(图5-2-2和图5-2-3)

图 5-2-1　空心板底面横向裂缝

图 5-2-2　空心板底面纵向裂缝

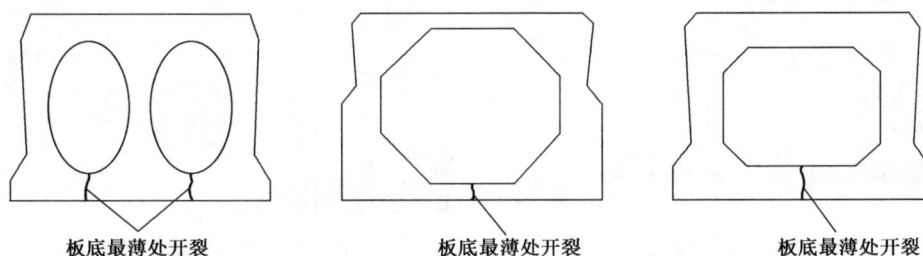

板底最薄处开裂　　　　板底最薄处开裂　　　　板底最薄处开裂

图 5-2-3　不同截面空心板底面纵向裂缝示意图

2. 铰缝连接损坏或失效

铰缝连接损坏或失效对结构影响较大,特别是重载车辆反复碾压,容易造成桥梁整体性迅速破坏,引起桥梁安全事故发生。

3. 桥面铺装沿铰缝纵向开裂

桥面铺装沿铰缝纵向开裂在板梁桥上出现比较普遍,由于桥梁整体性变差,桥面铺装沿铰缝纵向开裂,并逐步发展成纵向坑槽,致使行车条件恶化,加大了汽车荷载的冲击力,影响行车和结构安全,如图 5-2-4 所示。

图 5-2-4　铰缝开裂反射导致桥面铺装纵向开裂

二、肋梁桥主要病害

1. 梁端附近腹板斜裂缝

在梁端产生的腹板斜向裂缝一般由梁底开始,沿着与梁体轴线 25°～50°角的方向开裂。随着荷载增大,裂缝长度将不断增加并向受压区发展,裂缝数量不断增多并分岔,开裂区也逐渐向跨中方向扩大。腹板斜裂缝如图 5-2-5 和图 5-2-6 所示。

图 5-2-5　T形梁腹板斜裂缝(一)

图 5-2-6　T形梁腹板斜裂缝(二)

2. 跨中附近腹板竖向裂缝

肋梁桥跨中附近出现腹板竖向裂缝,通常是由于梁底出现横向受力裂缝,上延至腹板,主要与车辆荷载超重、预应力筋损失过大、主梁下挠有关。肋梁桥腹板竖向裂缝如图 5-2-7 和图 5-2-8 所示。

图 5-2-7　T形梁 L/4 附近腹板竖向裂缝

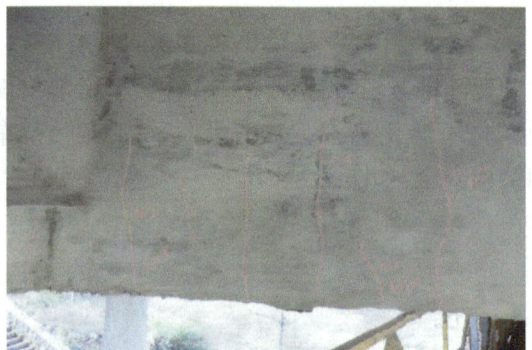

图 5-2-8　T形梁 L/2 附近腹板竖向裂缝

3. 跨中底部横向裂缝

以 T 形梁为例,跨中底部横向裂缝一般发生在跨中附近正弯矩区,由 T 形梁下缘混凝土抗拉强度不足引起。对于普通钢筋混凝土 T 形梁,规范容许带裂缝工作,规定了裂缝宽度限值;预应力混凝土 T 形梁是按全预应力构件或部分预应力 A 类设计的,不容许出现此受力裂缝;部分预应力 B 类构件容许出现裂缝,相关规范规定了宽度限值。对于预应力构件出现底部横向受力裂缝,一般是纵向预应力损失导致抗拉强度不足。底部横向裂缝进一步发展将向腹板延伸,形成 U 形或 L 形裂缝。T 形梁底部横向裂缝如图 5-2-9 和图 5-2-10 所示。

图 5-2-9　T 形梁腹板底面横向裂缝

图 5-2-10　T 形梁腹板底面横向开裂后混凝土剥落

4. 梁底纵向裂缝

以 T 形梁为例,T 形梁梁底纵向裂缝通常为较长裂缝,属于非结构裂缝,其产生的主要原因为梁底部位钢筋密布,混凝土浇筑质量难以保证,混凝土强度达不到设计要求,再加上波纹管定位钢筋不准或脱离,导致波纹管位置保护层偏薄,在较大的预应力、温度力和收缩等复杂应力因素的影响下,产生沿波纹管的纵向裂缝。

5. 横隔板开裂及连接钢板脱焊、断裂

装配式肋梁桥肋梁间通过端横隔板和中横隔板相互联系,活载直接作用的肋梁通过横隔板传力给非直接作用的肋梁,不同肋梁受力状况有差异。在活载长期作用下横隔板的连接钢板容易发生断裂、脱焊及相应部位混凝土破损。横隔板混凝土破损、露筋如图 5-2-11 和图 5-2-12所示。

图 5-2-11　横隔板混凝土破损、钢板外露

图 5-2-12　横隔板未有效连接

6. 湿接缝开裂、破损、渗水

预制 T 形梁铰缝构造相对简单,桥梁整体性较差,在重载车辆作用下容易发生湿接缝开裂渗水,严重时则变成单梁受力,并反射至桥面铺装开裂,影响结构安全,如图 5-2-13 和图 5-2-14所示。

图 5-2-13　湿接缝因荷载作用混凝土脱落

图 5-2-14　桥面铺装沿湿接缝开裂

三、箱梁桥主要病害

1. 箱梁跨中下挠过大

大跨连续刚构(连续梁)跨中下挠过大是箱梁类结构较为普遍的病害,通常主跨下挠最大。下挠过大常常伴有裂缝产生、开展。图 5-2-15 为连续刚构跨中下挠过大示意图。

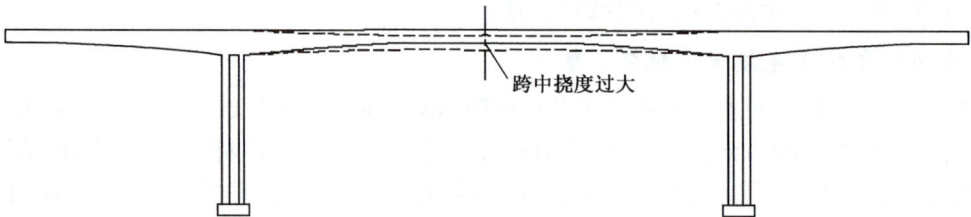

图 5-2-15　连续刚构跨中下挠过大示意图

2. 跨中底板、支点顶板横向裂缝

箱梁横向开裂通常发生在正弯矩较大的跨中以及负弯矩较大的支点附近,裂缝沿横向通长,严重时可以与腹板竖向裂缝或者斜裂缝贯通。图 5-2-16 为跨中区域底板横向裂缝、支点区域顶板横向裂缝示意图。

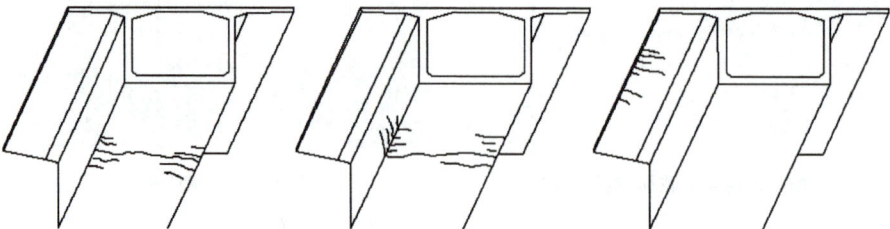

图 5-2-16　跨中区域底板横向裂缝、支点区域顶板横向裂缝示意图

3. 顶、底板纵向裂缝

箱梁顶、底板纵向裂缝表现为沿纵向筋或预应力管道的纵向开裂,如图 5-2-17 所示。

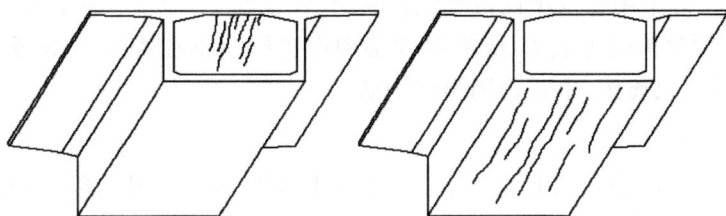

图 5-2-17　顶、底板纵向裂缝

混凝土箱梁顶板为桥面铺装,若箱梁顶板混凝土纵向贯穿顶板厚度,对混凝土箱梁耐久性有影响,底板上的纵向裂缝会导致混凝土箱梁在横向抗弯刚度与抗扭刚度上下降。

4.腹板斜裂缝

支点至钢束反弯点之间的箱梁腹板出现斜裂缝,倾斜角度多为 20°~50°,裂缝往往以对称分布形式出现,如图 5-2-18 所示。

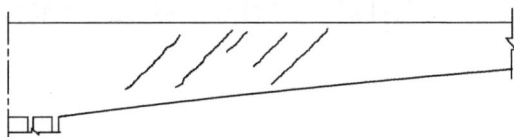

图 5-2-18　腹板斜裂缝

此外,还有翼缘板根部及梗腋部位的水平裂缝,齿板、锚下块裂缝等病害。

单元三　桥面补强层加固技术

一、特点及适用条件

桥面补强层加固技术特点:通过在桥面板(主梁)上加铺一层钢筋混凝土层,使其与原有结构形成整体,从而达到增大桥面板或主梁有效高度和受压截面、增加桥梁横向联系和桥面整体刚度、提高桥梁承载能力的目的。

桥面补强层加固技术的适用条件:主要适用于中小跨径装配式梁桥。主梁或桥面板承载力不足,刚度不够,或铰接梁、板的铰缝不能有效传力时,可采用桥面补强层加固法进行加固。

二、材料要求

1.钢筋

(1)加强补强层与原结构的连接而设置的结合钢筋,一端植埋于原结构。一端伸入补强层。因锚固长度短,应采用螺纹钢筋以增大握裹力,保证新、旧混凝土的有效结合。

(2)为增强桥梁整体受力能力,应在补强层中设置构造钢筋和受力钢筋,布设 1~2 层钢筋网。为加强与混凝土连接,也宜选用螺纹钢筋。

2. 混凝土

(1)补强层混凝土除应具有黏结力强、收缩小、抗裂性能优良外,还应具有足够的韧性、抗冲击能力和抗渗性。可以从施工工艺上采取适当的措施,改善混凝土的性能。

(2)使用外加剂应注意合理选择品种,进行必要的试验,施工时必须按产品说明书要求采用正确的掺入法,严格控制掺量,并适当延长搅拌时间和加强养护。

(3)纤维混凝土具有抗裂,提高韧性和延伸率,抗冲击力和抗渗能力高等特点,适用于桥面补强层加固。采用钢纤维时应注意纤维腐蚀、锈蚀引起的桥面污染,以及纤维暴露时对车辆轮胎的损害。

3. 植筋胶

植筋胶应具备黏结能力强、耐久性好、快硬性和低毒、无害等特性,一般可采用环氧树脂类黏结材料。

4. 界面剂

旧混凝土表面的吸水特性会引起新、旧混凝土界面不易黏结,采用界面剂可以增强它们之间的黏结力。界面剂应对混凝土具有强黏结力,并具备抗化学腐蚀和高强度的特性,可用于潮湿表面,并有适当的操作时间。

三、施工工序

桥面补强层加固施工工艺流程如图 5-3-1 所示。

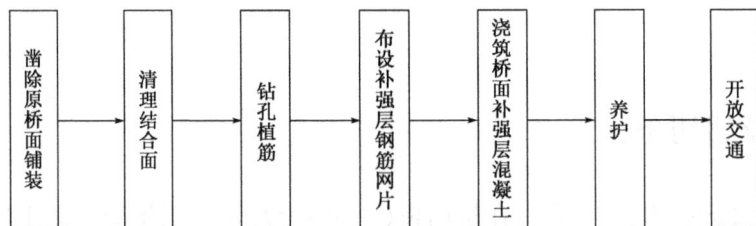

图 5-3-1 桥面补强层加固施工工艺流程

1. 凿除原桥面铺装并清理结合面

结合面应凿除原结构表面浮浆,使集料外露,形成 4~6mm 凹凸粗糙面,或用机械刻槽形成粗糙面,并彻底清扫干净(图 5-3-2 和图 5-3-3)。对存在缺陷的部位,应进行修补。例如空洞。在凿除疏松部分混凝土后,用强度等级高一级的细石子混凝土填筑密实;出现钢筋锈蚀引起混凝土胀裂时,先剔除松动开裂的混凝土,再进行钢筋表面除锈和防护等。

2. 钻孔植筋

(1)桥面板上钻孔。孔深与结合钢筋埋设深度相同,孔径应比结合钢筋直径大 2~3mm,

孔位应避让原结构的预应力筋束和普通钢筋,以免钻孔对原结构造成损伤,并应使孔位间距在设计要求范围之内。

图 5-3-2　凿除原桥面铺装层

图 5-3-3　对结合面进行清理

(2)清理钻孔。先用硬鬃毛刷清理,再以高压干燥空气吹去孔底灰尘。注胶前应注意防止砂石、土粒和水等进入孔内。

(3)灌胶。将植筋胶由孔底灌注至约 3/4 孔深处,待插入结合钢筋后,使胶充满整个孔洞。

(4)插入结合钢筋。结合钢筋插入前应清除插入部分的表面污物,并须插到孔底。孔口多余的胶应清除。

(5)在胶液固化之前,避免扰动结合钢筋,保证孔位附近无明水。

3. 布设补强层钢筋网片并浇筑混凝土

(1)浇筑混凝土前,应对结合面进行彻底清理,检查结合钢筋及其他构造钢筋的数量及布置是否正确。原结构的结合面应充分湿润,但不应有明水。

(2)补强层混凝土浇筑应按设计规定的程序进行。由于补强层中钢筋较密,振捣必须充分到位。补强层混凝土厚度薄时应注意避免过振引起的集料沉底、砂浆上翻的现象。对于钢纤维混凝土,宜采用平板式振捣器振捣密实,再用圆棒滚压表面,使表层钢纤维沉入内部。

4. 养护

由于补强层面积大,厚度薄,新、旧混凝土存在龄期差,混凝土浇筑完后应特别注意养护。要尽早进行养护,并延长养护时间,一般要求湿养护时间不少于 14 天,并随季节、气温等条件进行调整。

四、施工要点及注意事项

(1)桥面板(主梁)结合面处理时,不能损坏原结构混凝土强度,不应有局部光滑的结合面。

(2)结合钢筋植埋应严格按照设计和所采用的胶黏剂的要求进行。

127

（3）严格控制混凝土质量，振捣合理，并及时养护。

五、施工质量要求

1. 实测项目

实测项目参照《公路工程质量检验评定标准 第一册 土建工程》（JTG F80/1—2017）的相关规定进行检验评定，特殊实测项目见表5-3-1。

桥面补强层加固的特殊实测项目   表5-3-1

序号	检查项目		规定值或允许偏差	检查方法和频率
1	补强层混凝土强度（MPa）		在合格标准内	按规定方法检查
2	补强层混凝土厚度（mm）		±10	钢尺，每跨量3~5处
3	补强层构造钢筋	长度（mm）	±10	钢尺，每跨纵横各查3~5根
		间距（mm）	±10	钢尺，每跨查3~5个网眼
		距顶面距离（mm）	±3	水准仪，每跨量3~5处
4	结合面处理（mm）		符合设计要求	目测，全部
5	结合钢筋	抗拔力（kN）	符合设计要求	在试件上拉拔，每500根测1根
		长度（mm）	±10	钢尺，查20%
		间距（mm）	±50	钢尺，每跨量3~5处
		植埋深度（mm）	$+2d$，$-d/2$	钢尺，查20%

2. 外观鉴定

补强层不得出现露筋和空洞现象，混凝土表面应平整、颜色一致，无明显施工接缝。

单元四　增大截面加固技术

一、特点及适用条件

增大截面加固技术特点：通过在构件表面加大混凝土尺寸并增加受力钢筋，使其与原结构形成整体，从而增大构件有效高度和受力钢筋面积，增加构件的刚度，提高桥梁承载能力。采用增大截面技术加固后，结构可靠性好，构件承载力、刚度得到大幅度提高，增加了结构稳定性。

增大截面加固技术的适用条件：广泛适用于钢筋混凝土受弯、受剪和受压构件的加固，适用于梁（板）桥及拱桥的加固。

增大截面
加固方法

二、材料要求

1. 钢筋

纵向受力钢筋的直径不宜小于12mm,封闭式箍筋直径不宜小于8mm,U形箍筋直径宜与原有箍筋直径相同。

2. 混凝土

(1)新浇混凝土应比原结构混凝土提高一个强度等级。

(2)优先选用早强砂浆和早强混凝土或膨胀混凝土。

(3)配制混凝土用的石子宜选用坚硬耐久的碎石,其最大粒径不宜大于20mm。

三、施工工序

增大截面加固施工工艺流程如图5-4-1所示。

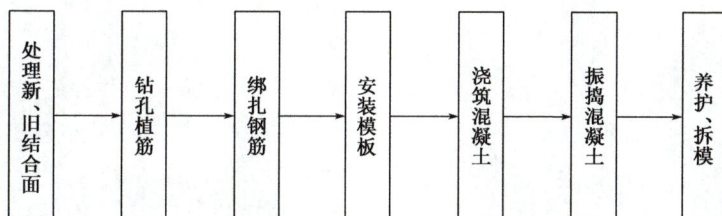

图5-4-1 增大截面加固施工工艺流程

1. 处理新、旧结合面

(1)混凝土表面凿毛:用打磨机及钢丝刷对混凝土表面进行凿毛处理。凿毛后表面凹凸不应小于6mm,并露出粗集料。混凝土凿毛施工如图5-4-2和图5-4-3所示。

图5-4-2 混凝土凿毛施工(一)

图5-4-3 混凝土凿毛施工(二)

(2)表面清理:凿毛处理后,应用高压空气吹除原构件混凝土表面松动的集料、砂砾、浮渣和粉尘,并用清洁的压力水冲洗干净。

2. 钻孔植筋

钻孔植筋施工工艺按照图5-4-4所示的工序进行。

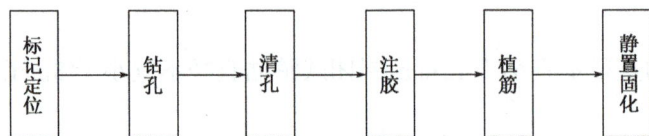

```
标记定位 → 钻孔 → 清孔 → 注胶 → 植筋 → 静置固化
```

图5-4-4 钻孔植筋施工流程

(1)标记定位:根据图纸,在凿毛后的混凝土表面标记出需要植筋的位置。

(2)钻孔:使用冲击钻按设计要求的孔径和孔深钻孔(图5-4-5)。

(3)清孔:钻孔完成后,用气泵和毛刷进行清孔,保证孔洞内无灰尘。清孔完毕后,用丙酮或工业酒精擦拭孔壁、孔底。

(4)注胶:将植筋胶用注胶枪注入孔洞,注入量约为孔洞深度的2/3(图5-4-6)。

图5-4-5 植筋施工钻孔

图5-4-6 植筋施工注胶

(5)植筋,静置固化:将需要植入的钢筋顺螺纹旋转,缓慢插入洞内,直至到达孔洞底部。在植筋后规定的时间内严禁扰动钢筋。植筋施工如图5-4-7和图5-4-8所示。

图5-4-7 植筋孔验孔

图5-4-8 植入钢筋

3. 绑扎钢筋

待植筋胶达到设计强度后绑扎钢筋(图5-4-9)。绑扎钢筋时必须注意对保护层的控制,设置封闭式箍筋并与原构件牢固连接。若采用焊接连接,应采用间隔的方式,分段分层逐根进行焊接,以减少原受力钢筋的热变形,降低对原结构承载力的影响。采用单面焊时,钢筋的搭接长度不小于 $8d$(d 为钢筋直径);采用双面焊时,搭接长度不小于 $5d$。

4. 安装模板

按设计图及相关规范要求安装模板。模板安装应考虑表面钢筋的位置,各模板接头应目测平顺,无高差且密实不漏浆(图 5-4-10)。

图 5-4-9　绑扎钢筋　　　　　　　　　　　图 5-4-10　安装模板

5. 浇筑、振捣混凝土

(1)涂刷界面剂:混凝土浇筑前,原构件混凝土表面应冲洗干净,并用新鲜水泥浆或其他界面剂进行处理。

(2)浇筑混凝土:界面剂涂刷完成后,浇筑混凝土或灌浆料。混凝土体积较大时,应分层分段浇筑,上一层(段)浇筑完后,随即用振捣机具进行振捣,待混凝土或灌浆料翻浆均匀不再下沉,证明已振捣充分,可继续浇筑下一层(段)混凝土或灌浆料。

6. 养护、拆模

混凝土浇筑完成后,静置 12h 再浇水养护;灌浆料浇筑完成后,静置 2~3h 再浇水养护。强度达到 50% 及以上方可拆侧模,达到 100% 时方可拆底模。

四、施工要点及注意事项

(1)在植筋后,严禁在植筋胶达到强度前扰动钢筋;植筋胶强度满足要求后,方可进行钢筋绑扎等后续工作。

(2)钻孔过程中应注意避开内部已有钢筋,宜采用钢筋探测仪预先探测内部钢筋位置。若出现位置冲突的情况,应停钻并适当移动钻孔孔位。

(3)严禁将胶黏剂直接涂抹在钢筋表面后直接插入孔洞。

(4)当受构造条件限制而需采用植筋方式埋设 U 形箍筋时,应采用锚固型结构胶植筋。不得采用未改性的环氧类胶黏剂和不饱和聚酯类的胶黏剂植筋,也不得采用无机锚固剂(包括水泥基灌浆料)植筋。

五、施工质量要求

1. 实测项目

在施工过程中,应对混凝土表面的处理质量、植筋效果等进行实时测量,具体实测项目及指标见表5-4-1。

增大截面加固技术实测项目 表5-4-1

序号	检查项目	规定值或允许偏差	检查方法和频率
1	混凝土强度(MPa)	在合格标准内	宜采用现行水泥混凝土立方体抗压强度试验方法
2	断面尺寸(mm)	+10,−5	尺量:每个构件测3个断面
3	长度(mm)	±10	尺量:每个构件测2处
4	顶面或底面高程(mm)	±20	水准仪:测5处
5	大面积平整度(mm)	≤8	2m直尺:每侧面测1~2处,测竖向、水平两个方向
6	预埋件(mm)	≤5	尺量:每个预埋件

注:项目4在实际工程中未涉及时不检查。

2. 外观鉴定

混凝土表面应平整、颜色一致,无明显施工接缝;混凝土不得出现蜂窝、麻面,如出现必须修整;混凝土表面出现非结构裂缝,裂缝宽度超过设计规定或设计未规定时超过0.15mm的必须处理;梁体内的建筑垃圾、杂物、临时预埋件等应清理干净。

单元五 粘贴钢板加固技术

一、特点及适用条件

粘贴钢板加固技术特点:用胶黏剂和锚栓将钢板粘贴在混凝土结构的受拉或薄弱部位,使其与结构形成整体,以钢板代替增设的补强钢筋,提高桥梁承载能力。

粘贴钢板加固技术的适用条件:适用于受弯、受剪和受拉构件,且原混凝土强度等级应满足要求(钢筋混凝土受弯构件不应低于C20,受压构件不应低于C15,预应力混凝土构件不应低于C30);适用的环境温度在−20~60℃范围内,相对湿度不大于70%及无化学腐蚀地区。粘贴钢板加固技术主要用于解决主梁承载能力不足、纵向主筋出现严重锈蚀、梁板桥的主梁出现严重横向裂缝等问题。

粘贴钢板
加固法

二、材料要求

1. 钢板

加固用钢板一般以 Q235 钢为宜,钢板、连接螺栓及焊缝的强度设计值应按现行钢结构设计规范规定采用。

2. 胶黏剂

胶黏剂要强度高,耐久性好,具有一定弹性,与钢及混凝土的黏附性强。

三、施工工序

粘贴钢板加固施工工艺流程如图 5-5-1 所示。

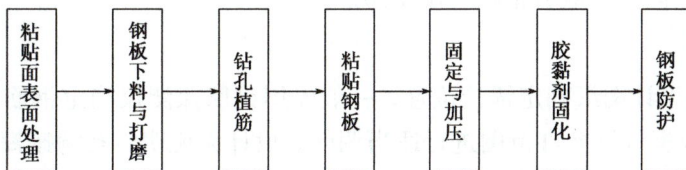

图 5-5-1 粘贴钢板加固施工工艺流程

1. 粘贴面表面处理

(1)放样:根据设计图纸尺寸、位置进行放样。

(2)凿毛:在混凝土表面凿除 1~2mm 的混凝土面层,并用空压机进行除尘,若表面严重凹凸不平且存在空洞缺陷,应及时修补,并用结构胶找平,固化后打磨至坚实平整的混凝土新鲜面(图 5-5-2)。

2. 钢板下料与打磨

(1)根据设计要求对加固用钢板进行裁剪(图 5-5-3)。

图 5-5-2 粘贴面打磨

图 5-5-3 钢板下料裁剪

(2)根据混凝土基面钻孔的实际位置,对钢板进行现场放样、钻孔(图 5-5-4),钻孔位置与实际埋置锚栓位置需一一对应,一般呈梅花形分布,钢板钻孔的直径应比锚栓直径大 2mm。

（3）用角磨机对钢板表面进行打磨,打磨痕迹应与受力方向垂直,直至出现金属光泽,用手触表面有"扎手"感,表面纹路清晰(图5-5-5)。

图5-5-4　钻锚固孔

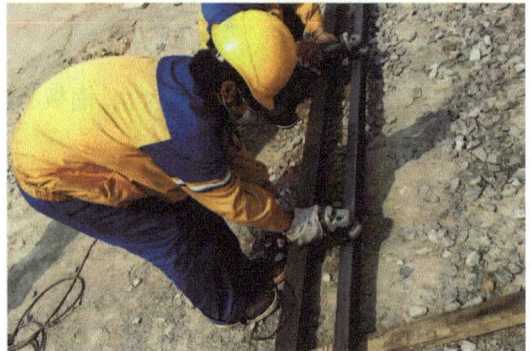

图5-5-5　钢板打磨

（4）用脱脂棉蘸丙酮溶液将钢板擦洗干净。

3. 钻孔植筋

（1）钻孔:按照设计图纸确定锚栓位置。一般先用钢筋探测仪确定钢筋位置,为避开内部钢筋,锚栓位置可根据设计允许范围进行适当调整。设计无说明时孔洞按梅花形布置,完成后进行清孔,用毛刷由里向外刷孔或用空压机吹孔。

（2）植筋:用注胶枪从孔底向外缓慢注浆,注胶量为孔体积2/3左右,然后将锚栓按螺纹方向缓慢旋入孔内,植入锚栓钻孔直径见表5-5-1,锚栓锚固植筋胶应从孔底挤出至孔口溢出方为合格,锚栓四周应收边刮平,胶体固化期间不得碰撞和扰动锚栓。

植入锚栓钻孔直径(单位:mm)　　　　　　　　　　　表5-5-1

植入锚栓公称直径	钻孔直径	植入锚栓公称直径	钻孔直径
6	10	18	22
8	12	20	24
10	14	22	28
12	16	25	30
14	18	28	35
16	20	32	38

4. 粘贴钢板

胶黏剂的甲、乙两组分按产品说明书要求的比例混合调配,材料的取用要经过电子秤精确称量,以确保材料使用性能。将甲、乙两组分搅拌均匀,直至无单组分条纹且色泽均匀方可使用。

（1）涂抹粘贴法:

①粘贴钢板涂胶前,先将钢板与混凝土粘贴面做比对,防止钢板与混凝土粘贴面及螺栓位置不对正、与需要覆盖的混凝土面尺寸不符等;

②比对试验合格后,将钢板和混凝土表面用丙酮或三氯乙烷溶剂擦拭两三遍,将油污除净;

③钢板和混凝土表面分别涂胶,立面涂胶应自上而下进行,钢板条黏结面涂抹胶应中间厚两边薄,钢板中央涂抹胶的厚度为3~5mm;

④将钢板平稳对准锚栓孔并迅速拧紧螺母,先从钢板中间的螺栓拧紧加压,然后对称向外围拧紧螺栓,使钢板与混凝土紧密黏合,挤压至钢板边缘溢出胶体为止,清除挤出的多余胶黏剂。

涂抹粘贴法如图5-5-6所示。

a)配置钢板胶黏剂

b)安装钢板和锚栓

c)拧紧锚栓

d)清理胶水

图5-5-6　涂抹粘贴法

(2)灌注粘贴法:钢板厚度大于5mm时采用灌注粘贴法。

①固定钢板:将钢板固定在锚栓上,并保证钢板与混凝土表面的间隙在5mm左右,以确保灌注胶层的厚度。

②封边:将注入座黏结在钢板的注入孔上,在钢板边缘插入排气管,排气管出口应高于该灌注段的钢板位置;在锚栓端头的周边涂抹封闭胶,用钢板封边胶封闭钢板边缘,完成封边(图5-5-7)。

③灌注:灌浆之前先通气试压合格后,以不小于0.1MPa的压力将黏钢灌注胶从注浆嘴压入,当排气管出现浆液后停止加压,以钢板封边胶堵孔,再以较低压力维持10min以上,直至浆液从最上方注胶孔或排气管流出(图5-5-8)。

图 5-5-7　涂抹封边胶

图 5-5-8　灌注粘钢胶

5. 固定与加压

（1）钢板粘贴好后立即用特制 U 形夹具夹紧或用木杆顶撑（图 5-5-9），压力保持为 0.05 ~ 0.10MPa，以胶液刚从钢板边缝挤出为度。

（2）用锚栓固定，锚栓固定加压后胶从四边被挤出。

（3）钢板加压的顺序应由中间向两边对称进行。

6. 胶黏剂固化

钢板粘贴宜在常温下固化，固化期间不得对钢板有任何扰动，20℃ 左右气温时，24h 后可拆除夹具或支撑，3 天后可加载使用。若气温≤10℃时，应采取人工加温、保温措施，或采用特殊的胶黏剂。

7. 钢板防护

钢板与混凝土表面之间的侧角缝隙用稠度较高的环氧树脂水泥砂浆填塞、勾缝，膨胀锚栓帽用环氧树脂水泥砂浆封盖。

对钢板除锈打磨后，进行防腐等防护处理，防腐参考钢结构防腐要求，清洗后，分底漆、中层漆、面漆多层涂装，涂装厚度满足设计要求（图 5-5-10）。

图 5-5-9　钢板固定加压

图 5-5-10　钢板防护处理

四、施工要点及注意事项

（1）钢板、胶黏剂、锚栓及植筋胶进场时，应对其品种批号、包装、产品合格证、出厂日期、出厂检验报告等进行检查，钢板、胶黏剂抽样复检结果必须符合设计和现行有关规范的要求。

（2）配制的胶液应在产品使用说明书规定的时间内用完。当施工温度超过 30℃时，结构胶应随配随用，每次配料均应在 20min 内用完。

（3）粘贴钢板施工时，气温应符合材料使用说明书的规定，且不低于10℃。现场环境湿度超过85%时，应停止施工作业。严禁在风沙雨雪天气露天施工。

五、施工质量要求

1. 实测项目

在施工过程中，应对构件表面处理质量、粘贴位置、钻孔等进行实时测量，具体测量项目及指标见表 5-5-2。

粘贴钢板质量测量项目及指标　　　　　表 5-5-2

序号	检查项目		规定值或允许偏差	检查方法和频率
1	钢—混凝土黏结正拉强度（MPa）		在合格标准内	黏结强度测试仪：大面积粘贴时，每 100m2 测 3 点；局部粘贴时，每构件测 3 点，抽查 10% 且不少于 3 件确定测点
2	粘贴密实度（%）		≥95	超声波、红外线或敲击：抽查50%
3	钢板偏位（mm）	横向	≤10	尺量：抽查10%且不少于5块，测钢板中心线处
		纵向	≤20	

锚栓孔深度、直径和钻孔垂直度应符合设计及表 5-5-1 的要求。

粘贴钢板长度负偏差不大于 10mm。根据混凝土基面钻孔的实际位置，在钢板表面放样、钻孔，钢板孔的直径应比锚栓直径大 2mm。

钢板与混凝土之间有效粘贴面积不应小于 95%，否则必须进行返工处理。

若单个空鼓面积不大于 2500mm²，可采用钻孔注浆法进行修补；若单个空鼓面积大于 2500mm²，应揭去重贴，并重新检查验收。

铲除钢板表面滴挂的结构胶，除锈并擦拭干净；钢板防腐油漆种类及涂刷工艺应符合设计和现行有关规范规定。

钢板防腐涂层厚度应符合设计要求，否则应在该处加涂一层涂料，并重新测试其干膜厚度。

2. 外观鉴定

钢板表面处理打磨的痕迹应与受力方向垂直，肉眼可见钢板闪亮的打磨痕迹满布，用手触摸钢板表面有"扎手"感，表面光泽，纹路清晰。目测钢板边缘的溢胶色泽应均匀，胶体应固化；钢板表面防腐层涂刷应均匀，无滴漏、气泡、裂纹、流挂等现象。

单元六　粘贴碳纤维复合材料加固技术

一、特点及适用条件

粘贴纤维复合
材料加固法

粘贴碳纤维复合材料加固技术特点:用浸渍树脂将高强度纤维片材粘贴在结构构件表面上,固化后形成具有纤维增强效应的复合体结构,以此提高构件的抗拉能力或约束力,达到加固的目的。粘贴碳纤维复合材料加固技术施工简便、快速,不增加原结构重量,不影响结构外形。

粘贴碳纤维复合材料加固技术的适用条件:适用于钢筋混凝土受弯、轴心受压、大偏心受压及受拉构件的加固。粘贴碳纤维复合材料加固技术不适用于素混凝土构件,包括纵向受力钢筋一侧配筋率小于0.2%的构件加固。

二、材料要求

1. 纤维织物的材料要求

碳纤维布:表面应干净,无褶皱,纤维丝排列均匀、连续,无断丝、结扣等缺陷,缺纬、脱纬每100m不得多于3处。

碳纤维板:纤维连续,排列均匀,无褶皱、断丝、结扣;表面平整,色泽一致,树脂分布均匀,无颗粒、气泡、毛团;层间无裂纹,无异物夹杂;无破损、划痕。

常见的碳纤维复合材料如图5-6-1所示。

a)碳纤维布　　　　　　　　　b)碳纤维板　　　　　　　　　c)碳纤维棒

图5-6-1　常见的碳纤维复合材料

2. 胶黏剂的材料要求

配套的底胶、修补胶和浸渍/黏结胶应满足如下要求:①底胶和修补胶应与浸渍/黏结胶相适配,其性能应分别符合相关试验方法标准;②浸渍/黏结胶应采用改性环氧树脂胶,其安全性检验指标必须符合相关试验方法标准。进场时,应对其钢-钢黏结抗剪强度、纤维层间剪切强度及钢-混凝土正拉黏结强度等三项性能进行复验,其安全性检验指标必须符合相关试验方法标准。

三、施工工序

下面以碳纤维布为例来介绍粘贴碳纤维布加固施工,其工艺流程如图 5-6-2 所示。

图 5-6-2　粘贴碳纤维布加固施工工艺流程

1. 搭设施工支架

应根据桥位地形、水流条件和桥梁结构形式,结合维修加固工程内容和施工部位,搭设相应的施工支架。

2. 基层处理

(1)检查外露钢筋是否锈蚀,如有锈蚀,需进行必要的除锈处理。

(2)修复加固宽度不小于 0.15mm 的混凝土裂缝。

(3)剔除混凝土破碎、孔洞、蜂窝、麻面部分至坚实层,对裸露锈蚀钢筋除锈至露出金属光泽,按设计要求采用比原结构高一强度等级的混凝土、环氧砂浆或环氧细石混凝土,修复基层混凝土缺陷至原结构表面。

(4)用找平树脂填补内角、段差、起拱等,使之平顺。

(5)打磨平整构件表面凸出部分(混凝土构件交接部位、模板的段差等),修整后的段差要平顺,结构的拐角处打磨成圆弧状(图 5-6-3)。

(6)清洗打磨过的构件表面,并使其充分干燥。

(7)施工前应按要求在需加固部位放线定位。

3. 涂刷底胶

(1)按设计要求或产品说明书配制找平胶并精确计量,配制时采用电钻及扩大头钻头搅拌充分、均匀,排出气泡,并使搅拌胶无色差。

(2)用滚筒刷均匀地涂抹底涂树脂(图 5-6-4)。

图 5-6-3　打磨构件表面

图 5-6-4　涂抹底涂树脂

（3）底涂树脂固化后（底涂树脂以手指触感干燥为宜），用砂纸磨光构件表面有凝结凸起的部位。

（4）对磨光后露出的混凝土基面，补涂底涂树脂。

4.粘贴碳纤维布

（1）在混凝土表面粘贴碳纤维布，粘贴所用浸渍树脂的调配方法及涂刷与底胶相同。涂刷量根据施工部位及施工面的粗糙程度确定。拱起部分、拐角部分、碳纤维布搭接部位以及残缺修补处要加大涂抹量，涂抹均匀。

图5-6-5 裁剪碳纤维布

（2）按设计要求的尺寸裁剪碳纤维布。裁切时宜预先在裁剪位置粘贴宽胶带，在宽胶带正中位置进行裁剪，以使裁剪后碳纤维布的断头齐整不脱丝（图5-6-5）。

（3）用滚筒将浸渍树脂均匀涂抹于所粘贴部位。碳纤维布纵向接头必须搭接100mm以上，并避开主要受力区域，搭接部位应加大浸渍树脂的涂胶量。碳纤维布的横向不需要搭接。

（4）放碳纤维布前应检查工作面，如果有毛刺，应用砂纸打磨平顺；如胶层被磨损，应重新涂刷。

（5）放碳纤维布时，固定碳纤维布的一端，施放滚筒，沿着放碳纤维布的方向用手背轻微将碳纤维布摊铺均匀，并用专用的滚筒顺着碳纤维布的方向多次滚压、刮刷，挤除气泡，使浸渍树脂充分浸透碳纤维布。粘贴碳纤维布施工如图5-6-6所示。

a)放碳纤维布

b)刮板顺纤维方向刮刷

c)滚压浸渍树脂

d)表面整平

图5-6-6 粘贴碳纤维布

（6）用手背触碰碳纤维布表面渗出的胶,有明显的黏稠感,碳纤维布表面平坦密实,无气泡。

（7）擦拭干净底层碳纤维布表面并立即涂刷黏结树脂,胶层应呈凸起状。

（8）需粘贴多层碳纤维布时,宜连续粘贴。

（9）底层浸渍胶充分渗透后刮涂上层胶,往复刮涂,使胶黏剂充分渗入碳纤维布。

5. 表面防护

在粘贴碳纤维布的表面进行喷砂或涂装等（图5-6-7）,使结构加固范围内外表面颜色相近,提高碳纤维布的防火、防腐、耐湿、耐久性能。

四、施工要点及注意事项

（1）碳纤维布宜粘贴成条带状,非围束时碳纤维布不宜超过3层,纤维方向应与受力方向一致。

（2）加固受拉构件时,纤维方向应与构件受拉方向一致。在维修和加固抗弯加固梁时,在梁体受拉区两侧粘贴碳纤维布/板加固时,粘贴高度不宜高于1/4梁高。

（3）采用封闭式粘贴或U形粘贴对桥梁梁板、墩柱构件进行斜截面加固时,纤维方向宜与构件轴线垂直或与其主拉应力方向平行。

（4）碳纤维布/板粘贴应在15~35℃环境温度条件下进行,否则应采取升温及保温措施。当施工温度超过30℃时,应随配随用,每次配料均应在20min内用完。雨天和空气潮湿的条件下不应施工,相对湿度不宜大于80%。如对潮湿的构件或水下构件加固,应采用专门的胶黏剂。严禁在风沙雨雪天气及低温下露天施工。

（5）配制底涂树脂时,一次调和量应以在可使用时间内用完为准,超过可使用时间不得再用。

（6）在底涂树脂中严禁添加溶剂。含有溶剂的毛刷或用溶剂弄湿的滚筒不得使用。

（7）放布的方向必须是从一端向另一端,不得对向施工。如果是立面,应从上往下施工。

（8）碳纤维布与混凝土之间有效粘贴面积不应小于95%,否则必须进行返工处理。若单个空鼓面积不大于2500mm²,可采用注射法充胶修复;若单个空鼓面积大于2500mm²,应割除修补,并重新粘贴等量2500mm²碳纤维布,直至检查验收合格。图5-6-8为碳纤维布粘贴后出现空鼓的情况。

图5-6-7 表面防护　　　　图5-6-8 碳纤维布空鼓

五、施工质量要求

1. 实测项目

根据《公路养护工程质量检验评定标准》(JTG 5220—2020)进行黏结材料黏合,加固材与基材的正拉黏结强度现场测定,具体测试方法参照上述规范。

在施工过程中,应对构件表面处理、粘贴位置、粘贴质量等进行实时测量,具体测量项目及指标见表5-6-1。

粘贴碳纤维复合布技术实测项目 表5-6-1

序号	检查项目		规定值或允许偏差	检查方法和频率
1	正拉黏结强度(MPa)		在合格标准内	黏结强度测试仪:大面积粘贴时,每100m2 测3点;局部粘贴时,每构件测3点,抽查10%且不少于3件确定测点
2	空鼓率(%)		≤5,且单个面积≤1000mm²	红外线或敲击:抽查50%
3	粘贴偏位(mm)	横向	≤10	尺量:抽查10%且不少于5块,测中心线处
		纵向	≤20	

碳纤维布粘贴后静置固化时间达到7天时,应采用邵氏硬度计检测胶层硬度,以邵氏硬度HD>70为合格;否则应揭去重贴,并改用固化性能好的结构胶黏剂。

碳纤维布与基材混凝土的正拉黏结强度必须进行见证抽样检验。其检验结果≥2.5MPa,且为混凝土内聚破坏为合格;否则应揭去重新粘贴等量碳纤维布,直至检验合格。

2. 外观鉴定

表层打磨,除去表层污染和凸块等不平整部位,清洁干净,裂缝修补须检测合格。倒角半径应符合圆弧化要求。粘贴碳纤维布表面应平整,无局部坑洼、无跳丝。底胶涂刷均匀、饱满,无遗漏。修补胶刮涂密实,修补后表面无明显凹陷,打磨平顺,清洁干净。碳纤维布尺寸准确,粘贴位置无偏差,涂胶饱满,碳纤维布张紧、密贴、粘牢,最外层浸渍胶饱满、均匀。

单元七 体外预应力加固技术

一、特点及适用条件

体外预应力加固法

体外预应力加固技术特点:沿构件表面铺设预应力筋(图5-7-1),通过施加合适的预应力,以改善原结构的应力、变形状态,提高结构的承载能力,从而达到加固的目的。体外预应力加固没有应力滞后的缺陷,施工工艺简单,造价较低,对原结构损伤较小,可以做到不影响桥下净空、不增加路面高程。

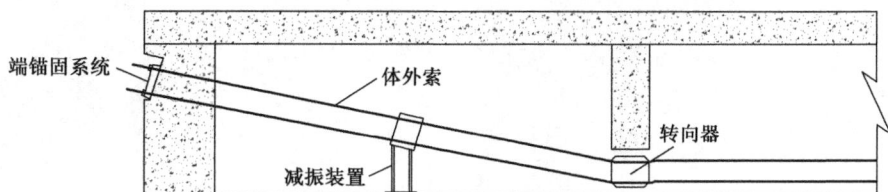

图 5-7-1 体外预应力系统布置示意图

体外预应力加固技术的适用条件:适用于正截面受弯承载能力不足或正截面受拉区钢筋锈蚀的情况,适用于刚度太小导致梁的受拉区裂缝宽度超过规范规定的情况,适用于梁斜截面抗剪承载能力不足的情况。不适用于素混凝土构件,包括纵向受力钢筋一侧配筋率小于 0.2% 的构件。

二、材料要求

1. 混凝土

采用混凝土材料新增转向块和锚固块时,混凝土强度不低于 C30。

2. 预应力筋

(1)预应力筋进场时,应根据其品种分别按照相应的现行国家标准的规定抽取试件进行力学性能试验,其质量必须符合相关标准的规定。

(2)根据加固所要达到的目的和要求不同,预应力筋应当满足可重复张拉、锚固可靠(或有利于锚固)的要求。

(3)预应力筋用锚具、夹具和连接器应按设计要求采用,其性能应符合《预应力筋用锚具、夹具和连接器》(GB/T 14370—2015)的规定和设计要求。

三、施工工序

体外预应力加固施工工艺流程如图 5-7-2 所示。

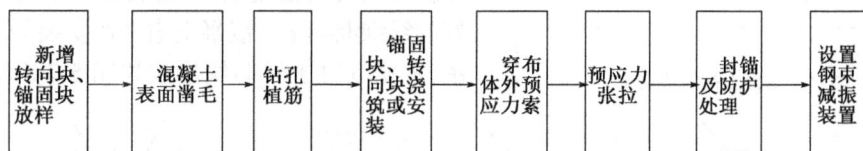

图 5-7-2 体外预应力加固施工工艺流程

1. 新增转向块、锚固块放样

(1)按照设计图对锚固块和转向块等新增结构位置、凿孔位置、植筋位置等进行放样。

(2)采用钢筋探测仪探测钻孔、凿孔区域原结构预应力筋或普通钢筋的位置,如图 5-7-3 所示。

a)标记螺栓孔位   b)钢筋位置探测

图 5-7-3　施工放样及钢筋位置探测

2.混凝土表面凿毛

(1)凿除原结构的混凝土表层,要求混凝土全部表面露出混凝土集料。

(2)将凿毛的混凝土表层粉尘清除干净。

3.钻孔植筋

(1)钻孔:按照设计图纸确定螺栓或钢筋位置,用钢筋探测仪确定钢筋位置;为了避开内部钢筋,允许适当移动钻孔位置,确定孔位后钻孔,设计无说明时孔洞按梅花形布置;完成后进行清孔,用毛刷从内向外刷孔或用空压机吹孔,吹孔设备机嘴深入孔底向外吹。

(2)植筋:用注胶枪自孔底向外缓慢注浆,注胶量为孔体积 2/3 左右,将螺栓或钢筋缓慢旋入洞内。植筋钻孔直径、钻孔深度与增大截面加固技术相同。

4.锚固块、转向块浇筑或安装

对于混凝土锚固块、转向块:

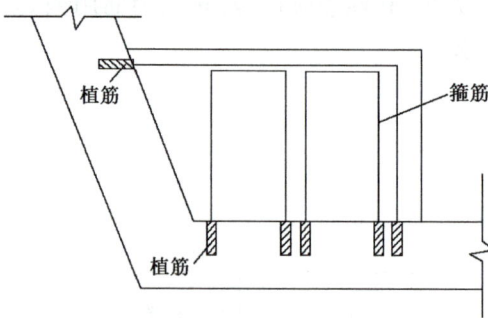

图 5-7-4　混凝土锚固块安装

(1)按要求布置锚固块、转向块钢筋骨架与预埋钢管,将预埋钢管与附近的钢筋焊接,保证定位准确和牢固。

(2)按要求布置锚固块、转向块钢筋骨架。

(3)安装锚固块、转向块模板。

(4)浇筑及养护锚固块、转向块混凝土,采用和易性良好的混凝土、自密实混凝土或抗裂性能良好的纤维混凝土。混凝土锚固块安装如图 5-7-4 所示,常见混凝土转向块形式如图 5-7-5 所示。

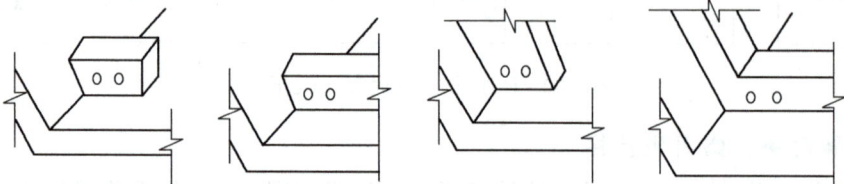

a)块式　　　　b)底横肋式　　　　c)带竖肋式　　　　d)竖横肋式

图 5-7-5　常见混凝土转向块形式

对于钢锚固块、转向块:

(1)完成钢锚固块、转向块的制作、组拼和涂装(图5-7-6)。

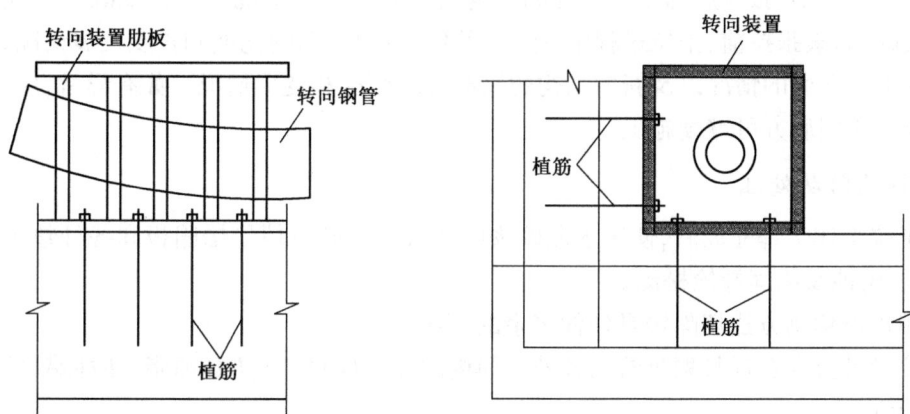

图5-7-6 钢转向构造示意图

(2)利用打磨机和砂纸将钢锚固块、转向块与原结构混凝土的结合面打磨平整,并清扫干净。

(3)将钢锚固块、转向块与预先植入的锚栓连接固定。

(4)在钢结构安装后,在混凝土和钢锚固块、转向块锚固钢板之间灌注结构胶。钢转向块施工按图5-7-6进行。

5.体外预应力索

(1)体外预应力索下料:体外预应力索下料长度计算时应综合考虑体外预应力索的设计长度、锚具长度、千斤顶长度及张拉工作长度等因素。采用砂轮锯或切断机切断体外预应力索,确保在张拉后体外预应力索 PE 护层进入预埋管的最小长度不小于300mm。不得采用加热、焊接或电焊切割,施工过程中应避免电火花和电流损伤预应力筋。

(2)剥除端部 PE 护层:剥除体外预应力索两端的 PE 护层,并将裸露钢绞线的油脂清除干净。

(3)体外预应力索穿束:按要求进行穿束,穿束过程中采取保护措施,减小体外预应力索护套的损伤,穿入预应力管道和转向器的各股钢绞线顺直、无交叉。

6.预应力张拉

混凝土强度达到设计强度的90%后,张拉体外预应力索。

(1)预紧:0%→15%(张拉控制应力)。确认体外预应力索绷紧后顺直不缠绕,锚具定位准确后,方可正式张拉。

(2)正式张拉:30%→50%→80%→100%。张拉过程中遵循同步、对称、两端同时张拉的原则。

(3)在张拉过程中,对原结构和新增结构进行同步监测。若有异常,应立即中断张拉工作;若无异常,继续张拉至设计值。张拉采取以张拉力控制为主,张拉伸长值校核的双控法,实测伸长值与理论计算伸长值的偏差控制在 ±6% 之内。

(4)施工监控。①施工及运营过程中体外预应力索索力监测:通过安装压力传感器或磁通量传感器对体外预应力索进行全过程监测。②主梁应力和变形的监测:监测体外预应力索张拉前、张拉过程中、张拉后的主梁挠度和关键断面应力变化情况。③桥梁既有裂缝的观测:监测体外预应力索张拉前、张拉过程中、张拉后既有主要裂缝的宽度和长度发展情况。④关注新、旧混凝土结合面的情况以及新增结构的局部裂缝情况和变形情况。如有异常,应立即停止施工,待查明原因后方可继续施工。

7. 封锚及防护处理

(1)张拉工作全部完成后,使用水泥砂浆或环氧水泥砂浆填平锚固板和各种垫板的凹槽,防止钢垫板锈蚀及锚固螺栓松动。

(2)用机械切割方法切除锚具外伸多余的钢纹线。

(3)按设计要求在锚具喇叭管内和外套筒内灌注防腐材料(防腐油脂、油性蜡、发泡剂、防腐密封胶等)。

(4)在体外预应力索外护套破损处,采用外包防水聚乙烯胶带进行修补。

(5)安装防松脱装置及保护罩。

8. 设置钢束减振装置

按要求安装体外预应力索减振装置,保证减振装置与主体结构可靠固定。焊接减振装置时要进行防火隔热处理,以免烧伤索体。

四、施工要点及注意事项

(1)桥梁体外预应力加固施工应严格控制对原结构的损伤。

(2)对进场的施工人员应进行技术、安全教育的培训。

(3)桥梁体外预应力加固使用的主要材料应具有国家相关管理部门认定的产品性能检测报告和产品证书,其物理力学性能指标应满足设计要求。材料的检验应依据国家及行业现行有关标准执行。

(4)桥梁体外预应力加固施工用仪器和设备应进行校验,标定和校验应由经有关主管部门认定的计量机构进行。

(5)混凝土养护龄期达到 7 天及以上,并且混凝土强度达到设计强度的 90% 后,方可张拉体外预应力钢筋。

五、施工质量要求

1. 实测项目

张拉完毕后,应对钢索坐标、张拉力值、张拉伸长率和断丝滑丝数进行检查。体外预应力加固控制及尺寸偏差实测项目见表 5-7-1。

体外预应力加固控制及尺寸偏差实测项目 表5-7-1

序号	检查项目		规定值或允许偏差	检查方法和频率
1	筋(束)坐标（mm）	构件长方向	±30	尺量:抽查30%筋(束)的各锚固点和转向点
		构件横方向	±10	
		构件高方向	±10	
2	张拉力(kN)		满足设计要求	查油压表读数:全部
3	张拉伸长率(%)		满足设计要求,设计未要求时±6	尺量:全部
4	断丝数	钢束	每束1根,且每断面不超过钢丝总数的1%	目测:每根(束)
		钢筋	不允许	
5	减振装置、限位器纵向间距(mm)		±100	尺量:抽查20%

2. 外观鉴定

桥梁体外预应力加固施工后,应对全桥进行一次全面的外观检查,记录有无新增裂缝等损伤。

锚具和预应力筋表面应清理干净,防腐层应涂刷完整均匀,涂层厚度满足要求。

单元八 典型工程案例1

一、桥梁概况

昌樟高速某跨线桥(图5-8-1、图5-8-2)上部构造采用4×20m预应力混凝土空心板,先简支后桥面连续;下部构造桥墩采用双柱式墩,桥台采用肋板式桥台,钻孔灌注桩基础。

经检查桥梁主要存在以下病害:

(1)梁板:多处梁底混凝土剥落、露筋,钢筋锈蚀,铰缝损坏。

(2)桥墩:未发现明显病害。

(3)桥台:前墙中央分隔处1条裂缝,桥台锥坡的护坡开裂,左幅南昌侧桥台渗水。

(4)支座:多处支座错位、变形、老化开裂,支座钢板锈蚀等。

二、施工方案及实施过程

考虑本桥横向联系偏弱,本次扩建改造设计考虑将原桥面铺装(10cm C40 防水混凝土 + 4cm 沥青混凝土铺装)凿除,更换为12cm厚的C50混凝土 + 10cm厚的沥青混凝土铺装,布设双层钢筋网(桥面铺装设计图见图5-8-3、图5-8-4),并植竖向剪力筋(图5-8-5)。

立面图

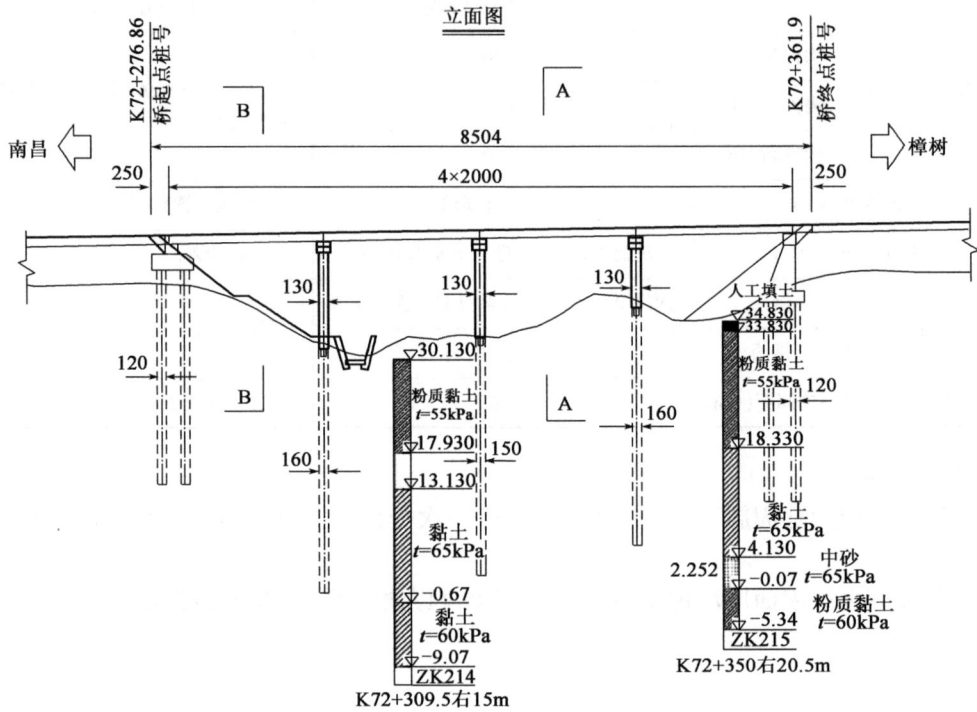

图 5-8-1　昌樟高速某跨线桥总体布置图(尺寸单位:mm)

A—A/2

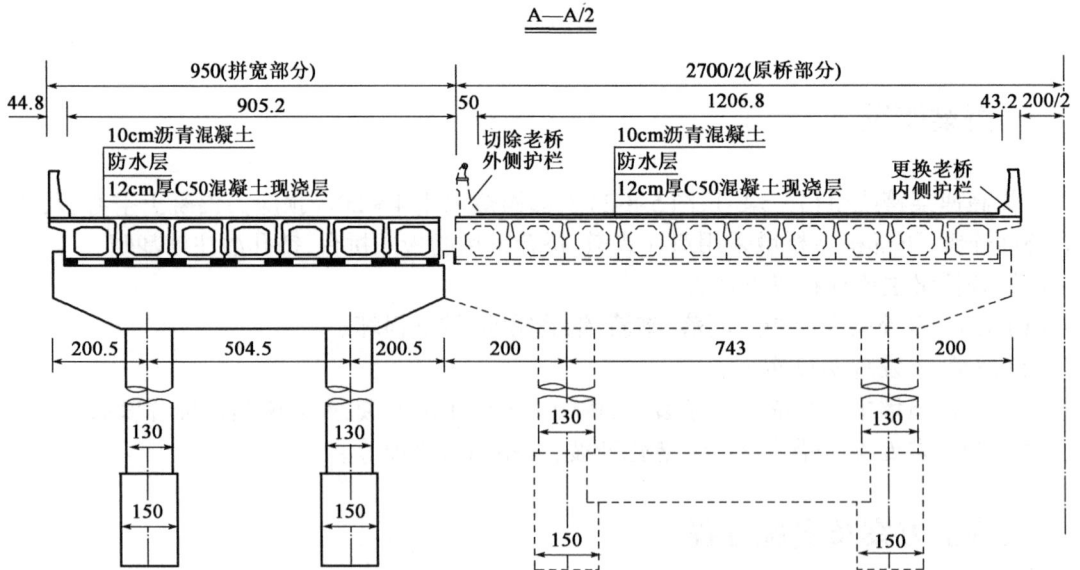

图 5-8-2　昌樟高速某跨线桥典型断面图(尺寸单位:mm)

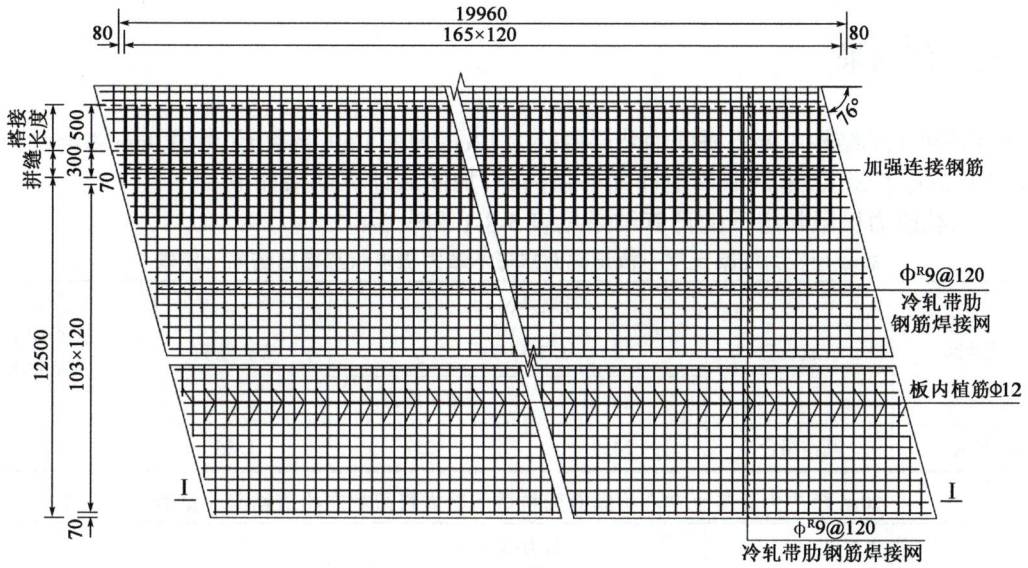

图 5-8-3　桥面现浇层钢筋构造平面图(尺寸单位:mm)

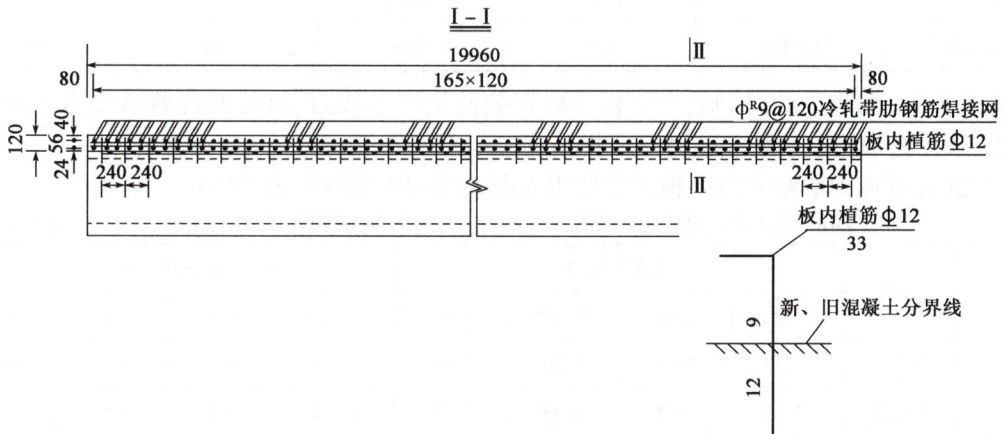

图 5-8-4　桥面现浇层钢筋构造立面图(尺寸单位:mm)

图 5-8-5　桥面补强层钢筋网及植筋施工图

149

三、实施效果

本次桥梁上部结构主要将桥面铺装层更换为 12cm 厚的 C50 混凝土(考虑 9cm 参与受力) + 10cm 厚的沥青铺装层,未采取其他加固补强措施,加固后计算结果如下。

(1)承载能力极限状态下的计算结果见表 5-8-1 和表 5-8-2。

20m 预应力混凝土空心板正截面抗弯承载力极限状态检算结果一览表 表 5-8-1

规范类别	荷载组合	弯矩(kN·m)		安全系数	是否满足规范要求
		1/2 跨截面			
		设计值	结构抗力		
04 规范	基本组合	2419	3257	1.35	是

20m 预应力混凝土空心板斜截面抗剪承载力极限状态检算结果一览表 表 5-8-2

规范类别	荷载组合	剪力(kN)		安全系数	是否满足规范要求
		距支点 $h/2$			
		设计值	结构抗力		
04 规范	基本组合	655	1346	2.06	是

由表 5-8-1 和表 5-8-2 可知,空心板边板正截面抗弯承载力、斜截面抗剪承载力均满足规范要求,较维修加固前的承载能力有所提高。

(2)20m 预应力混凝土空心板正常使用极限状态应力验算见表 5-8-3。

20m 预应力混凝土空心板正常使用极限状态应力验算(单位:MPa) 表 5-8-3

验算部位	组合	最大正应力				最大主应力			
		压应力	限值	拉应力	限值	压应力	限值	拉应力	限值
跨中	组合Ⅰ	11.75	14.0	0.20	2.08	11.75	16.8	0.20	2.08
	组合Ⅱ	12.12	16.8	0.59	2.34	12.12	18.2	0.59	2.34

由表 5-8-3 可知,在正常使用极限状态组合Ⅰ和组合Ⅱ下,拉应力有所增加,但均满足规范的要求。

单元九 典型工程案例 2

一、桥梁概况

温厚高速某铁路跨线桥,桥梁总长 1365m,总宽 27.5m,分左右两幅,双向四车道。桥跨布置:14×20m(空心板)+(30+55+100+55+30)m(连续箱梁)+14×20m(空心板)+(30+55+100+55+30)m(连续箱梁)+13×20m(空心板)。主桥主墩为钢筋混凝土实体墩,钻孔灌注桩,过渡墩采用钢筋混凝土柱式墩,引桥采用钢筋混凝土柱式墩,桥台采用肋板式桥台,均采用钻孔灌注桩基础。

桥面铺装:箱梁段采用6cm厚钢筋混凝土+5cm厚中粒式沥青混凝土,空心板段采用8cm厚钢筋混凝土+5cm厚中粒式沥青混凝土。

经检测桥梁主要存在以下病害:

引桥部分(空心板):板梁底板混凝土胀裂,露筋锈蚀,混凝土破损空洞,波纹管外露,勾缝间渗水,板梁底板纵向裂缝渗水析白。

预应力混凝土变高度连续箱梁(外部):箱梁腹板斜向裂缝渗水,箱梁翼板纵向、斜向裂缝,箱梁底板纵向、斜向裂缝析白。

预应力混凝土变高度连续箱梁(内部):箱梁内部渗水,腹板部分斜向裂缝已修补,箱梁顶板纵向裂缝通长,渗水析白,腹板斜向裂缝,齿板竖向、纵向裂缝,顶板、横隔板混凝土破损露筋锈蚀。

二、施工方案及实施过程

1.主桥箱梁顶板纵向裂缝渗水析白处治

桥梁顶板未设置横向预应力钢筋,顶板纵向裂缝较为严重,裂缝纵向基本贯通,采用在箱梁顶板底粘贴碳纤维布处理。首先对顶板裂缝进行封闭,之后在箱梁顶板底粘贴横向碳纤维布,碳纤维布宽25cm,间距按10cm布置。主桥箱梁粘贴碳纤维布加固示意图如图5-9-1所示。

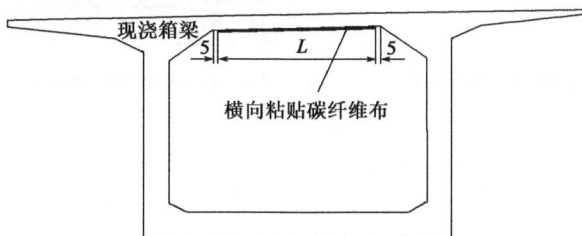

图5-9-1 主桥箱梁粘贴碳纤维布加固示意图(尺寸单位:cm)

2.引桥空心板纵向裂缝处治

对板梁底板进行裂缝封闭、注胶处理后,对空心板底板粘贴碳纤维布。碳纤维布宽50cm,间距按10cm横向布置,两侧粘贴纵向压条。引桥空心板粘贴碳纤维布施工图如图5-9-2所示,加固示意图如图5-9-3所示。

三、实施效果

对空心板底板粘贴碳纤维布后,增强了正截面抗弯承载力的同时,也对原板底的纵向裂缝进行了封闭,结构的安全性和耐久性都得到了提升,如图5-9-4所示。

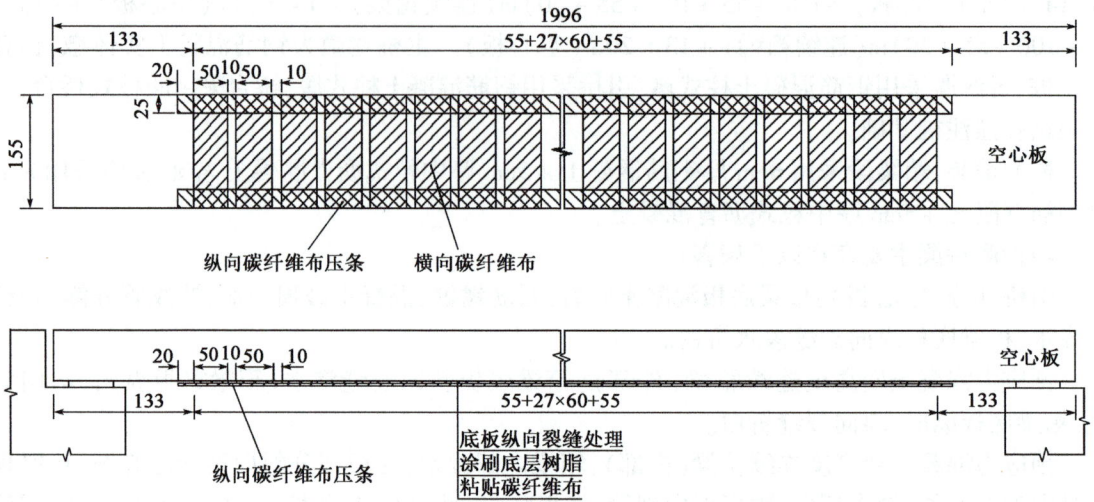

图 5-9-2　引桥空心板粘贴碳纤维布施工图(尺寸单位:mm)

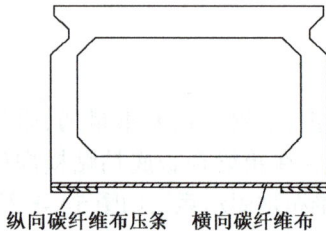

图 5-9-3　引桥空心板粘贴碳纤维布加固示意图

图 5-9-4　温厚高速某铁路跨线桥粘贴碳纤维布加固后照片

?思考题

1. 简述桥梁上部结构加固遵循的原则。
2. 简述桥面补强层加固的施工工序。
3. 简述增大截面加固的施工工序。
4. 简述粘贴钢板加固的施工工序。
5. 简述粘贴碳纤维复合材料加固的施工工序。
6. 简述体外预应力加固的施工工序。

模块六
MODULE 6
桥梁下部结构常见病害及常用加固方法

学习目标

知识目标

(1) 熟悉桥墩盖梁主要病害特征及成因。

(2) 掌握桥墩盖梁加固的常用施工方法及要点。

(3) 熟悉实心式墩身主要病害特征及成因。

(4) 掌握实心式墩身加固的常用施工方法及要点。

(5) 熟悉柱式墩身主要病害特征及成因。

(6) 掌握柱式墩身加固的常用施工方法及要点。

(7) 熟悉重力式桥台主要病害特征及成因。

(8) 掌握重力式桥台加固的常用施工方法及要点。

(9) 熟悉轻型桥台主要病害特征及成因。

(10) 掌握轻型桥台加固的常用施工方法及要点。

技能目标

(1) 能实施桥墩盖梁加固的施工。

(2) 能实施实心式墩身加固的施工。

(3) 能实施柱式墩身加固的施工。

(4) 能实施重力式桥台加固的施工。

(5) 能实施轻型桥台加固的施工。

单元一 盖梁病害及加固方法

一、盖梁病害及成因

盖梁病害
及加固方法

1. 运营期盖梁结构受力病害及原因

（1）盖梁身竖向裂缝

盖梁身竖向裂缝体现为盖梁跨中附近自下向上发展，或墩柱处自上向下发展（图6-1-1）。其成因往往是盖梁正、负弯矩区拉应力过大，有可能贯穿至盖梁顶、底面，也有可能不贯穿。

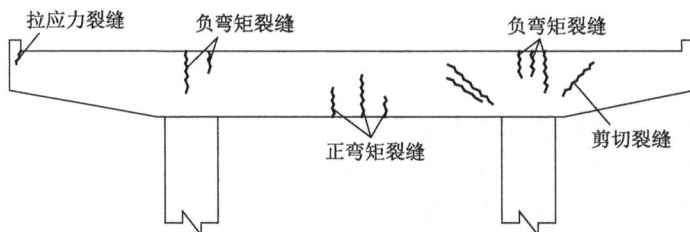

图6-1-1　盖梁典型运营期结构受力病害

（2）盖梁身斜向裂缝

盖梁身斜向裂缝出现在墩柱附近（图6-1-1），这类裂缝是主拉应力过大导致的。当该病害较严重时能看出裂缝呈中间宽两头窄的枣核状；若裂缝宽度不大，该特征不明显。

（3）挡块根部斜向裂缝

挡块根部斜向裂缝多属应力集中裂缝，也有可能是上部结构推挤产生（图6-1-2）。严重者有根部完全断裂后挡块缺损的情况。

a)挡块根部因应力集中开裂

b)挡块根部因推挤开裂

图6-1-2　桥墩挡块根部开裂照片

（4）垫石下方盖梁发散形裂缝

20世纪80年代以前建成的老桥通常不设置凸起的支座垫石，后来意识到更换支座在桥梁养护工作中的重要性，普遍在梁桥盖梁顶面设置垫石，使梁底与盖梁间有足够的空间安置千斤顶。通常支座垫石内及其平面正下方盖梁内设置多层钢筋网，以承受上部结构传递下来的荷载。若上部结构曾通过垫石传递过大的冲击力，盖梁会出现由支座垫石下方开始自上向下发展的裂缝[图6-1-3a)]。也有局部应力过大使墩顶除垫石以外的部位开裂的情况[图6-1-3b)]。

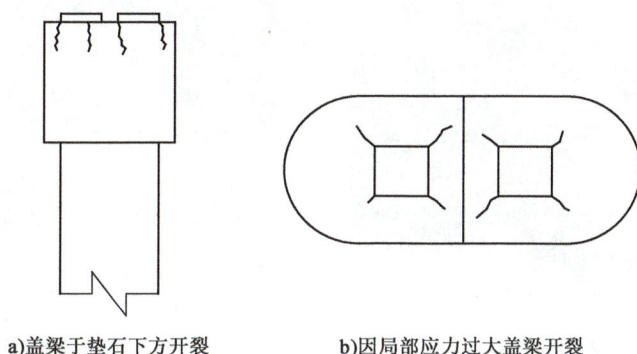

a)盖梁于垫石下方开裂   b)因局部应力过大盖梁开裂

图6-1-3　因垫石传力致盖梁开裂示意图

（5）支座垫石竖向裂缝

支座垫石有可能因支座安装欠平整、局部应力过大，或施工时局部混凝土质量欠佳而出现竖向裂缝（图6-1-4）。

（6）支座垫石下方盖梁被压碎

未设置支座垫石的桥梁，主梁下支座被挤出，主梁直接作用于盖梁上，导致盖梁顶部局部混凝土被压碎（图6-1-5）。

图6-1-4　支座垫石局部竖向开裂   图6-1-5　盖梁直接支撑主梁致局部碎裂

2. 施工导致盖梁病害及成因

（1）施工导致钢筋混凝土盖梁病害及成因

导致钢筋混凝土盖梁产生病害的施工原因包括工序、工艺、温度、天气等。常见的施工原因导致的病害包括混凝土蜂窝麻面、局部空洞等。其病害特征与上部结构病害类似，本节不再赘述。

（2）施工导致预应力混凝土盖梁病害及成因

预应力盖梁构造复杂，局部混凝土保护层较薄，施工问题导致的病害主要集中在预应力钢绞线密集布置部位及锚头部位。预应力盖梁常见病害包括：

①钢绞线密集布置处混凝土与波纹管间存在空洞（采用小锤敲击有异响），空洞处混凝土易网裂，甚至大面积脱落，以致波纹管外露、锈蚀（图6-1-6）。

a)预应力筋处混凝土大面积破损

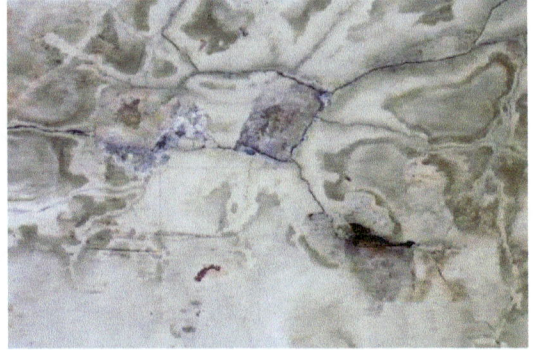

b)预应力筋处混凝土空洞并伴有网裂

图6-1-6　预应力混凝土盖梁波纹管密集处混凝土缺损病害照片

②锚头处封锚混凝土松散、空洞、破损，甚至完全缺失（图6-1-7）。

a)封锚端混凝土松散

b)封锚端混凝土空洞

c)封锚混凝土缺损

d)封锚混凝土完全缺失

图6-1-7　预应力混凝土盖梁封锚混凝土缺损病害照片

③施工工序不符合设计要求也会产生病害,而且该类病害容易误判为运营荷载导致,须结合施工时的实际状况综合判断。

二、盖梁加固方法

1. 增大截面法加固盖梁
(1)提高受力薄弱部位承载力

盖梁作为受弯为主的构件,对其不同位置的受力薄弱处采用现浇钢筋混凝土的方法增大构件截面,可提高相应部位抗弯承载力和抗剪承载力。可选择的加固方案如下:

①对盖梁底面增设钢筋混凝土,以提高其抵抗正弯矩的能力。为加强新增钢筋混凝土与原有盖梁间的联系,加固后的盖梁横断面呈马蹄形[图6-1-8a)]。

②由于既有桥墩盖梁顶面已经架设了上部结构,且设置了支座垫石,没有在盖梁顶面增设钢筋混凝土的施工空间,只能对盖梁侧面接近上缘部位增设钢筋混凝土或预应力混凝土,以提高其抵抗负弯矩的能力[图6-1-8a)]。

③对抗剪承载力不够的盖梁,可在两侧面增设钢筋混凝土[图6-1-8b)]。

④对抵抗正、负弯矩及抗剪能力均不足的盖梁,也可两侧面及底面均增设钢筋混凝土[图6-1-8c)]。

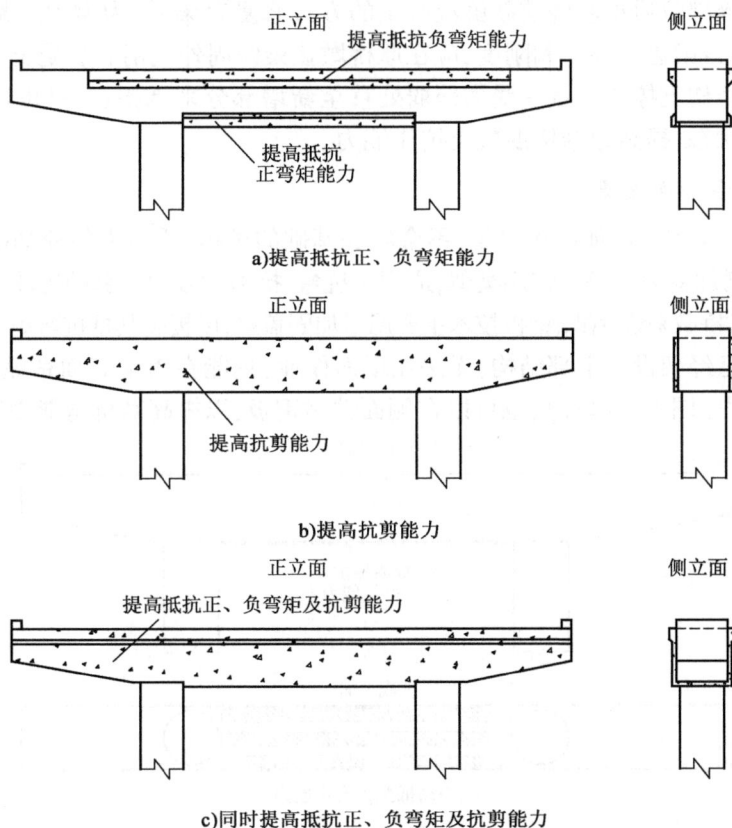

a)提高抵抗正、负弯矩能力

b)提高抗剪能力

c)同时提高抵抗正、负弯矩及抗剪能力

图6-1-8　增大截面法加固桥墩盖梁示意图

（2）缩小盖梁跨径

鉴于无法在盖梁顶面增设混凝土，仅在侧面增设钢筋混凝土或预应力混凝土的空间有限、提载潜力有限，也可在盖梁与墩柱相接处增设钢筋混凝土倒角，以减小盖梁与墩柱间跨径的方式减小负弯矩内力及剪力，从而达到加固的目的（图6-1-9）。

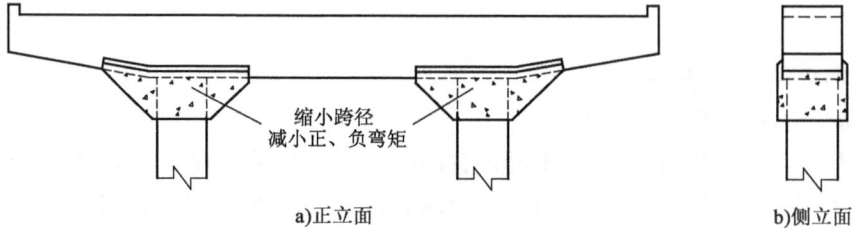

图6-1-9　增设钢筋混凝土倒角，减小盖梁正、负弯矩内力及剪力

（3）压碎处增大截面，提高盖梁边缘强度和刚度

《公路钢筋混凝土及预应力混凝土桥涵设计规范（附条文说明）》（JTJ 023—1985）在局部承压构件上没有对截面尺寸提出要求，仅对局部承压强度提出要求。20世纪六七十年代修建的小桥往往不设置支座，仅在主梁与盖梁间铺设油毛毡。由于长期重车频繁作用，盖梁承受过大荷载以致被压碎，尤其是盖梁边缘易被压碎。对板式桥梁，只能吊移上部结构后修复盖梁被压碎部位；对梁式桥梁，可以未压碎处为支撑，顶升至工作面需要的高度，再修复被压碎部位。

采用凿除破碎部位后重新浇筑新鲜混凝土的方式修复盖梁后，为增大上部结构与盖梁的支撑面积，并提高盖梁边缘强度和刚度，应在原桥墩盖梁四周外包钢筋混凝土。这样做一是可以将盖梁与上部结构支撑边缘这一受力薄弱处移至新增部分来承担；二是可以使原盖梁混凝土处于双向约束状态，提高原结构混凝土抗压能力。

2. 粘贴钢板法加固盖梁

粘贴钢板由于基本不增加结构自重，不会增加基础的负担，适用于各种基础形式及地基情况。粘贴钢板与增加受力钢筋的作用类似，适用于抗弯、抗剪承载力不够的构件，但起不到增加结构刚度的作用。对桥墩来说，粘贴钢板技术主要用来加固盖梁，以提高其抵抗弯矩及剪力的能力。

鉴于盖梁上已经架设了上部结构，无法在顶面作业，只能在盖梁底面粘贴钢板，以提高其抵抗正弯矩的能力［图6-1-10a)］；也可以在侧面粘贴钢板，以提高其抗剪能力［图6-1-10b)］。

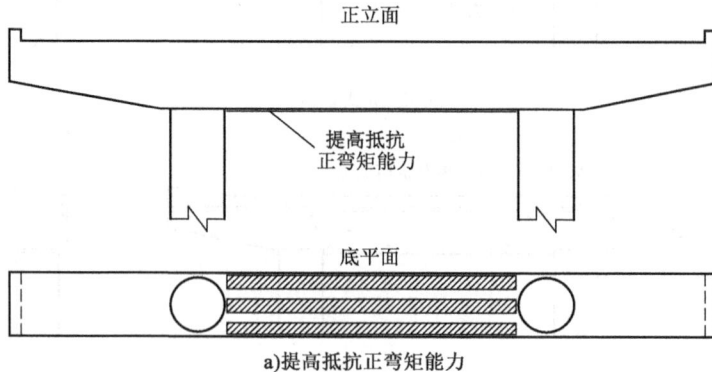

图　6-1-10

b)提高抗剪能力

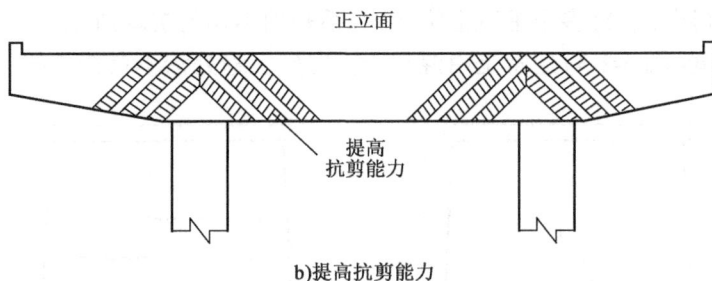

图 6-1-10　粘贴钢板提高盖梁承载能力示意图

？思考题

1. 简述盖梁结构性病害类型及成因。
2. 简述预应力混凝土盖梁施工原因导致的病害类型及成因。
3. 简述粘贴钢板法加固盖梁的方法方式。

单元二　实心式墩身病害及加固方法

一、实心式墩身病害及成因

1. 一般实心式墩身病害及成因

实心式桥墩(重力式桥墩)自重大,对地基承载力要求高,可能产生的病害有承载能力不足、沉降、倾斜、移位、转动及开裂等。病害表现除了表面缺损外,主要是结构开裂,裂缝有网状、水平向、竖向及斜向等。

(1)网状裂缝(图 6-2-1)多出现在桥墩的向阳面,水位线以上。这主要是由混凝土内部水化热、内外部温差所产生的温度应力,混凝土干缩等原因造成的。

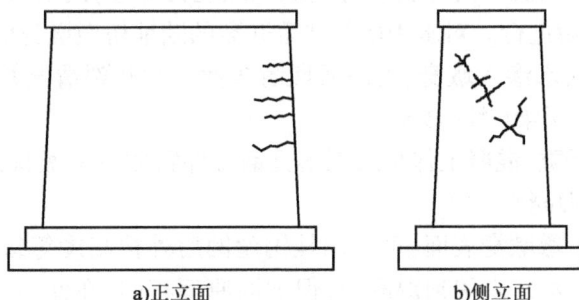

实心式墩身病害及加固方法

a)正立面　　　　b)侧立面

图 6-2-1　墩身网状裂缝

（2）竖向裂缝（图6-2-2）多呈下宽上窄形式，系基础不均匀沉降所致。

（3）水平向裂缝（图6-2-3）通常是由混凝土横向施工缝处治不良造成的。

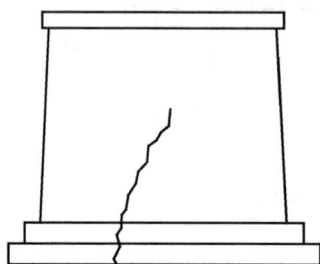

图6-2-2　墩身竖向裂缝　　　　　　　　图6-2-3　墩身水平向裂缝

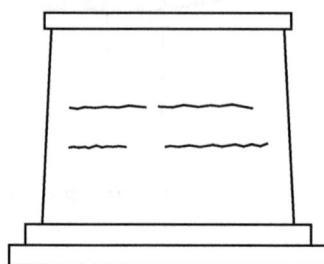

2. 实心式高墩病害及成因

与实心重力式桥墩相比，实心高墩受力更为复杂。其除了普通实心重力式桥墩具有的各种病害外，实心高墩易因自应力水平高，更易因日照温度变化产生的次生应力导致结构表面开裂。因日照温度变化产生的裂缝多呈竖向，与承载力不足导致的横向裂缝有明显不同，且该类裂缝会随着年限的延长而增宽。

二、实心式墩身加固技术

1. 增大截面法加固实心式墩身

（1）提高墩身承载能力。对自身承载力不足的桥墩，可在墩身外表面局部外包钢筋混凝土，以提高实心式墩身受力薄弱处的承载能力。

（2）提高砌体墩身整体性。增大截面加固技术还常常应用在整体性较差、顺着砌缝开裂的砌石圬工实心式桥墩加固中。

因整体性差产生砌缝开裂的实心式桥墩，其病害发展进程是逐渐加剧的，所以不论裂缝严重与否，均建议在新增混凝土内设置双层钢筋网。与在加固时因搭设支架、设置围堰等措施所花的费用相比，增设钢筋网所需的造价并不高，但将实心式墩身整体性的效果却提高了一倍。

（3）恢复因地基不均匀沉降而开裂的桥墩的承载能力和整体性（图6-2-4）。对这类桥墩增大截面应在加固地基后进行。对水中墩及严重开裂的陆地桥墩墩身应在竖向裂缝范围内增设钢筋混凝土，以防止河水渗入墩身，提高桥墩耐久性。对开裂情况并不严重的陆地桥墩墩身，也可增设钢筋混凝土圈梁（图6-2-5）。

（4）对受水流冲刷严重、混凝土保护层剥落且钢筋外露的桥墩墩身，可在受水流冲刷范围内增设内置单层钢筋的混凝土。

（5）对风化严重的桥墩墩身表面，可采用挂钢丝网后外抹高度等级砂浆或聚合物砂浆的方式进行防护（虽然该技术并未用到混凝土，但加固原理相同，在此一并列举）。钢丝网与原墩身间通过植筋相连。

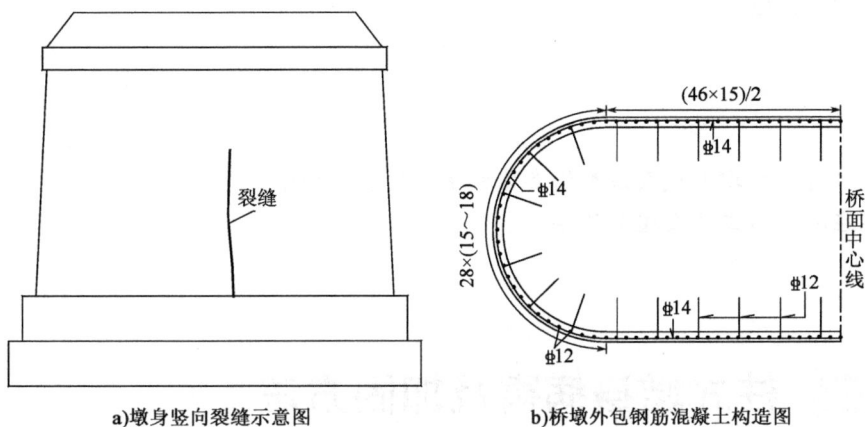

a)墩身竖向裂缝示意图 b)桥墩外包钢筋混凝土构造图

图 6-2-4 增设钢筋混凝土加固已开裂的重力式桥墩(单位:钢筋直径 mm,其余 cm)

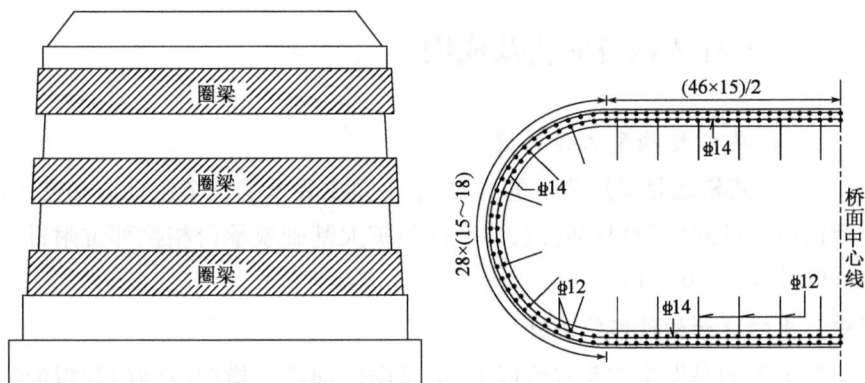

图 6-2-5 增设钢筋混凝土圈梁加固已开裂的陆地重力式桥墩(单位:钢筋直径 mm,其余 cm)

2. 砌体圬工表面植筋施工要点

模块五已对增大截面技术施工要点予以详细阐述。由于部分桥墩为浆砌圬工结构,在其表面植筋会遇到与在钢筋混凝土或素混凝土表面植筋不同的问题,主要表现为:①设计植筋孔有可能位于砌缝处;②石材或混凝土预制块经钻孔后崩裂;③原墩身砌缝大面积脱落,表面结构松散。各种情况处理方式如下:

(1)植筋孔位于砌缝处

植筋宜设置在牢固、坚硬、未风化、经钻孔后不崩裂的片石、块石或混凝土砌块上。砌缝强度较低,不宜将植筋设置在此处。若设计孔位在砌缝上,可以植筋根数不变为原则,将植筋孔平移一个主筋间距。

(2)石材或预制块崩裂

应先在石材表面试钻,若未出现钻孔导致石材脆性开裂的情况,可大面积施钻。在因风化变脆的石材、预制块表面钻孔易发生崩裂,宜人工凿除表面风化层,露出新鲜面后钻植筋孔。

(3)原砌缝大面积脱落、表面结构松散

务必先修补原结构砌缝,恢复结构整体性后再植筋,以免钻植筋孔时对原结构产生振动,加重结构松散的问题。

思考题

1. 试列举可采用增大截面法加固实体式墩身的应用场景。
2. 简述在砌体圬工表面植筋的要点。

单元三 柱式墩身病害及加固方法

一、柱式墩身病害及成因

柱式墩身病害
及加固方法

1. 典型结构受力性裂缝

柱式桥墩是受压为主的构件,水平向主要承受汽车制动力和支座摩擦阻力,其受力薄弱断面位于柱式墩的根部附近,即墩柱与扩大基础或承台相接部位附近。结构受力病害表现为环向开裂(图6-3-1)。

2. 使用中产生的非结构性网状裂缝

工程中遇到更多的是发生在常水位以上,墩身向阳面产生横向或竖向开裂的病害。产生该类裂缝的主要原因是混凝土内部水化热和外部气温的温差,或日气温变化影响和日照影响,或者是混凝土干燥收缩(图6-3-2)。

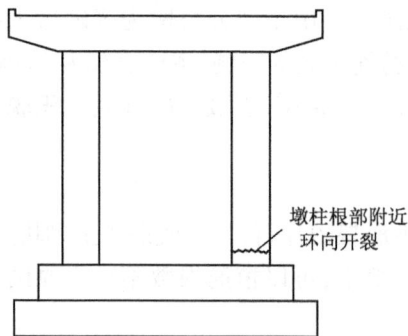

图6-3-1 柱式墩身结构受力性裂缝

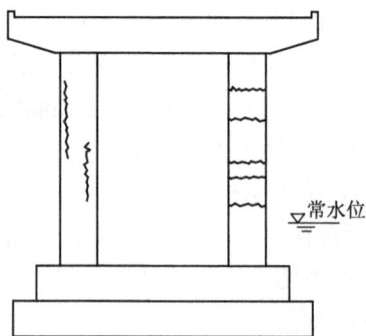

图6-3-2 柱式墩身由温差引起的裂缝

3. 施工原因产生的缺陷

因浇筑混凝土时质量控制不严,在墩柱顶部与盖梁相接的部位出现混凝土欠密实甚至夹有杂物、混凝土蜂窝或者斜向开裂的病害如图6-3-3及图6-3-4所示。

图 6-3-3　柱式墩身顶部混凝土夹有杂物并伴有空洞　　　　　图 6-3-4　柱式墩身顶部斜向开裂

　　若施工时墩身局部混凝土保护层过薄,河水渗透至钢筋处,钢筋锈蚀、膨胀,混凝土保护层将被胀裂,继而脱落。

二、柱式墩身加固技术

1. 增大截面法加固柱式墩身

（1）墩柱间增设钢筋混凝土系梁或横隔板

　　一般多柱式桥墩墩柱高度大于 15m 时,应设置柱间系梁。在设计既有桥梁时,一般已经遵循该原则确定是否设置柱间系梁。但近年来重型车辆越来越多,载重量越来越大,车辆经过桥梁时产生的振动过大,此时可在墩柱间增设钢筋混凝土系梁或横隔板,以增强桥梁下部结构整体性。为增强新增构件与原墩柱间的整体性,应当采取抱箍方式连接（图 6-3-5 和图 6-3-6）。钢筋混凝土抱箍式节点处的刚度更大,提高下部结构刚度的效果也更好。

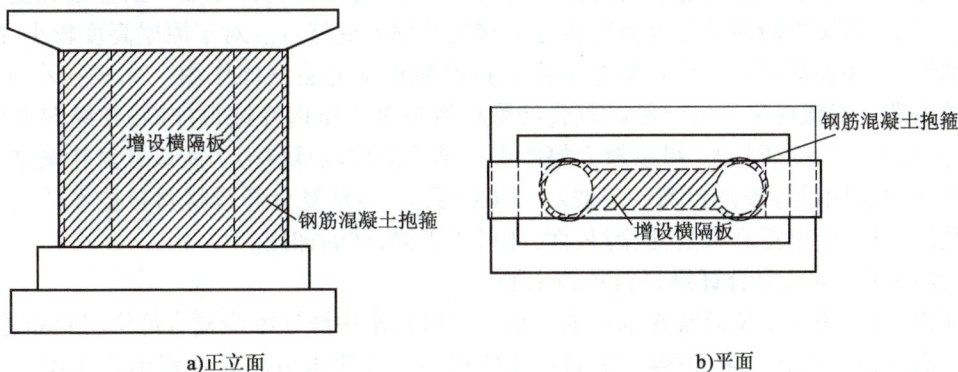

a)正立面　　　　　　　　　　　　　　　　b)平面

图 6-3-5　墩柱间增设系梁

（2）恢复受撞击开裂墩身

　　可通航河道中的柱式桥墩刚度小,受过往船只撞击易网状开裂。采用对损伤处外包钢筋混凝土的方式可提高其耐久性,对比粘贴碳纤维布来说是更优的选择。外包混凝土的美观性不如粘贴碳纤维,不过通航河道较宽,除了过往船只,很少有人会观察到该处尺寸的不同。

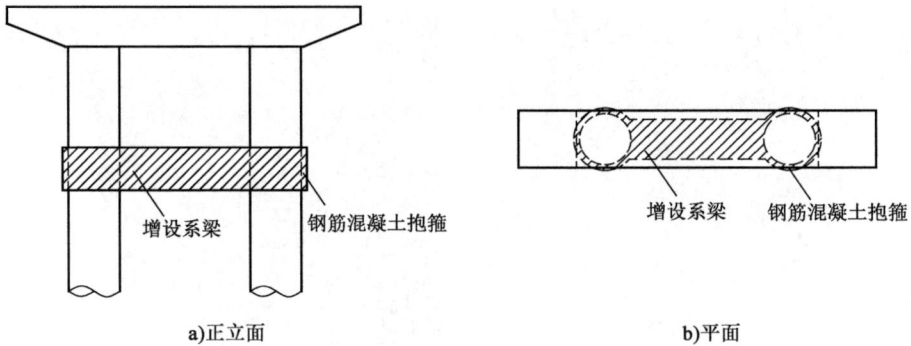

a)正立面   b)平面

图 6-3-6　墩柱间增设横隔板

（3）通过增大截面的方式改柱式墩为整体墩

在铁路桥梁中，因铁路提速、提运，既有采用柱式轻型桥墩的铁路桥横向振幅偏大。为增加桥墩横向刚度，通过增设钢筋混凝土的方式将柱式墩改造为整体式桥墩，使桥墩的横向刚度、受力及耐久性得到加强。

通常设计采用双柱式轻型桥墩的桥梁是符合上部结构承载要求的，且适应当地地质条件。若桥梁施工质量不佳或其他非正常原因导致柱式墩身开裂时，亦有采用改柱式墩为实体式桥墩的情况。

改为实体墩后桥墩自重大幅增加，需对地基承载能力进行验算，必要时需要加固地基，或者增设桩基础。为将新增桩基础与原基础连接成整体共同受力，还需要新增承台。

2. 粘贴复合纤维材料布加固柱式墩身

（1）加固原理与设计要点

建筑加固设计规范规定：对于房屋结构，粘贴复合纤维材料布加固技术适用于钢筋混凝土受弯、轴心受压、大偏心受压及受拉构件的加固。桥墩最常见的构件是受弯的盖梁和受压的桥墩墩柱。其中，盖梁横断面具有高宽比接近 1 和配筋率大的特点。对于原梁高度较小、配筋率较大的情况，后加补强复合纤维材料布的高抗拉性能根本无法发挥作用，"大马拉小车"是一种极大的浪费。对墩柱采用缠绕粘贴复合纤维材料布对受压构件进行加固，在纵向力的作用下，混凝土处于三向受压状态，可以较大幅度提高结构的抗压承载力。所以针对桥梁结构的特点，《公路桥梁加固设计规范》（JTG/T J22—2008）规定，粘贴复合纤维材料布技术适用于钢筋混凝土受压柱加固，以提高其延性、耐久性；亦可用于梁、柱的加固。

（2）水中墩柱缠绕复合纤维材料布施工要点

为加快进度，施工单位通常在围堰抽水后立即进行水中墩柱缠绕复合纤维材料布施工，此时墩柱表面为饱水状态或未干透状态，且施工完成后被加固部分将长期浸泡在水中。与干处施工相比，需注意以下问题：

①选择高湿面结构胶粘贴复合纤维材料布

研究表明，将粘贴碳纤维布加固后的混凝土构件分别放置在自然环境和水环境中 14 天后，做破坏性试验，混凝土构件均为受拉破坏；放置 56 天后，得知在水环境下的试件破坏形式为碳纤维布与混凝土之间的黏结破坏，自然环境下的试件为混凝土拉断破坏的试验结果。这说明随着时间的延长，水环境对碳纤维布与混凝土之间的黏结性能产生越来越不利的影响。

所以施工时需采用湿面施工专用结构胶粘贴复合纤维材料布,并符合《工程结构加固材料安全性鉴定技术规范》(GB 50728—2011)的有关规定(表6-3-1)。

湿面施工、水下固化型结构胶基本性能鉴定要求 表6-3-1

检验项目	检验条件	鉴定合格指标
钢对钢拉伸抗剪强度标准值(MPa)	水下固化、养护7天,到期立即在5℃条件下测试	≥10
	水下固化、养护7天的试件,晾干3天后,再在水中浸泡30天,到期立即测试	≥8
钢对钢拉伸抗剪强度平均值(MPa)		
钢对钢T冲击剥离长度平均值(mm)	在室温下进行干态黏合的试验,经7天固化、养护后立即测试	应达到同品种结构胶合格指标的要求
钢对C45混凝土正拉粘结强度平均值(MPa)		

②确定贴布后墩柱浸水时间

通过试验表明,碳纤维布粘贴完成后立刻浸水,由于水具有较强的渗透力及一些其它外界因素,会破坏碳纤维布与基体的粘接性能从而出现起鼓,因此必须待结构胶固化产生一定强度后才能浸水。结构胶的种类、基体表面温度及湿度对表干时间均有显著影响,应根据实际情况确定浸水时间,不得提前拆除围堰。

❓思考题

1. 简述柱式墩身的常见病害类型及成因。
2. 对水中墩柱粘贴复合纤维材料布的施工要点与干处施工有何不同?

单元四　桥墩加固案例

一、工程背景

山头中桥(图6-4-1)位于国道 G206 烟汕线某市境内,该桥建成于2004年,原设计荷载等级为汽车—超20级,挂车—120。2016年实测山头中桥全长 44.08m。桥梁上部结构为3孔标准跨径为13.0m 的钢筋混凝土简支空心板,横桥向共设置了12片空心板;下部结构为盖梁接柱式墩配扩大基础和肋式桥台配扩大基础。桥面全宽为12.0m(行车道)+2×1.5m(人行道)。

图 6-4-1 山头中桥立面全景

2016 年对桥梁进行维修加固,进行现状检测时发现以下问题(图 6-4-2 和图 6-4-3):

(1)烟台岸桥台台帽竖向开裂,缝宽 0.25mm。

(2)1 号桥墩盖梁跨中附近底部存在 2 条 U 形裂缝,缝宽 0.15mm。

(3)2 号桥墩盖梁跨中附近底部存在 3 条 U 形裂缝,缝宽 0.1mm。

桥墩、台盖梁裂缝宽度尚在规范规定限值内,且计算结果表明,加固前原盖梁承载力符合原设计使用要求。

图 6-4-2 桥台台帽竖向开裂

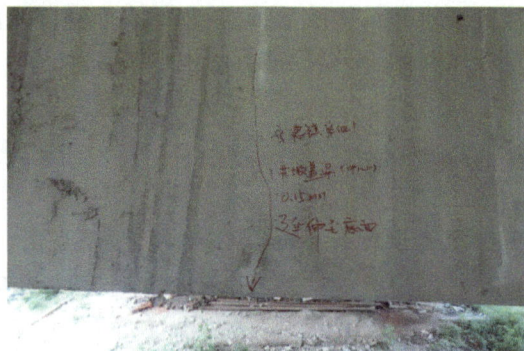

图 6-4-3 桥墩盖梁底部 U 形开裂

二、施工方案及实施过程

维修加固时,为了提高空心板的整体性,凿除了原厚度为 10cm 的钢筋混凝土桥面铺装,重新浇筑了 15cm 厚钢筋混凝土桥面铺装和 5cm 厚沥青混凝土磨耗层。上部结构自重增加后,经过结构计算,桥墩、台盖梁正弯矩承载力不满足使用要求,设计采用在墩、台盖梁底面粘贴 6mm 厚钢板的方式进行加固(图 6-4-4)。

三、实施效果

对山头中桥 1 号和 2 号桥墩盖梁底部封闭裂缝并粘贴钢板后,桥梁管养部门对该部位进行了连续观测,未再出现新的弯曲开裂现象。

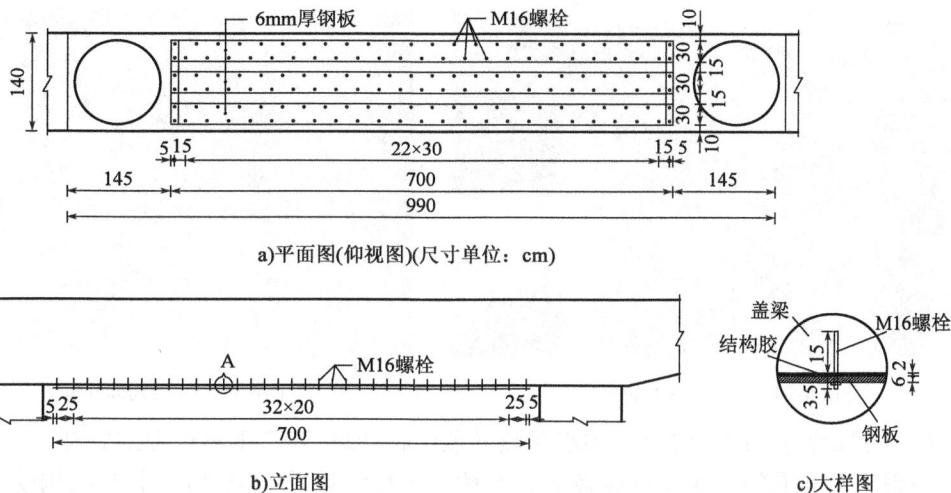

a)平面图(仰视图)(尺寸单位：cm)

b)立面图

c)大样图

图 6-4-4 桥墩盖梁底面粘贴钢板构造图(单位:螺栓直径 mm,其余 cm)

单元五 重力式桥台病害及加固方法

一、重力式桥台病害及成因

U 形桥台兼有支承上部结构和支挡路基填土的功能,受力特性不明确。绝大多数 U 形桥台台身采用浆砌圬工或素混凝土建造而成,其裂缝具有长、宽、走向各异的特点,经常给人以不安全感。其常见病害有以下几种表现:

(1)台后填料土质或密实度欠佳,导致前、侧墙开裂。

因工作空间狭小,U 形桥台台后路基填筑质量欠佳是普遍存在的问题。为节省成本,台后路基若未按设计要求采用透水性好、易密实的材料,在桥梁运营后,台后路基填土会被压实,路面沉陷。柔性路面沉陷后,在过往车辆的持续作用下形成网状裂缝,即而碎裂。刚性路面沉陷后与路面间形成空隙,在车辆反复作用后,出现开裂现象,严重时碎裂。

随着台后路面的持续损坏,路面积水渗透进台腔,路基填料遇水膨胀、挤推墙体,桥台前、侧墙产生竖向或斜竖向裂缝,尤其易在侧墙与前墙交界处产生斜竖向裂缝(图 6-5-1)。此类裂缝由上向下发展,呈上宽下窄的趋势,有时也在前墙产生从台帽下缘开始发展的横向或斜横向裂缝(图 6-5-2)。台身裂缝往往贯穿墙身全断面,泡水后台腔填料经裂缝流失,加剧了台后路面的沉陷和破损,形成恶性循环。

(2)桥台地基承载力不足导致前墙竖向开裂。

因桥台地基承载力不足,或地下水位升高、河流冲刷淘蚀等原因,基础产生不均匀沉降以致台身开裂。这类裂缝是由下向上发展的,呈下宽上窄的趋势。这类病害在沉降缝设置不当的宽幅桥台上更容易出现。

重力式桥台
病害及加固
方法

图 6-5-1　桥台侧墙开裂照片　　　　　　　　　图 6-5-2　桥台前墙开裂照片

（3）浇筑台身混凝土时产生的水化热导致网状开裂，或产生不规则细裂缝。

该现象在素混凝土或片石混凝土 U 形桥台上很常见（图 6-5-3）。其与结构受力性裂缝相比较，具有细而多、各条裂缝走向不完全一致的特点，且与桥台所受荷载间没有直接关联。

（4）台身混凝土强度变化处横向开裂。

部分桥台侧墙以台帽底面为界限，桥台上、下部分采用不同强度等级的混凝土浇筑。若施工时接缝处理不当，易在该处产生横向裂缝，如图 6-5-4 所示。

图 6-5-3　桥台前墙水化热开裂　　　　　　　　图 6-5-4　桥台侧墙横向开裂

（5）片石混凝土台身强度不均，于局部强度薄弱处产生裂缝。

为减小水化热产生的次应力，并达到降低造价的目的，设计采用片石混凝土砌筑台身，但片石混凝土施工质量要求较高，如果片石掺放欠均匀，易在外力的作用下于混凝土强度薄弱处开裂。

（6）斜交 U 形桥台钝角处开裂。

斜交 U 形桥台钝角处的应力会明显高于锐角处，应力集中加上超载可引发开裂，形成上宽下窄的斜竖向裂缝。

二、重力式桥台加固方法

1.增大截面法加固重力式桥台台身

（1）加固原理

U 形桥台最常见的病害是前、侧墙开裂，增大截面技术可用来提高前、侧墙的承载能力。

168

视台身开裂的严重程度及范围的不同,选择对全部或部分墙体增大截面加固。增大截面内可设置单层钢筋网或双层钢筋网。对需要限制 U 形桥台顶部附近墙体开裂,且裂缝两侧墙体移位的,可采用圈梁法配扁担梁法加固,扁担梁内设置双层钢筋网。对墙体顶部附近网状碎裂的部分,可凿除该碎裂部分后,使用与原墙体一致的材料或素混凝土将墙体恢复至原尺寸,再用增大截面法加固。

(2)加固方案及适用范围

用增大截面法加固重力式 U 形桥台有多种方式,各种方式的适用范围见表 6-5-1,各种加固方案的一般构造如图 6-5-5 所示。需要说明的是,增大截面法需配合可根本解决墙体致裂问题的其他方法一起使用。

重力式 U 形桥台增大截面加固方案适用情况参考用表 表 6-5-1

序号	裂缝特性	墙体外鼓、错位情况	加固方案
1	前墙 $b/4 \sim 3b/4$ 范围内竖向开裂	墙体未外鼓,裂缝两侧墙体未错位	桥台前墙外包混凝土[图 6-5-5a]。若裂缝宽度未超限,则内设单层钢筋网,厚度≥15cm;若缝宽超限,则内设双层钢筋网、厚度≥25cm
2	前墙 $0 \sim b/4$、$3b/4 \sim b$ 范围内竖向开裂	墙体未外鼓,裂缝两侧墙体未错位	桥台前墙外包混凝土并延伸至侧墙 1~2m 范围内[图 6-5-5b]。若裂缝宽度未超限,则内设单层钢筋网,厚度≥15cm;若缝宽超限,则内设双层钢筋网、厚度≥25cm
3	前墙开裂	高度方向中段外鼓或错位,或裂缝两侧墙体错位	桥台前、侧墙三周外包混凝土[图 6-5-5c]。内设双层钢筋网(厚度≥25cm)
4		高度方向上段外鼓,且其余部分墙体未外鼓、未错位	桥台前、侧墙顶部附近设置圈梁(内设双层钢筋网,厚度≥25cm),其余部分三周外包混凝土(内设单层钢筋网,厚度≥15cm)[图 6-5-5d]
5	侧墙开裂	墙体未外鼓,裂缝两侧墙体未错位	桥台侧墙外包混凝土并延伸至前墙 1~2m 范围内[图 6-5-5e]。若裂缝宽度未超限,则内设单层钢筋网,厚度≥15cm;若缝宽超限,则内设双层钢筋网、厚度≥25cm
6		高度方向中段外鼓,或裂缝两侧墙体错位	桥台侧墙外包混凝土并延伸至前墙 1~2m 范围内[图 6-5-5e]。内设双层钢筋网,厚度≥25cm
7	侧墙开裂	高度方向上段外鼓,且其余部分墙体未外鼓、未错位	桥台前、侧墙顶部附近设置圈梁(内设双层钢筋网,厚度≥25cm),其余部分桥台侧墙外包混凝土并延伸至前墙 1~2m 范围内[图 6-5-5e]。内设双层钢筋网,厚度≥25cm
8	前、侧墙均开裂	墙体未外鼓,裂缝两侧墙体未错位	桥台前、侧墙三周外包混凝土[图 6-5-5c]。若裂缝宽度未超限,则内设单层钢筋网,厚度≥15cm;若缝宽超限,则内设双层钢筋网,厚度≥25cm
9		高度方向上段外鼓,且其余部分墙体未错位	桥台前、侧墙顶部附近设置圈梁,其余部分设置扁担梁[图 6-5-5g]。圈梁和扁担梁内均设双层钢筋网,厚度≥25cm。圈梁和扁担梁高度为 0.5~1.0m,净距亦为 0.5~1.0m
10		高度方向上段外鼓,且其余部分严重开裂	桥台前、侧墙顶部附近设置圈梁,其余部分三周外包混凝土[图 6-5-5f]。圈梁和外包混凝土内均设双层钢筋网,厚度≥25cm
11		高度方向中段外鼓,或裂缝两侧墙体错位	桥台前、侧墙三周外包混凝土[图 6-5-5c]。内设双层钢筋网,厚度≥25cm

注:1.表中加固方案均适用于导致桥台开裂(如填土质量欠佳、地基承载力不足、台后路面破损)的问题已解决的情况;
　　2.b 指前墙宽度;
　　3."裂缝宽度是否超限"是指裂缝宽度是否超过《公路桥涵养护规范》的要求;
　　4.前、侧墙均仅在外露面外包混凝土,这是因为锥坡内填土或地基填土会对墙体产生一个与台后填土作用相反的土侧压力;
　　5.所有前、侧墙交界处水平向钢筋均应焊接成整体。

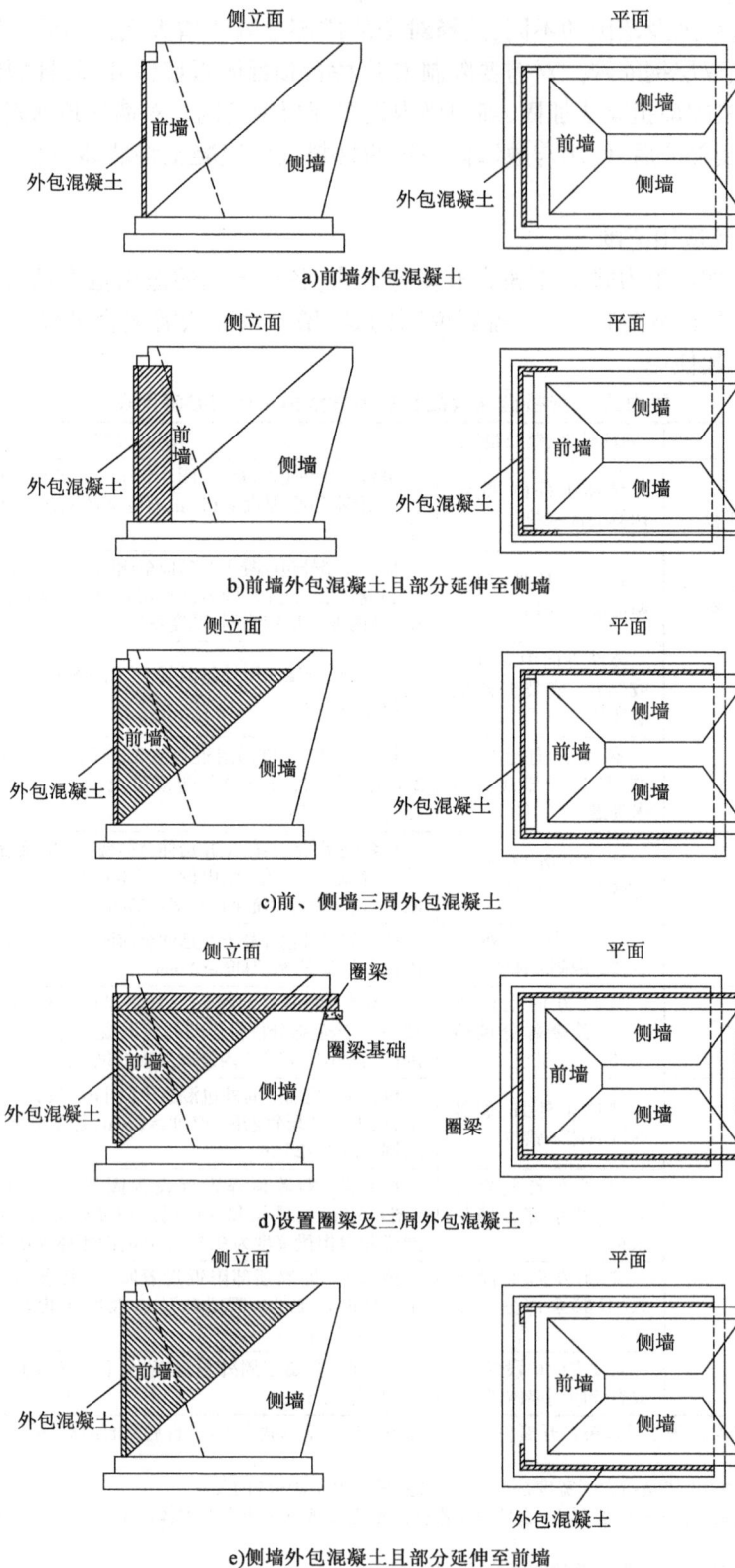

a)前墙外包混凝土

b)前墙外包混凝土且部分延伸至侧墙

c)前、侧墙三周外包混凝土

d)设置圈梁及三周外包混凝土

e)侧墙外包混凝土且部分延伸至前墙

图 6-5-5

170

f)圈梁且侧墙外包混凝土并部分延伸至前墙

g)设置圈梁及扁担梁

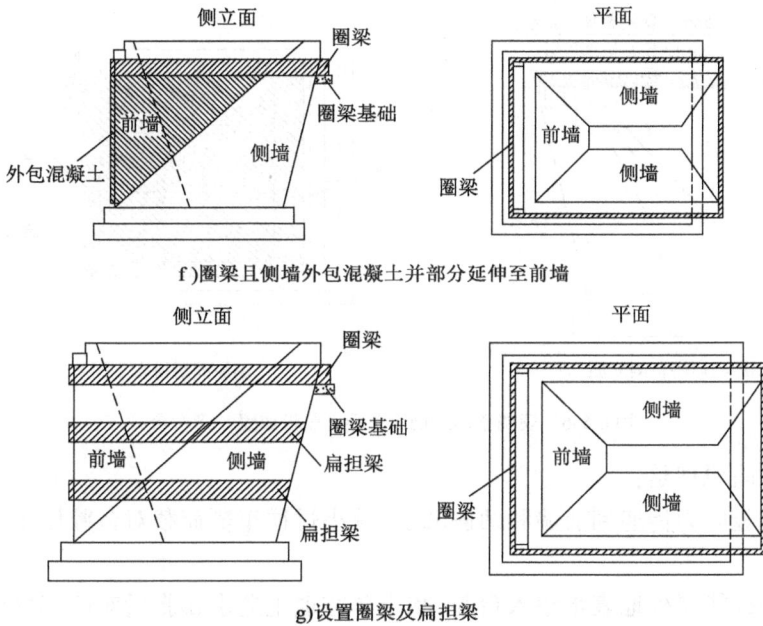

图6-5-5　增大截面法加固重力式U形桥台方案示意图

2.凿除台后路面并重做整体式桥台盖板

(1)适用范围与加固原理

一般台后路桥过渡段的施工是在桥涵施工结束以后进行的,由于工作面狭小,同时为避免对桥台产生过大的侧向推力,只能采用小型夯实机械对台腔填料及过渡段进行压实作业,压实度难以得到保证,通车一段时间后极易发生跳车现象。加上早期建设的各类桥梁的桥台一般都没有设置搭板,汽车荷载通过台后路面直接作用在台腔填土上,原本压实不够的填土被逐渐挤密、下陷,以致台后路面沉陷、破碎。这一现象的间接后果是地表水下渗至台腔,增大了台腔填土对前、侧墙的土压力,甚至导致前、侧墙开裂或破坏。

解决上述问题的一种有效方法是在U形桥台顶面增设一块整体式钢筋混凝土盖板(图6-5-6)。整体盖板的三边分别支撑在桥台的前墙和两侧墙上。

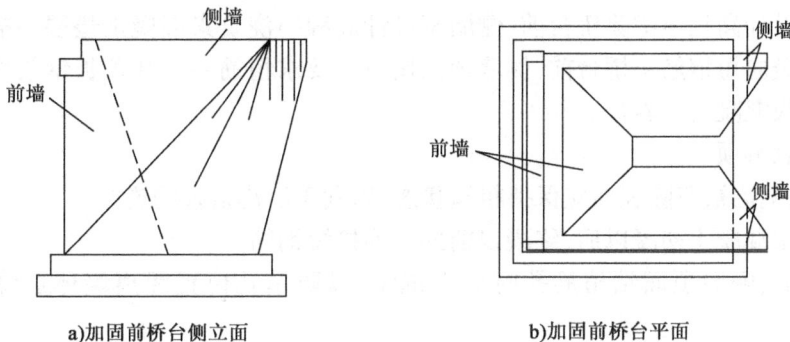

a)加固前桥台侧立面　　　　　　　　b)加固前桥台平面

图　6-5-6

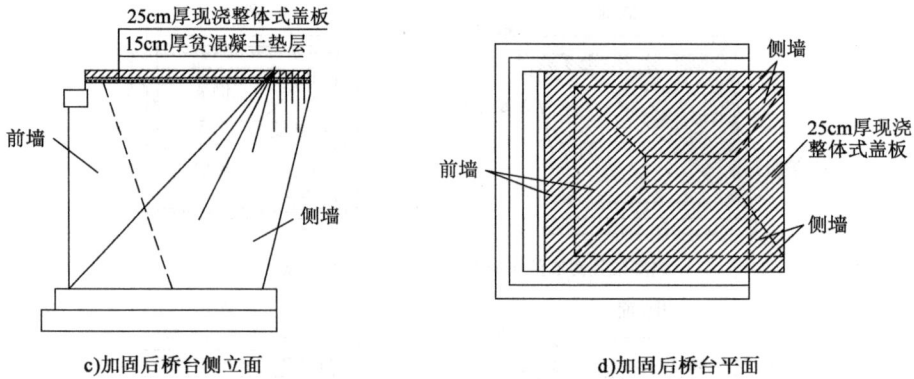

c)加固后桥台侧立面   d)加固后桥台平面

图 6-5-6   现浇整体式钢筋混凝土盖板加固 U 形桥台

该技术的加固原理是：

①将活载的竖向力传递到前墙和两侧墙上，减小过往车辆荷载对台腔填土的压力，以防台腔填土沉陷。

②整块的盖板能减少地表水渗入台腔，减小台腔填土遇水膨胀后对前、侧墙的主动土压力和冻胀产生的影响。

③对约束侧墙外移、变形起到一定作用。

（2）加固方案

整体式盖板加固技术的基本做法是：在桥面高程已确定的情况下，先凿除一定高度的侧墙（凿除侧墙的高度要根据混凝土板的厚度和桥面高程确定），然后在 U 形桥台顶部现浇整体式钢筋混凝土盖板。浇筑盖板前应在板下设置垫层，垫层可采用素混凝土或者级配碎石，从而保证其底部不致脱空。

在凿除台后路面并挖除部分台后填料的过程中，若发现台后填土质量过差，可挖除并更换该部分填料为透水性和密实性均较好的砂砾。

（3）施工要点及质量控制措施

①施工流程

拆除拟加固范围内人行道系或安全带→小型机具配合人工凿除台后路面及搭板→挖除部分台后填土至设计高程→凿除桥台前、侧墙至设计高程→浇筑素混凝土垫层→插入垫层与盖板间连接用的竖向短钢筋→桥台前、侧墙顶面按设计要求植筋→绑扎盖板钢筋网→设置盖板侧模→浇筑盖板混凝土→养护。

②施工注意事项

a. 桥台前、侧墙被凿除表面应保持粗糙状态，以利于后浇盖板的连接。

b. 应在垫层混凝土初凝以后、终凝以前插入连接短钢筋。

c. 在桥台前、侧墙顶面钻植筋孔时应先试钻，以防钻孔位置距离墙体边缘太近致墙体崩裂。

d. 对于半幅施工半幅通车的桥梁，其盖板横向钢筋可分幅设置，各幅钢筋间按规范要求焊接牢固。需注意的是，应保证同一断面有接头的钢筋不超过钢筋总数量的 50%。

3. 对拉锚杆自平衡框架加固 U 形桥台

(1) 加固原理与适用范围

对拉锚杆自平衡框架加固 U 形桥台是在除去锥坡以外的两侧墙表面增设钢筋混凝土框架后,在框架节点处设置对拉普通钢筋锚杆,使钢筋混凝土框架、对拉钢筋锚杆、U 形桥台侧墙共同形成自平衡框架结构(图 6-5-7)。侧墙对拉锚杆自平衡框架加固 U 形桥台适用于台后填土侧压力过大,导致侧墙产生外倾趋势,或局部外鼓并伴随竖向或网状开裂的 U 形桥台,宜与现浇整体式盖板加固技术配合使用。

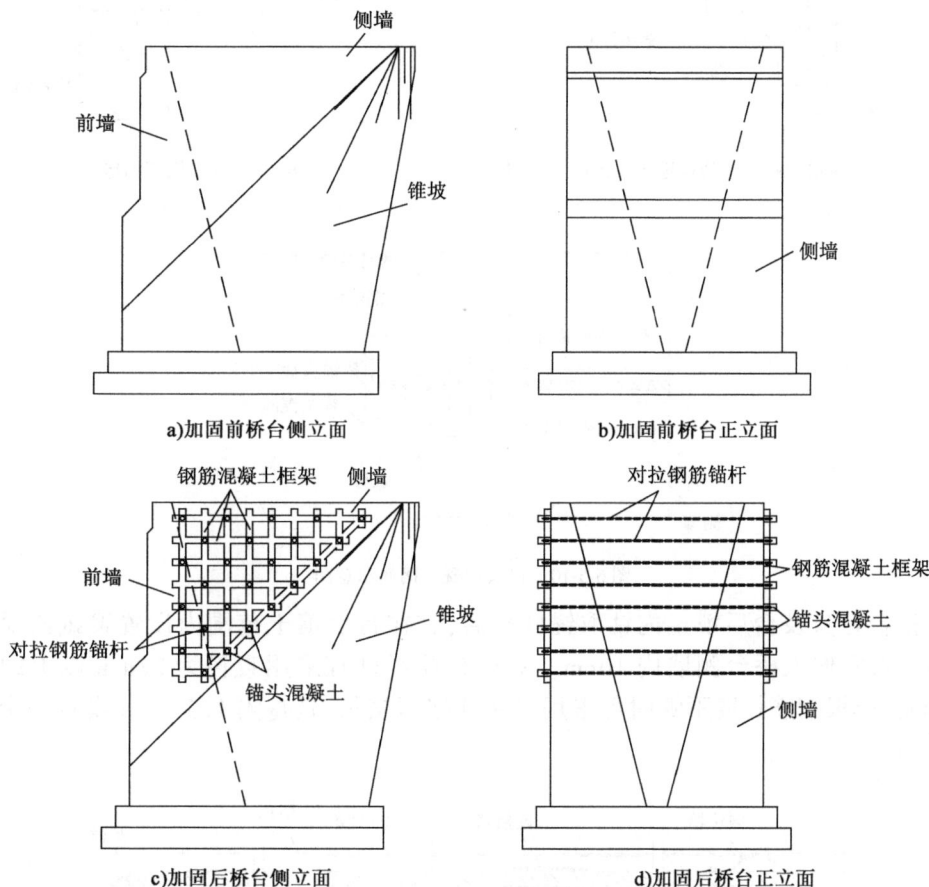

a)加固前桥台侧立面   b)加固前桥台正立面

c)加固后桥台侧立面   d)加固后桥台正立面

图 6-5-7 侧墙对拉锚杆自平衡框架改造 U 形桥台示意图

(2) 设计要点

① 框架宽度及边节点以外的长度以 20 ~ 30cm 为宜,框架净间距以 50 ~ 80cm 为宜。距锥坡最近的框架节点处宜设置对拉锚杆,并将这些节点沿对角线通过框架连接成整体(图 6-5-8)。

② 框架内钢筋宜设置成骨架形式,并与桥台侧墙间通过植筋连接(图 6-5-9)。

③ 对拉锚杆宜按梅花形布置。

④ 对拉钢筋锚杆处的框架节点内可设置间距不大于 5cm 的直径为 8mm 的钢筋网片,且各

钢筋网片间距在8cm之内(图6-5-10)。

⑤锚头混凝土内宜设置钢筋骨架,并在锚固螺母下设置钢垫板(图6-5-10)。

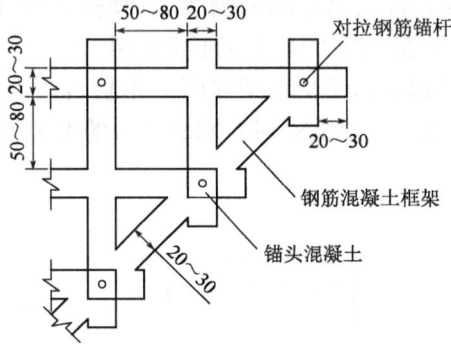

图6-5-8　钢筋混凝土框架构造示意图(尺寸单位:cm)

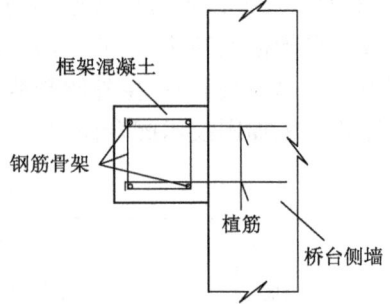

图6-5-9　框架钢筋构造示意图

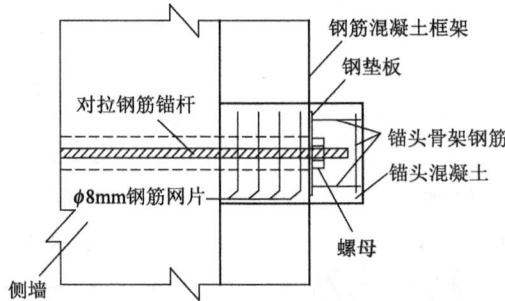

图6-5-10　锚头混凝土钢筋示意图

⑥在桥台台身及台后填土内钻取锚杆孔后,宜在台后填土范围内设置聚氯乙烯(PVC)管,且PVC管宜伸入桥台侧墙内10cm。对拉钢筋锚杆宜采用直径为22mm以上的高强精轧螺纹钢筋,单根钢筋长度不够时可采用专用连接器接长,且每隔1.5~2m设置一个限位器(图6-5-11)。

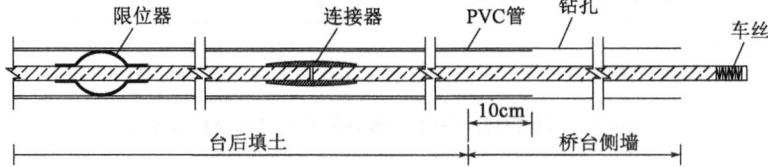

图6-5-11　钻孔及锚杆构造示意图

⑦对拉钢筋锚杆两端宜在车丝后,采用拧紧螺母的方式锚固。

(3)施工要点

①对拉锚杆自平衡框架加固施工流程为:搭设施工支架→清理侧墙表面→测量、放线→设置框架内植筋→设置框架内钢筋骨架及钢筋网片→钻机就位→接钻杆→校正孔位→调整角度→钻孔→插入PVC管→插锚杆→压力灌浆→浇筑框架混凝土并养护→安装钢垫板→旋紧锚固

螺母→设置锚头混凝土内钢筋骨架→浇筑锚头混凝土并养护。

②锚杆钻孔应符合以下规定：

a. 采用以压缩空气为动力的潜孔冲击钻机在侧墙内钻孔，采用螺旋钻凿设备或岩芯钻凿设备在桥台填土内钻孔。钻机的对中性要好，晃动量要小，钻进过程中要有一定的稳定性；钻机要有扭矩大、起拔力大的特点，以便处理孔内故障。

b. 钻孔轴线的偏斜率不大于锚杆长度的 2%。

③锚杆的制作、存储及穿入应符合下列规定：

a. 加工锚杆前，应保证钢筋平直，并除油、除锈。

b. 锚杆钢筋下料时，采用砂轮切割机切割，严禁使用电焊切割。

c. 锚杆制作完成后应尽早使用，不宜长期存放。

d. 在锚杆穿入钻好的孔洞前，应检查杆体的加工质量，确保满足设计要求；穿入锚杆时，应防止扭压和弯曲。

e. 穿入锚杆后，不得随意敲击，不得悬挂重物。

④压力灌浆材料及施工应符合下列规定：

a. 灌浆材料选用灰砂比为 1：1 ~ 1：0.5 的水泥砂浆，其细集料选用最大尺寸小于 2mm 的砂石。

b. 砂石的含泥量按重量计时不得大于 3%，砂中云母、有机质、硫化物和硫酸盐等有害物质的含量按重量计时不得大于 1%。

c. 灌浆宜搅拌均匀，并在初凝前完成钻孔灌浆施工。在灌浆材料中可加入改善流动性、调整凝结时间的外加剂，但外加剂不可影响浆体的黏结性能，不能使钢筋产生锈蚀，并宜通过试验方可采用。

d. 将锚杆钢筋一端的出浆孔用混凝土封住，并在出浆孔上方预留孔洞，以预留孔洞能够连续出浆作为压浆是否饱满的依据。

e. 应待钢筋混凝土框架强度达到设计强度 80% 及以上时，才能进行锚杆钢筋紧固及封锚施工。

f. PVC 管与钻孔孔洞的间隙宜不大于 4mm，且 PVC 管表面宜间隔 50cm 对称钻孔。

g. 钻孔后抽出钻杆的同时，从另一侧穿入 PVC 管。

4. 台后填料静力压浆加固

重力式 U 形桥台台身病害与台后填土质量欠佳往往有着密切关系。对近期翻修过的桥面及台后路面的桥梁，可采取对台后填料静力压浆的方式提高填料密度。

台后填料静力压浆的浆液种类、设计要点、施工要点均与静压注浆法加固地基类似。

(1)压浆范围

为提高 U 形桥台台后填料强度，建议横桥向在 U 形桥台两侧墙间，顺桥向在自桥台台背至侧墙向路基方向延伸 2m 范围内进行压浆(图6-5-12)。

(2)压浆顺序

压浆顺序分为平面顺序和深度顺序。

①平面顺序

受前期注浆孔的影响，后期注浆孔的注入浆液会因注浆压力或其他因素发生偏流，使浆液扩散不均匀,影响注浆整体效果。为了注浆浆液能均匀流动,可适当安排注浆孔序、划分注浆孔群(图6-5-13)。

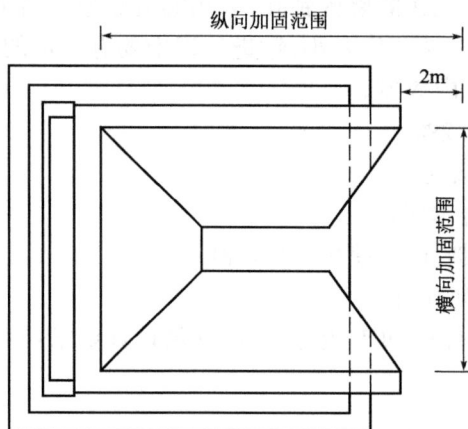

图6-5-12　台后填土压浆加固范围

图6-5-13　压浆顺序平面示意图
注:图中序号为压浆次序。

②深度顺序

深度方向上,建议采用自上而下式,即先压注上层土体,使上层土体形成一个硬壳,以防止浆液上升外溢。凝胶体可封闭上部土体,起到止浆的作用,便于下部采用较高的注浆压力,但需要重复开孔和注浆。如果既有台后路面较完好,可将路面作为封浆层,采用自下而上式注浆法,一次成孔。

(3)压浆质量控制要点

①注浆材料的控制

注浆用水泥应当符合《通用硅酸盐水泥》(GB 175—2023)的要求,粉煤灰应当符合《用于水泥和混凝土中的粉煤灰》(GB/T 1596—2017)的要求,拌和用水应当符合《混凝土用水标准(附条文说明)》(JGJ 63—2006)的要求。

②浆液质量控制

浆液按每个桥台不少于6个试验孔进行质量检验。

施工过程中,浆液的稠度应视填料和填筑质量而定。一般对匀质细土使用稠度低的稀浆液,土石混填或碎石使用稠度高的浓浆液。对浆液变换和配合比调整等技术参数,应根据注浆前试验、钻孔情况和实际操作灵活选用,以保证浆液质量满足设计要求。

③钻孔质量控制

a.孔位采用钢尺放样,实际孔位与设计孔位偏差不超过±5cm。

b.钻机固定牢固,严禁钻机机台下底面与地面呈"点"接触状态。校正钻机立轴,铅垂方向开孔,钻孔倾斜度偏差小于0.3%,深度不小于设计要求。

c.严格执行金刚石钻进操作规程和冲击器钻进操作规程。严格控制回次进尺在规定的灌段长度范围内。

d.工程地质人员应熟悉注浆区地质资料和有关钻探资料并跟班,以便根据钻进过程中取出的岩芯、孔内返出的渣滓对地层进行预测和判断,为及时变更钻进工艺参数提供依据。

e.使用长钻具。潜孔锤冲击回转钻进时要低速、低压、平稳。

④注浆花管的质量控制

注浆花管采用无缝钢管专人打孔加工,保证开孔均匀、位置合适。针对孔深较大,直接安装钢花管比较困难的情况,采用连接套外接的方式进行加长,以保证注浆花管下到指定深度。注浆花管应比注浆孔短20cm,使钻孔底部有一定的空间,以保证浆液灌注流畅。为提高注浆质量,保证花管下孔后居中,每隔30cm应加焊U形定位钢筋。

⑤抬动、变形、漏浆、冒浆观测

对于注浆区域周边的桥台、桥台锥坡、路堤边坡、边沟等构筑物,加强专人巡视和观察。为巡视人员和机长配备对讲机,一旦发现抬动、变形、漏浆、冒浆等情况,及时采取措施以保证工程质量,并做好记录。

(4)注浆效果检测

注浆效果检测有钻孔取芯法、面波波速法、复灌法等。

①钻孔取芯法

钻孔取芯法是在台背回填体的特定部位选择检测点,利用地质钻机直接取出芯样,并进行抗压强度测试,从而直观、准确地判断注浆加固的效果。这是台背注浆加固效果检测较常采用的方法之一。但是,钻孔取芯法属局部破损检测,会对回填体结构造成局部损伤,检测成本高、施工工艺复杂,限制了钻芯部位及钻芯数量,且由于钻进过程中机械的扰动,芯样的质量也常常受到影响,因而难以大量使用。

取芯后可以利用钻孔继续进行复灌试验,但需要耗费较多的时间和资源。

②面波波速法

面波,也称瑞雷波(Rayleigh Wave),是体波勘探中的干扰波,对地表以下几米至几十米的范围有较好的适应性。面波主要分瑞雷面波和勒夫面波两类,目前在岩土工程应用中以瑞雷波为主。面波波速法测试的原理如图6-5-14所示,由大锤锤击检测点附近地面产生一个瞬态振源,振动以波的形式在检测体内传递,因回填体的性质(密实度、压密的均匀性、是否有空洞等)而发生相应的改变,最后由检测点上部布置的检波器接收,后经信号处理(放大、滤波)得到面波在回填体不同深度的传播速度。面波传播速度越快,则回填体的密实度越好。还可以通过室内试验获取回填材料在最佳压密情况下的波速,再用现场测得的波速与之比较,从而反映路基的压实度。

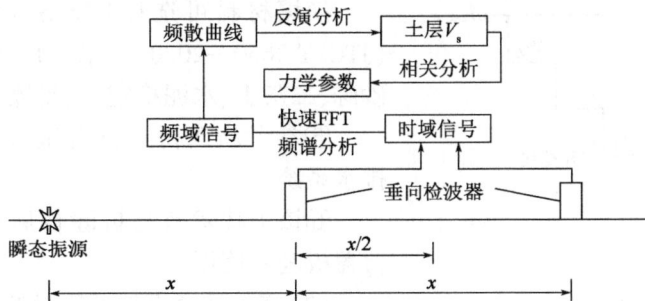

图6-5-14 面波波速法测试原理示意图

面波波速法是无损检测技术,但没有相关检测规范,需要通过大量的效果检测对比,找到其与其他方法之间的联系,以制定相关检验标准。此外,面波检测系统抗干扰波的能力有待加

桥梁养护与维修加固

强,波速解译的可靠度还需要进一步提高。

③复灌法

复灌法检测是通过比较钻孔前、后注浆量来评判注浆效果的检测方法。其检测标准是:在相同的压力下,各检测孔的注浆量与相邻三个注浆孔的平均注浆量进行比较,比值不大于30%即认为注浆的效果是满足要求的;否则,进行补灌。

这种检测方法也需要钻孔和安装花管,整个过程同注浆过程一样,而且至今没有相关的检测规范。在复灌检测时,注浆压力上升较快,容易引起抬动和劈裂等破坏,不利于工程建设。

5. 台后换填加固技术

(1)加固原理与适用范围

台后换填加固技术挖除台后不适宜的填料,换填为透水性土质材料,适用于填料欠佳、压实度不足、排水不畅等原因导致台后路面局部沉陷,同时桥台地基承载力满足要求的桥台加固。

(2)设计要点

①对原桥台台身的要求

土质材料对台身产生的土侧压力较大,要求台身现状较好,并且能够承受压实机具产生的附加力。对存在病害的桥台,应先加固再进行台后换填。

②确定换填范围

在开始换填前,宜先通过钻探的方式确定台后各层填料的土质及厚度。应换填深度上所有压实度未达到96%的不适宜填料,顶面长度不小于桥台高度加2m,底面长度不小于2m。对拱式桥桥台,只能对起拱线(包括主拱起拱线和副拱起拱线)以上部分予以换填,以免挖除填料导致台身承受来自拱脚的水平推力而倾倒。对起拱线以下填料不适宜部分可采用压浆方式处理。

③开挖面呈台阶状

为保证开挖边坡稳定,且有利于新、旧填料间的过渡,应开挖成坡度向内并大于4%,宽度满足小型压实机械工作空间的台阶(图6-5-15)。

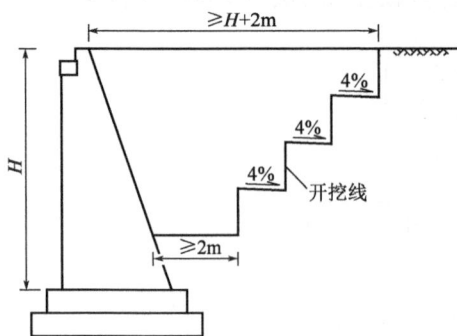

图6-5-15 开挖台后填土边线示意图

④选择换填材料

换填材料可选择《公路桥涵施工技术规范》(JTG/T 3650—2020)要求采用的回填材料,即天然砂砾、二灰土、水泥稳定土、粉煤灰等轻质材料。

⑤参考新建桥梁桥台做法,恢复台后纵、横向排水系统。

⑥该项技术宜与拆除台后搭板重做整体式桥台盖板配套使用。

(3)施工注意事项及质量控制要点

①应分层回填,使用小型机具压实,分层厚度满足《公路路基施工技术规范》(JTG/T 3610—2019)的要求。

②碾压顺序做到:从静压到振压、从慢速到快速、从弱振到强振、从两边到中间。

178

③应派专人负责监督检查各层密实度,检查频率应每 50m² 检验 1 点,不足 50m² 时应至少检验 1 点,每点均应合格。

单元六　轻型桥台病害及加固方法

一、轻型桥台病害及成因

1. 柱式桥台病害及成因

(1)挡墙基础地基移位,带动柱式台身水平环向开裂

柱式桥台台身与柱式墩的不同之处在于,柱式台身需与挡墙一起承受台后填土传递来的侧向压力。但挡墙的基础埋深较浅且多为扩大基础,采用桩基础的柱式桥台,其基础刚度明显高于挡墙。即使柱式桥台采用扩大基础,其基底也往往比挡墙埋置得更深,刚度更大。当挡墙受到填土侧向力的作用时,挡墙地基或多或少会发生侧向位移。挡墙下地基发生向河心的位移后,该位置的柱式台身产生附加水平力。而上部结构对柱式台身产生水平约束,柱式台在水平推力的作用下产生靠河心侧的位移并形成水平环状裂缝(图 6-6-1)。

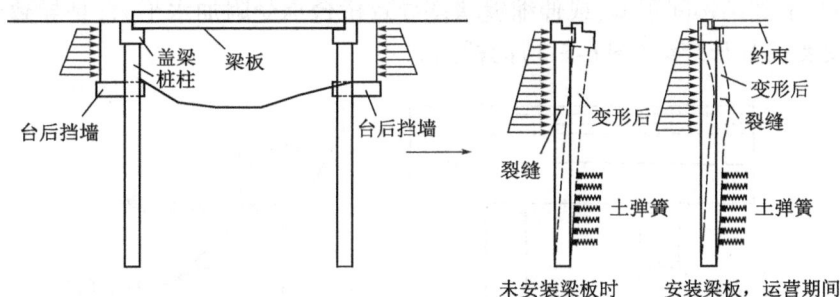

图 6-6-1　桩柱环向开裂过程示意图

(2)柱式台盖梁受土压力作用侧面竖向开裂

对受到土侧压力作用的柱式台盖梁而言,桩柱相当于盖梁的约束,在水平推力的作用下盖梁跨中侧面变形最大,当所受拉应力超过混凝土容许应力时会产生裂缝(图 6-6-2)。

(3)违规堆载导致柱式台身开裂、柱顶与盖梁相接处开裂

柱式桥台属轻型桥台,施工顺序要符合设计规定,以防因附加力过大产生病害。建成后违规堆放在桥台附近的积土也会对桥台产生附加土侧压力,致台身开裂。如果桥址处为软基,软土给桩基的水平力推动桥台向河心位移,上部结构对桥台的约束限制位移的发展,柱顶与盖梁连接处也会开裂。

(4)上部结构与台背间顶紧,致柱式台身环向开裂

桥台伸缩缝处背墙与上部结构顶紧时,上部结构挤推背墙的力会给桩柱向路堤的弯矩,亦会诱发柱身环向裂缝。

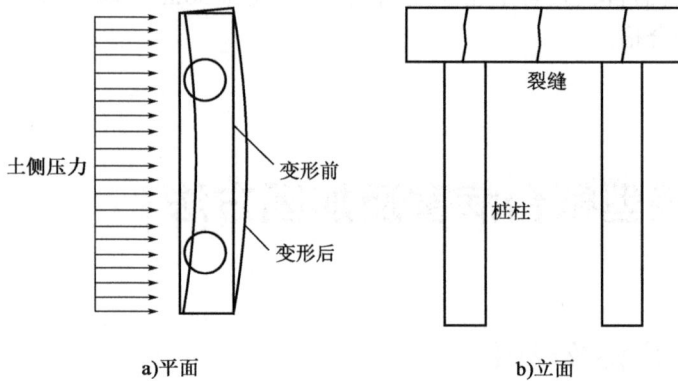

a)平面　　　　　　　　　　　　　　　b)立面

图 6-6-2　柱式台盖梁开裂示意图

（5）支座损坏、失去功能，导致台身环向水平开裂

桥台处支座损坏、失去滑动变形能力，或者缺失、完全失去作用时，上部结构在温度变化时不能自由变形，对台身产生附加水平力，致台身环向开裂。

2. 肋式桥台病害及成因

肋式桥台前的溜坡将台身埋置在土中，溜坡中的填土可平衡一部分台后土压力，肋式台身受到的土侧压力要小于柱式台身。由于肋式台身仅在溜坡顶面露出很少的一截，台身病害很难在外观检查中得知。肋式桥台常见病害及原因如下：

（1）背墙与上部结构间顶紧，或伸缩缝堵塞导致桥台承受附加水平力，是导致肋台产生自河心向路堤发展成 U 形裂缝（图 6-6-3）的诱因。

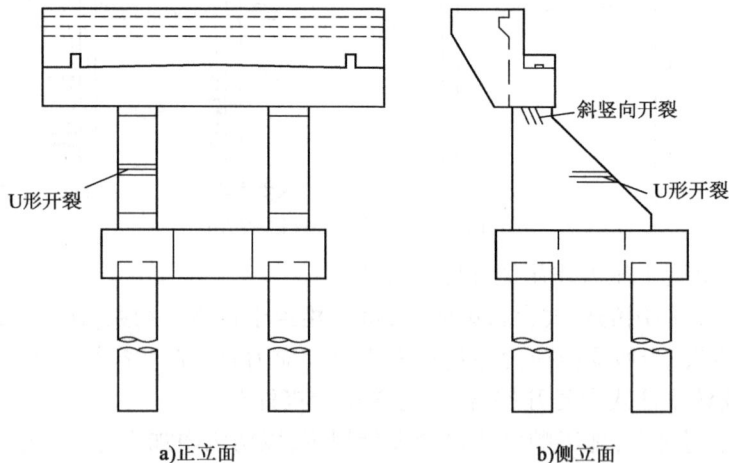

a)正立面　　　　　　　　　　　　　　b)侧立面

图 6-6-3　肋式台顶面斜竖向开裂及 U 形开裂立面示意图

（2）与柱式台身相比较，肋式台身与台帽相接的断面更小，在受到汽车荷载作用时，产生应力集中现象，这在桥头欠平顺、桥头跳车产生的冲击力较大时更明显。处于这种情况下的桥台，易在肋式台顶面产生自上而下发展的竖向裂缝或斜竖向裂缝。

（3）地基承载力不足导致桥台基础不均匀沉降，也会使各受力薄弱面开裂。

二、轻型桥台加固方法

1. 柱式桥台加固方法

前面已经提到,柱式桥台台身因受到土侧压力作用会产生与柱式墩不同的病害。因台后填土及挡墙的存在,柱式桥台台身的加固技术与桥墩亦有不同。比如,柱式墩身常用的粘贴碳纤维布法和增大截面法的加固技术,不适用于柱式台身。柱式桥台可以采用的加固方法如下。

(1)支撑梁加固法

对于跨径比较小的不通航桥梁,可以采用设置钢筋混凝土支撑梁的加固方法。支撑梁一般设在承台位置,但需注意支撑梁应平均分布,配筋也需重新验算。如果支撑梁集中设置,受力太集中,反而会破坏承台自身。支撑梁加固柱式桥台示意图如图 6-6-4 所示。

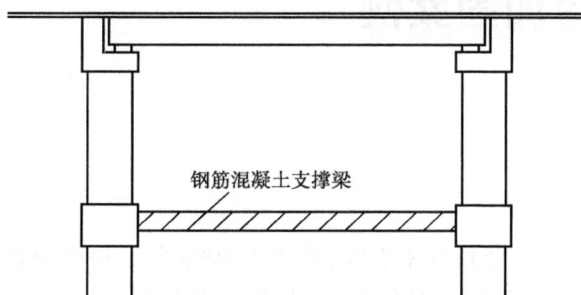

图 6-6-4　支撑梁加固柱式桥台示意图

(2)改为锚碇板式桥台

对位于城镇区域、有通航要求、不能占用桥孔空间的桥梁,可以尝试将柱式桥台改为锚碇板式桥台,如图 6-6-5 所示。锚碇板式桥台有分离式和结合式两种形式。分离式是台身与锚碇板、挡土结构分开,台身主要承受上部结构传来的竖向力和水平力,锚碇板设施承受土压力。结合式的锚碇板结构与台身结合在一起,台身兼做立柱和挡土板。

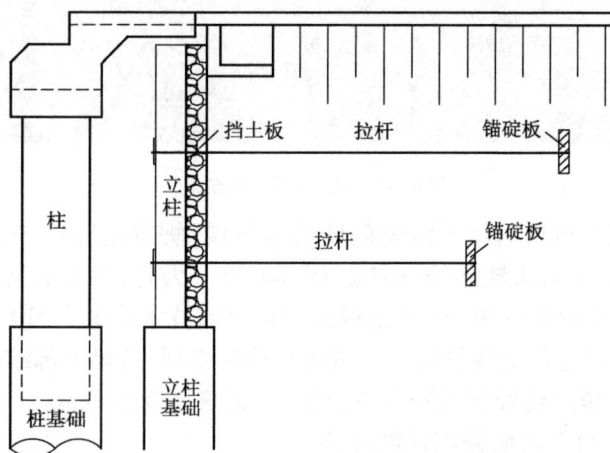

图 6-6-5　改为锚碇板式桥台加固示意图

（3）扩孔加固

有条件的地方可以采用扩孔的方式进行加固，通过增设小跨径桥孔，即增加桥长的方式，直接减小台后填土高度，从而减小土压力。同时对新增桥台台后采用新型回填材料，如泡沫混凝土等。

2. 肋式桥台加固方法

肋式桥台被埋置在溜坡填土中，可观察到病害的部分只有外露在溜坡顶面的局部范围。有时为了扩建桥梁，需挖除溜坡填土，这时可以进一步观察到肋板身是否存在病害。经检查存在病害的部分，可采用增大截面法和环向粘贴碳纤维布法提高受压构件承载力。

单元七 桥台加固案例

一、工程背景

枫树中桥（图6-7-1）位于金竹乡宋水线，建成于1988年。桥梁全长53.0m，实测桥面净宽为净—6.05m（行车道）+2×0.5m（安全带）。上部结构为1m×16m实腹式砌石板拱，下部结构为扩大基础配U形桥台加桥台后座。原设计荷载等级为汽车—15级，挂车—80。

图6-7-1　枫树中桥立面全景

2009年9月，乐安岸桥台后座下游侧侧墙局部坍塌［坍塌范围约5m×7m（高×宽）］，并导致台座上桥面混凝土板局部悬空（图6-7-2、图6-7-3）。为此，有关单位对桥梁进行了全面检测，得到总体技术状况评分Dr=38.6，评估枫树中桥目前技术状况为四类桥梁（差的状态），需进行大修或改造，并及时进行交通管制。经过详细检测发现，桥梁下部结构还存在以下病害：

（1）主拱圈顺桥向裂缝延伸至乐安岸桥台前墙，裂缝宽度为1cm。

（2）乐安岸U形桥台下游侧侧墙局部外移。

（3）金竹乡岸桥台上、下游侧砌石挡墙均有垮塌现象，且下游侧砌石挡墙顶部与桥台侧墙间已经脱开。

（4）局部桥台侧墙勾缝砂浆脱落。

图 6-7-2　乐安岸桥台下游侧侧墙局部坍塌（一）

图 6-7-3　乐安岸桥台下游侧侧墙局部坍塌（二）

二、施工方案及实施过程

枫树中桥地处山区，是当地村民往来县城的唯一通道，不可完全中断交通，封闭施工；架设便桥、便道的成本太高，当地财政状况不允许。在这样的条件下，用浆砌片石修复已坍塌侧墙后，采用钢筋混凝土框架配合对拉锚杆加固成了唯一选择。

桥台加固措施如下：

（1）用浆砌片石重新砌筑已倒塌的乐安岸桥台后座下游侧侧墙。

（2）在两岸桥台侧墙间逐个水平钻孔并逐孔穿设 PVC 管后，设置对拉普通钢筋锚杆并压浆，再按设计尺寸在桥台侧墙表面设置钢筋混凝土网格，最后安装钢板并旋紧螺母、浇筑混凝土封端。钢筋混凝土框架一般构造图及钢筋构造图如图 6-7-4 和图 6-7-5 所示。

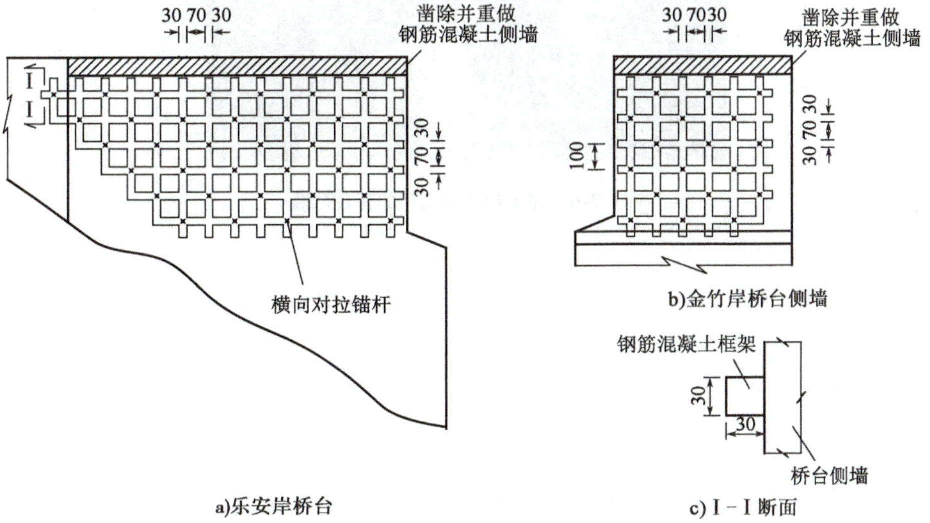

图 6-7-4　两岸桥台设置钢筋混凝土框架配对拉锚杆一般构造图（尺寸单位：cm）

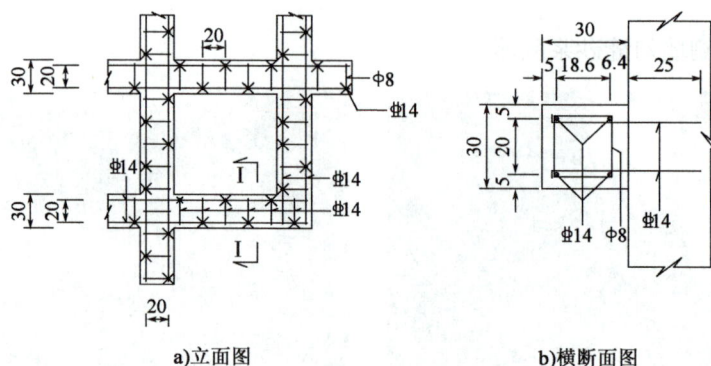

a)立面图　　　　　　　　　b)横断面图

图 6-7-5　钢筋混凝土框架钢筋构造图(单位:钢筋直径 mm,其余 cm)

（3）桥台前墙裂缝采用灌浆法修复后,在裂缝两侧锚固骑缝钢筋,控制裂缝宽度继续扩展,并对主拱圈进行加固。

（4）凿除并重做支撑在桥台侧墙上的整体式钢筋混凝土盖板。

三、实施效果

可以以实施前后的照片、静(动)载试验结论、桥梁养护(加固)前后的技术状况等级评定等(以上均可)描述实施效果。

完成加固施工后的桥台侧墙如图 6-7-6 所示。

图 6-7-6　完成加固施工后的桥台侧墙

模块七
MODULE 7
桥梁基础与地基常见病害及常用加固方法

学习目标

知识目标

(1)熟悉桥梁基础主要病害特征及成因。

(2)掌握增大截面加固基础的常用施工方法及要点。

(3)掌握增补桩基础加固基础的常用施工方法及要点。

(4)掌握微型钢管桩加固基础的常用施工方法及要点。

(5)掌握水下玻璃纤维套筒加固基础的常用施工方法及要点。

(6)掌握注浆法加固地基的常用施工方法及要点。

技能目标

(1)能实施增大截面加固基础的施工。

(2)能实施增补桩基础加固基础的施工。

(3)能实施微型钢管桩加固基础的施工。

(4)能实施水下玻璃纤维套筒加固基础的施工。

(5)能实施注浆法加固地基的施工。

单元一 基础病害特征

一、扩大基础病害特征

刚性扩大基础一般设置在承载力较大的地基上。早年修建的桥梁也有通过

基础病害
特征

插打松木桩挤密地基,使地基承载力满足要求后,再修建扩大基础的。扩大基础常见病害及成因如下。

(1)基底被局部淘空产生不均匀沉降,引发竖向裂缝。

基底在岩层上的扩大基础一般较少出现问题,但基底在土层和经过松木桩挤密的地基层上的刚性扩大基础,因采砂、河床变迁或长年自然冲刷等,被局部淘空后会产生不均匀沉陷(图7-1-1),通常基础靠近上游侧的淘空情况更加严重。沉陷后的基础会产生自下向上的裂缝,或产生肉眼可见的倾斜,若不及时处治,任其发展,桥梁会有坍塌的危险。如果桥梁采用的是实体式墩、台身,基础产生的裂缝会发展至墩、台身(图7-1-2)。

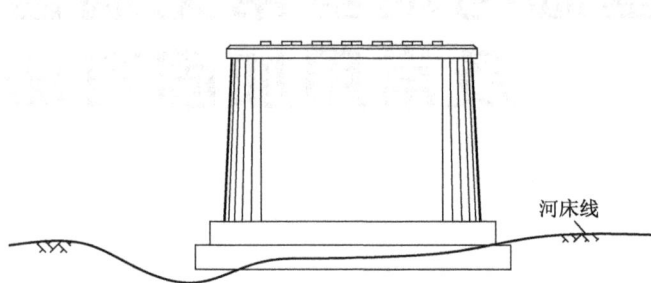

图7-1-1 基础被局部淘空图示

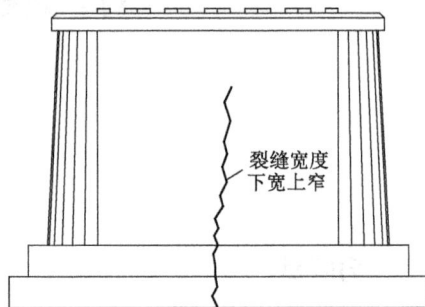

图7-1-2 因基础不均匀沉陷开裂图示

(2)超载导致地基沉陷,基础不均匀沉降。

运营期桥梁负荷超过原设计荷载等级后,地基承载力不能满足使用要求,将产生沉陷、基础不均匀沉降的病害。

(3)流水冲蚀,桥台基础上覆土或台后填土压力过大,导致基础产生滑移。

受流水频繁冲刷的影响,基础可能产生滑移。而由于河床变迁等原因,桥台前墙侧的上覆土减少,其对桥台产生的抗滑力减小,在台后填土的作用下,桥台基础将会滑移。台后填土过高或其含水率增加会导致在软土地基中的桥台基础受到的主动土压力增大,超过其抵抗能力,导致基础产生滑移和倾斜。

(4)基础外露后受到河水冲刷,易产生粗集料外露、圬工砌体基础砌缝脱落的病害。

二、桩基础病害特征

桩基础由桩身和承台,或桩身和地系梁组成。以下分别对两种类型的桩基础常见病害及原因进行分析。

1.桩身常见病害及原因分析

(1)桩身夹泥

成孔施工时,为防止孔壁坍塌需要采用泥浆护壁。在自下向上灌注混凝土的过程中,水泥浆向上返流,与桩身顶部混凝土夹杂在一起,需要将桩头部分混凝土凿除。而实际施工时有凿除不彻底的情况(图7-1-3)。在桥梁建成一段时间后,河床下切,使这部分夹泥的混凝土露出河床顶面,在水流冲刷下强度较低的部分被水流冲空,桩基础竖向受力主筋外露(图7-1-4),严重时危及桥梁及过往车辆、行人的安全。

图 7-1-3　桩头未完全凿除

图 7-1-4　桩头混凝土被冲空,钢筋外露

（2）持力层桩身缩短

违法采砂或河道自然变迁,致桩基础处河床线低于设计冲刷线后,摩擦桩实际承载力有可能不满足使用要求。对持力层强度要求较高的端承桩,即便桩底承载力不存在问题,也有可能由弹性桩变为刚性桩,需重新复核桩身承载力是否满足要求。

对于河床下切超过设计预估的桩基础,桩身过多地裸露在外的情况,桩基础在竖向荷载的作用下有发生失稳的可能。

（3）桩身受水流冲刷情况严重

在水流湍急且夹杂大量泥沙的河流中,桩基础经受水流长年冲刷,易出现桩身表面粗集料外露,甚至钢筋外露的现象（图 7-1-5）。

（4）桩身偏位

施工时放样存在误差,会导致实际桩位与设计值存在偏差,从而使桩基础外露（图 7-1-5）或缩径（图 7-1-6）。但为了能顺利安装已经预制好的上部结构梁段,仍按设计坐标浇筑柱身,柱与桩的中心线存在偏差,桩基础产生次生弯矩。

图 7-1-5　桩基础钢筋外露

图 7-1-6　桩基础缩径

（5）软土桩基可能发生的病害

软土地基土体的流动性很强,土与桩基础间的作用力较为复杂。当软土层产生塑性流动时,必将遇到桩基础的阻碍,使桩基础本身承受与地基侧向位移同向的水平力。当侧向作用力达到一定值时,桩基础将发生挠曲。而当侧向与竖向作用力及附加弯矩作用合力达到桩基础

187

的承载极限时,桩基础甚至有发生断裂的可能。

对桩基础施工与路基同步或提前的桥梁,病害往往在桥台填土施工完成不久后出现,或边

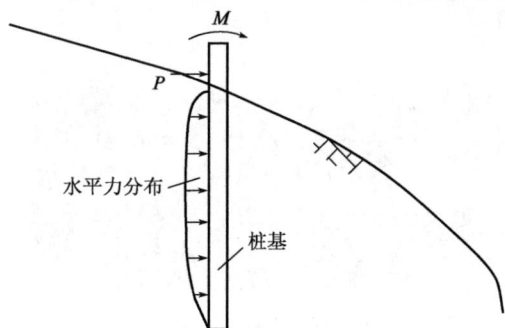

图 7-1-7 软土地基桥台桩基础受力示意图

填边出现。对杭甬高速公路试验路段桥梁附近的路基历时 270d 的观察发现,其水平位移值高达 49.96cm,其中有一天的水平位移量近 2cm。软土地基范围内桩基础所受荷载如图 7-1-7 所示。

2.承台(地系梁)常见病害及原因分析

承台是连接桩基础与墩身的构件,在《公路钢筋混凝土及预应力混凝土桥涵设计规范(JTG D62—2004)》(现标准号为 JTG 3362—2018)颁

布之前,相关标准没有专门对桩基础承台提出构造要求及计算规定,设计时对承台按扩大基础构造要求进行配筋。承台在使用一段时间后易出现竖向开裂等问题(图 7-1-8)。

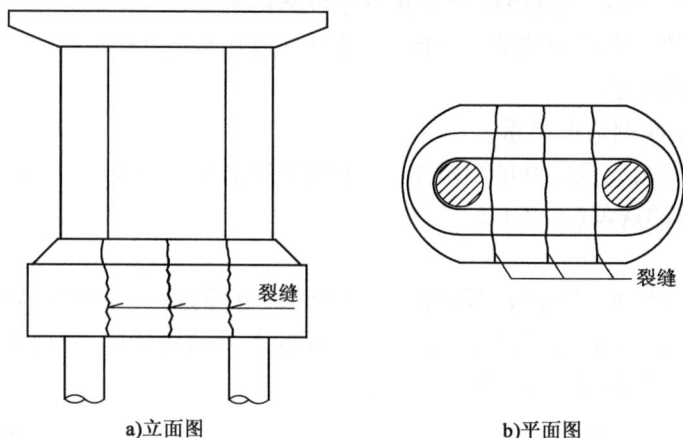

a)立面图   b)平面图

图 7-1-8 承台竖向开裂示意图

三、沉井基础病害特征

沉井基础常见病害及原因如下。

(1)沉井基础常用于深水中,与桩基础一样,在水流长年冲刷作用下,可能产生粗集料外露,甚至钢筋外露的病害。

(2)预制拼装沉井基础由各节段拼接而成,早年建成的桥梁因施工机械、测量设备等因素的局限性,在土中拼接的部分有可能存在对接偏差。桥梁在建成多年后河床下切,原本在土中的拼接接头露出河床,偏差处的缺陷暴露在外,长期经水流冲刷产生局部空洞(图 7-1-9)。

(3)与扩大基础类似,沉井基础也有可能产生河床下切过于严重,以致基底局部淘空的病害。

a)对接完好　　　　　　　　　b)因对接偏差，接缝处被冲空

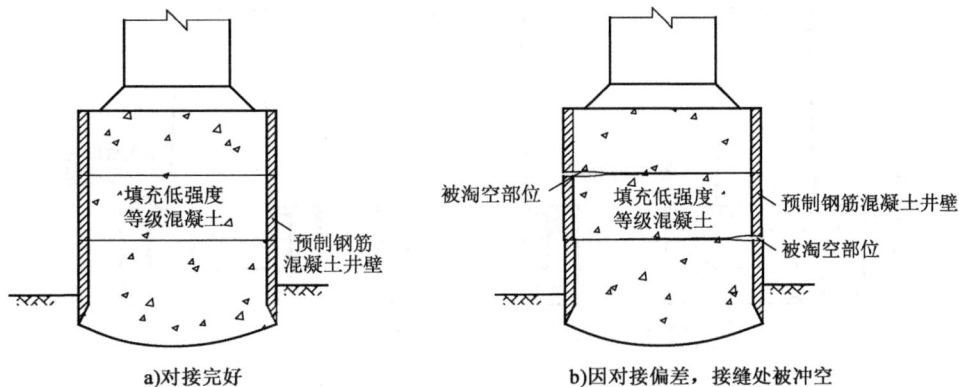

图 7-1-9　拼接偏差导致沉井基础病害示意图

❓ 思考题

1. 简述扩大基础病害类型及成因。
2. 简述桩基础病害类型及成因。
3. 简述沉井基础病害类型及成因。

单元二　增大截面加固基础法

一、增大截面技术加固（防护）扩大基础

1. 加固原理与适用范围

（1）用于提高基底承载力

在基础周边通过外包钢筋混凝土的方式增大基础截面（图 7-2-1），可减小基底应力，适用于地基承载力不足的情况。增大截面技术加固对砌体圬工基础、素混凝土圬工基础及钢筋混凝土基础均适用。外包钢筋混凝土与原结构间通过植筋相连。

（2）用于防止基底被水流淘空

水中扩大基础基底被淘空危及桥梁安全，可视实际情况在基础四周或局部外包素混凝土（图 7-2-2），延长基底被淘空的时间。外包素混凝土与原结构间不必通过植筋相连。

（3）需谨慎使用的场景

增大基础截面将压缩过水断面，原本过水不够的桥梁要谨慎选择该项技术。在山区的桥梁，大雨过后水流湍急，对原有扩大基础增大截面后，河床底面过水宽度越发狭窄，水流比加固前更快，河床快速下切。这时要在少雨季节配合采用河床铺砌方案。对不需河床铺砌的桥墩基础，亦应整平施工开挖出的坑洞。

（右侧二维码）增大截面加固基础法

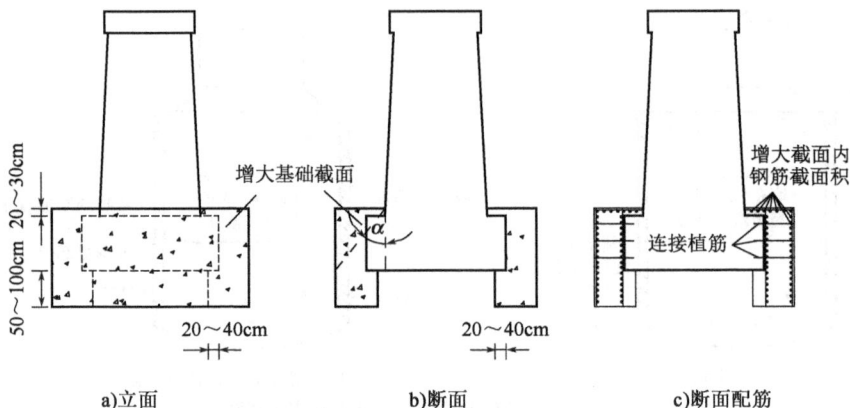

图 7-2-1　扩大基础外包钢筋混凝土构造图

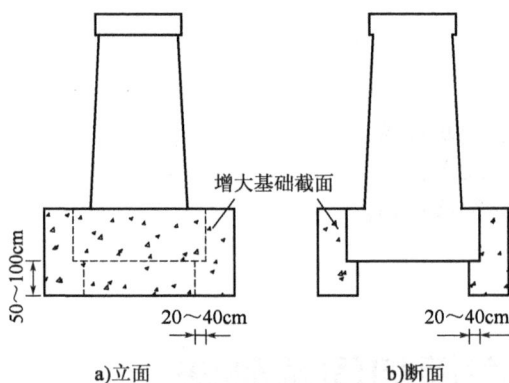

图 7-2-2　扩大基础外包素混凝土构造图

2. 设计要点

（1）构造尺寸

为预防河床在基础处局部下切导致基底淘空的情况发生（无论是为了增大基底承载力而外包的钢筋混凝土，还是单纯防止基底淘空外包的素混凝土），应当使新增截面底面比原基础底面深 50～100cm，且该部分宜嵌入基底 20～40cm。外包钢筋混凝土时，新增截面与原基础间通过植筋相连，且新、旧基础顶面宜设置钢筋混凝土，以防两者间因地基状况不完全相同而在连接处产生裂缝。

（2）刚性角要求

为增大基底承载力，外包钢筋混凝土时，要注意使加固后的扩大基础满足刚性角要求。基础的刚性角限值可按下列数值取用：对砖、片石、块石、粗料石砌体，当用 M5 以下砂浆砌筑时，$\alpha_{max} \leqslant 30°$；当用 M7.5 以上砂浆砌筑时，$\alpha_{max} \leqslant 35°$。混凝土浇筑时，公路桥梁 $\alpha_{max} \leqslant 40°$，铁路桥梁 $\alpha_{max} \leqslant 45°$。对原砌体坞工基础增大截面加固时，加固后基础按砌体坞工取刚性角限值。

（3）分块要求

增大截面内如果有钢筋，且要求新、旧结构间植筋连接，通常会选择干法施工。对水中基础需要围堰后抽水，抽水时作用在基础底面的浮力会减小直至消失，施工要密切注意基础是否发生沉降。增大截面内如果没有钢筋，可在围堰后适当抽水再浇筑水下混凝土。施工时为尽量避免开挖基础四周河床时扰动地基,导致桥墩、台侧倾或出现不均匀沉降,应当分块施工,即逐个开挖逐个浇筑。

二、增大截面技术加固桩基础

1. 加固原理与适用范围

增大截面技术加固桩基础是指在无水的状态下,对桩基础露出河床的部分外包钢筋混凝土,以增大截面,达到提高外露桩身强度和刚度的目的。增大截面技术适用于桩基础表面严重冲刷部分的修复、外露桩身表面缺陷修复,也可用于桩头缺损处修复后的局部加强。

2. 设计要点

增大截面技术修复桩基础表面冲刷严重部分时,仅需对缺陷处外包钢筋混凝土即可,内置单层构造钢筋网,外包混凝土厚度≥20cm,混凝土保护层符合规范要求。

外露桩身表面缺陷修复(含桩头缺损处局部修复)时,外包钢筋混凝土范围应当覆盖缺陷区最外边缘,并延伸至桩基础完好部分50~100cm。配置新增部分截面的钢筋时应当不计原结构内钢筋的作用,按照受力要求经计算确定。

3. 施工要点

与新建桥梁相比,因桥梁结构已经在水中,施工驳船在河中行驶时障碍物较多,对桩基础外包混凝土施工时尤其注意不能碰撞、损伤原结构。搭设施工平台时要充分利用已有桥梁结构,这也是增大截面技术加固桩基础不同于新建桥梁的方面。

(1)施工工艺流程

无水状态下对外露桩基础部分或全部增大截面施工工艺流程如图7-2-3所示。

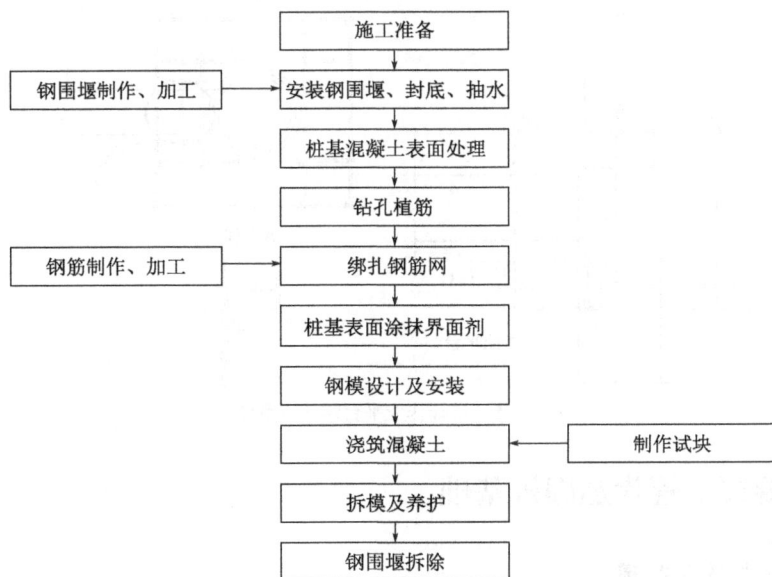

图7-2-3 桩基础增大截面施工工艺流程图

（2）施工平台的搭设

搭设施工平台要充分利用已有结构，以减少造价。一般桩基础直径较墩柱大，可利用桩、柱连接处的台阶作为支点设置抱箍式悬挑梁，再往下悬吊作业平台。

①设置悬挑梁

水中墩处的施工平台采用钢板制作成弧形箍板，用工字钢梁与箍板进行焊接，每根钢梁上下端各焊接一个限位块，且与侧板成45°夹角，与箍板焊接，箍板与钢梁连接阴角处焊接1cm厚钢板作为牛腿支撑。每块箍板两侧采用钢板对侧板与箍板焊接，侧板与箍板两侧连接处焊接10mm厚加劲板。每块侧板上钻孔，并采用高强度螺栓将两块箍板与立柱箍紧。箍板悬臂安装完后，设置4根钢梁斜支撑，以保证安全可靠及满足承载力要求（图7-2-4）。

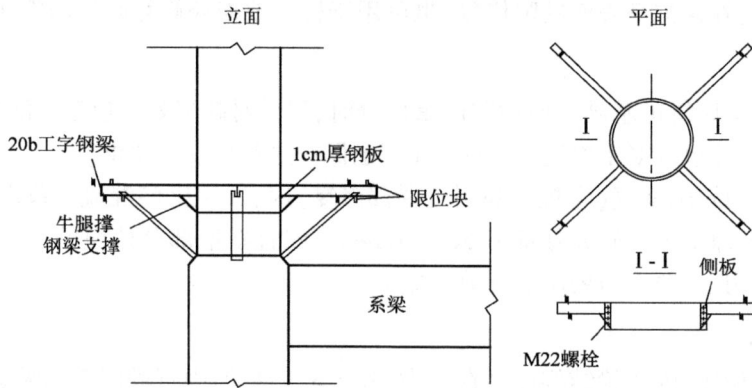

图7-2-4　箍板悬臂梁结构示意图

②设置活动工作平台

在安装好的箍板悬臂梁上安装手拉葫芦，租用驳船先搭建好作业平台，运输至该部位后利用葫芦吊挂脚手架，从而形成一个活动的水上作业平台（图7-2-5）。

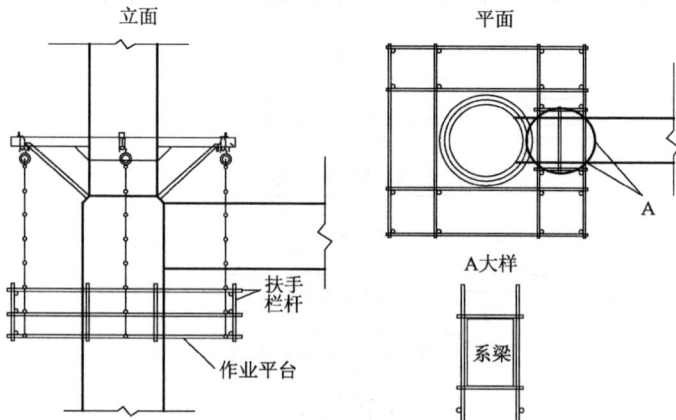

图7-2-5　吊挂作业平台结构示意图

三、预制混凝土管片加固桩基础

1. 加固原理与适用范围

预制混凝土管片快速拼装加固水下桩基础是利用建筑工业化的思维，将工厂化制作的高耐久性预制混凝土管片围绕待加固结构表面进行拼装,作为临时模板和结构附加增强层,然后在拼装体与待加固结构之间的空隙内设置钢筋网片或高强钢丝等增强材料,并灌压填充材料,以确保各个部件共同参与受力的一种加固技术。在管片拼装的过程中采用高强钢丝绳或钢绞线等对管片进行环向预紧,提高管片拼装的密实性、整体性及环向约束效果,进一步提升加固性能。

预制混凝土管片作为结构附加增强层,可以达到良好的耐久性及抗冲刷加固效果,能够大大改善待加固结构的承载能力和变形能力。

2. 施工要点与质量保证措施

(1)施工工艺流程

预制混凝土管片快速拼装加固水下桥墩技术施工工艺流程为施工准备→水下桩基础表面处理→设置增强材料(钢筋网片或高强钢丝)→拼装预制混凝土管片→浇筑水下不分散材料→拆除临时设施,具体如图7-2-6所示。

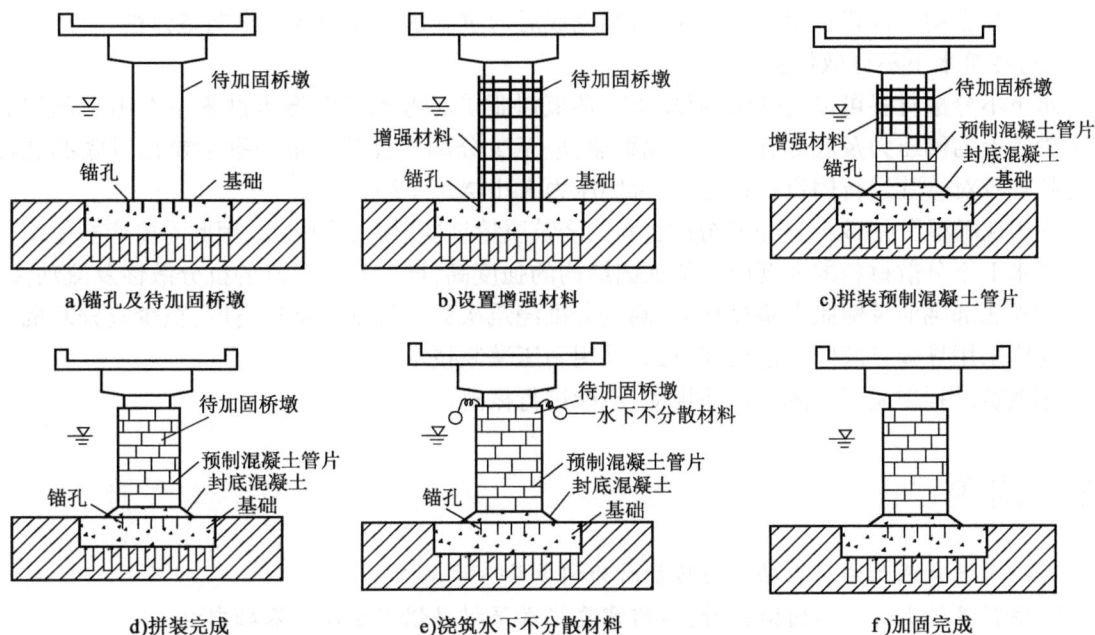

图7-2-6 预制混凝土管片加固桩施工工艺流程图

(2)桩基础表面处理

对水下桩基础进行表面处理时,应派潜水员用钢丝刷清理表面剥落、疏松、蜂窝、腐蚀等劣化混凝土及附着的其他杂物,对原结构光滑的表面进行凿毛处理,必要时应在接触面上植入抗剪连接筋,并对河床表面进行整平处理。

(3)设置增强材料

按照加固目标的要求,设置相应的增强材料,如抗弯加强筋、抗剪加强筋等。增强材料可以是钢筋、钢丝网、纤维增强复合材料筋或网格等。其中,抗弯加固应在承台或基础顶部设置纵筋锚孔,抗剪加固的增强材料应做成封闭式。

（4）拼装预制混凝土管片

拼装预制混凝土管片的作用主要体现为：a. 灌浆时作为模板,加固结束后作为结构附加增强层；b. 凭借其外部预紧钢丝绳的约束作用,提高被加固构件的力学及变形性能；c. 以其可靠的质量保障水下桥墩具有良好的抗冲刷等耐久性能。在其制作与拼装过程中应注意以下几点：

①采用高精度的管片模具,确保预制混凝土管片制作的精度。

②应选用密实性能较好的混凝土,在浇筑及养护过程中,管片外表面不允许有裂缝及蜂窝等缺陷。

③加强管片纵、横向连接节点的设计,节点强度应大于管片本身强度。

④安装时纵向采用错缝拼装的方法,用竖向定位杆进行临时固定和定位；在拼装底部第一节管片时,其定位质量的好坏对后续管片的拼装以及加固质量都有较大影响,需要严格控制；为防止后续灌浆过程出现漏浆,在管片拼装过程中应注意对接缝处的密封处理。

⑤采用预应力技术进行环向预紧,预紧力的大小及间距应合理设计,以提高管片环向的闭合性及整体性为目标。

⑥管片纵向宜设置贯通的穿筋孔,拼装完成后通过施加预应力提高纵向整体性。

（5）浇筑水下不分散材料

水下不分散材料可以是砂浆、混凝土或环氧树脂等。考虑到在浇筑过程中作用于预制混凝土管片上的侧压力及底部有可能出现翻涌,应至少分两批浇筑。第一批主要是对底部进行封底处理及对管片进行固定；后续批次视侧压力大小浇筑至结束。

作为现场湿作业部分,水下不分散材料的浇筑质量直接影响加固效果,因此需要严格把关：

①水下不分散材料的强度应比待加固结构的强度高,同时具有良好的抗分散性及流动性。

②视底部翻涌及侧胀力验算结果,确定分批浇筑次数及每批次浇筑高度,至少应分两批。

③应采用导管自底向上连续浇筑,宜采用高压灌浆技术。

④浇筑过程中应尽量减少外部扰动,不能进行振捣。

？思考题

1. 采用增大截面法对基础进行防护时为何需要分块施工？

2. 预制混凝土管片加固墩柱时,为何需要将增强材料锚固至原有基础内？

单元三　增补桩基础加固基础法

增补桩基加固基础法

一、加固原理与适用范围

增补桩基础加固技术是在原有基础的周围补加钻孔桩或打入钢筋混凝土预

制桩,并扩大原承台,将承台与桩顶连接在一起,以提高基础承载力和稳定性,如图 7-3-1 所示。增补桩基础加固基础法适用于需要提高承载力和稳定性的基础加固,如需提载或拓宽的桥梁、桥址所在处河床下切情况严重的桥梁、基底有软弱层的桥梁等。

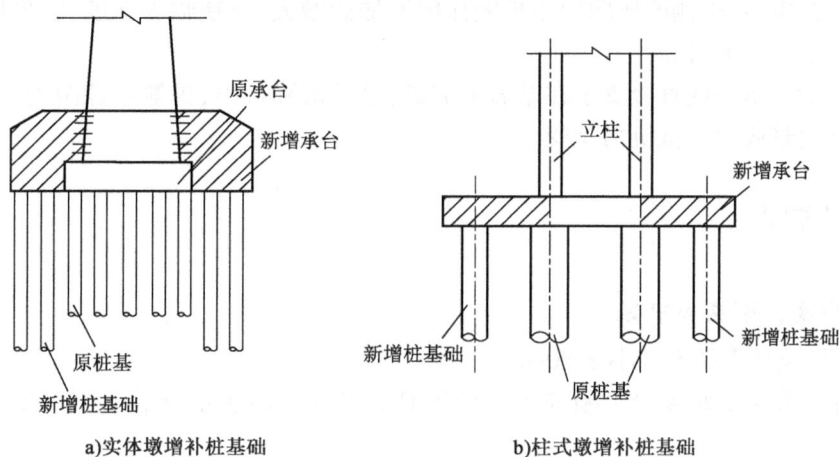

a)实体墩增补桩基础　　　　　　　　　b)柱式墩增补桩基础

图 7-3-1　增补桩基础加固示意图

1. 适用条件

对单排架桩式桥墩采用打桩(或钻孔灌注桩)加固时,如原有桩距较大(4~5 倍桩径),可在桩间插桩;如原有桩距较小且通航净空允许缩小,可在原排架两侧增加桩数,成为三排式墩桩。

当桥台的竖向承载力不足时,一般可在台前增加一排桩并浇筑盖梁,以分担上部结构传来的压力。打桩(或钻孔桩)时可利用原有桥面做脚手架,在桥面上开洞插桩。增设的盖梁可单独受力,也可连接在一起,使旧盖梁、旧桩及新桩一起受力。

在对一些结构良好的老桥采用增补桩基技术时往往受桥下净空影响,不能满足常规机械的空间要求,此时可利用老桥的上部结构自重,以手动大吨位千斤顶将预制桩无振动无噪声地压入土中。压入桩的承台与施工反梁合二为一,既作为静压施工传递上部恒载的反梁,又为加固的桥墩提供一个使新、旧桩基共同受力的承台。

2. 不利影响

(1)增加的桩基会引起河床过水断面面积减小,水流速度加大,加剧原有桩基础的冲刷。

(2)通航净跨由于增加桩基而缩小。

(3)在桩间加桩时,桩基中距较小会对桩基的承载力有一定影响。

(4)基础的整体性由于新、旧桩基及承台的连接,较新建桥梁有所降低。

3. 力学特点

桥梁荷载通过桩基础传递给地基,垂直荷载一般由桩底土层抵抗力和桩侧与土产生的摩擦阻力共同承担,水平荷载一般由桩和桩侧土的水平抗力来承担。地基土的分层和物理力学性质,及桩的尺寸、桩在土中的方向都会影响桩的受力状态。以桩的受力来区分,增补桩基加固法常采用摩擦桩和端承桩两种形式。

摩擦桩主要依靠桩侧土的摩擦阻力支承垂直荷载,桩底土层抵抗力也支承部分垂直荷载。摩擦桩在设计范围内总是桩周摩擦阻力首先充分发挥作用,而这时桩尖阻力仅占很小一部分。桩侧极限摩擦阻力的大小不仅与桩侧土层和成桩工艺有关,而且与桩的入土深度有关。当桩入土超过一定深度后,桩侧摩擦阻力不再随深度增加而增大,呈现临界深度,临界极限摩擦阻力大约在25m深度处产生。

端承桩一般专指桩底直接支承在基岩上的桩,桩的沉降甚微,桩侧摩擦阻力可忽略不计,全部垂直荷载由桩底岩层抵抗力承受。

二、设计要点

1. 桩的构造、布置和中距

(1)钻孔桩设计直径不宜小于80cm。

(2)混凝土强度等级,对于钻孔桩不应低于C15,水下混凝土不应低于C20;对于打入桩不应低于C25。

(3)钢筋混凝土沉桩的桩身钢筋应按运输、沉入和使用各阶段内力要求通长配筋,桩的两端及接桩区的箍筋或螺旋筋的间距需加密。

(4)加桩和原桩可对称布置。

(5)采用摩擦桩时,钻孔灌注桩中距不得小于成孔直径的2.5倍,打入桩在桩尖处的中距不得小于桩径(或边长)的3~4倍,且在承台底面处的中距均不得小于桩径(或边长)的1.5倍。

(6)采用端承桩时,桩基中距不宜小于桩直径(或边长)的2.0~2.5倍。

(7)边桩外侧与承台边缘的距离,对于直径(或边长)>1m的桩,不得小于0.3倍桩径(或边长)并且不小于50cm。

2. 新、旧承台间的联系

加桩时,可以扩大原有承台尺寸或在原承台上再加一层新承台,把上部传来的荷载通过新承台传递到新桩。为使上部荷载由墩身很好地传递给新建承台,可在新建承台与既有承台接触范围内,将原承台凿成锯齿状剪力键,设置钎钉(图7-3-2);也可采用植筋法连接新、旧承台,即通过植入的钢筋承担和传导弯矩及剪力,并使新、旧混凝土形成有机整体,达到扩大原承台尺寸的目的。

为加强新、旧混凝土的结合,应把原承台蜂窝或空洞等缺陷部分尽可能凿除,并对新承台下的新增桩基顶面进行凿毛处理,使之露出新鲜混凝土,让混凝土表面保持湿润、清洁。在完成以上工作后,立即在钢筋及其周围的混凝土上涂抹一层水泥浆液或其他界面剂,把水泥浆液或界面剂仔细地刷进混凝土,并均匀地刷到钢筋上,在水泥浆液或界面剂涂抹尚

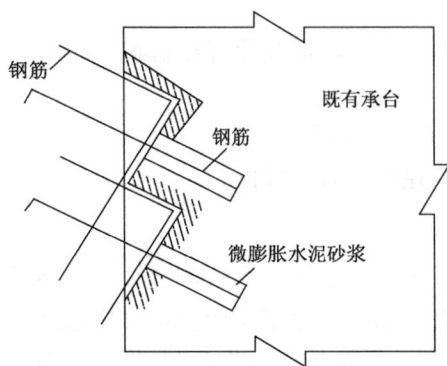

图7-3-2 混凝土承台连接剪力键示意图

钢筋

钢筋

既有承台

微膨胀水泥砂浆

未凝固时立即浇筑新的混凝土。

3. 计算要点

《桥梁检测与加固手册》给出了弹性状态下单桩及群桩承载力和加桩沉降量计算公式,但没有考虑新、旧桩基础相互作用的影响。有条件时可通过数值分析考虑这一问题,以保证足够的安全系数。另外,在进行新增桩基础施工时,原基础会因扰动产生沉降,设计时要充分考虑这一点。

三、施工要点及周边环境保护措施

1. 施工要点

(1)增补桩基础加固基础法的选择应综合考虑原桩基深度、地基类型、原桥结构高度等因素,以减小施工对原结构的破坏。

(2)在对钻孔清孔排渣时,必须保持孔内水头高度,防止坍塌。

(3)施工过程中应对原桥的沉降、位移进行观测。

(4)增补静压桩应考虑压桩对邻近桩基以及地面隆起的影响。若影响过大,应采取可靠措施予以消除。压桩架应保持竖起,锚固螺栓的坚固应均衡,并应一直保持坚固状态。就位的桩节应保持竖起,使千斤顶、桩节及压桩孔轴线重合,不得偏心加压。整根桩应一次连续压到设计高程。当中途必须停止时,停压的时间间隔不宜超过24h。同一基础压桩施工应对称进行,不应数台压桩机在一个独立基础上同时加压。压桩应以压力控制为主,以桩长控制为辅。压桩达到设计荷载后应持压稳定30min。

(5)灌注桩施工应符合《公路桥涵施工技术规范》(JTG/T 3650—2020)的规定。

2. 周边环境保护措施

(1)弃土弃渣

①严禁将弃渣堆在既有基础附近,以免使原基础承受设计以外的附加荷载。

②避免在雨水汇流量大、冲刷严重的地方弃土弃渣。

③避免将弃渣场选在桥址的上游地段,防止雨水将弃渣冲到下游,影响桥梁的正常使用。

(2)泥浆

①禁止将废弃泥浆倾倒在旧桥基础附近,以免泥浆下渗至地基,降低地基稳定性。应当采用重力沉淀法进行泥浆处理,即在储罐外围设计大容量沉淀池,让泥浆中的钻渣靠自身重力沉淀,形成含水率较大的浓稠状,最后采用槽罐车运出场地。

②施工前,在储罐外围设置大容量储浆池储备轮换泥浆,施工过程中保持泥浆的性能指标。

③施工阶段,制订周密的废浆钻渣清运计划,包括:废浆钻渣的日产出量和处理方式;按每日需运出的废浆钻渣量安排运输车辆;落实废浆钻渣弃置场地;运输过程中防止泄漏的措施等。

④施工时,及时清理泥浆循环沟、泥浆池,将符合外运的废泥浆和废渣运离施工现场。

⑤分区域施工,各区域施工完成后应立即对现场进行处理,挖除泥浆循环沟和泥浆池,恢复场地并铺设素混凝土垫层。

思考题

1. 简述增补桩基础提高基础承载力的适用范围。
2. 为提高新、旧承台间的连接，可采取哪些措施？

单元四 微型钢管桩加固基础技术

一、加固原理和适用范围

微型钢管桩
加固基础法

1.微型钢管桩构造及特点

（1）构造

《建筑地基处理技术规范》（JGJ 79—2012）规定，微型桩是指用小型设备在土中形成的直径不大于300mm的树根桩、预制混凝土桩、钢管桩，可以竖向布置，也可以斜向布置。微型钢管桩以钢管为劲性骨架，内部灌注水泥浆并放入细石，形成复合桩体。为防止钢管桩在压入或打入过程中变形，可在钢管内部设置钢筋骨架。

（2）特点

①微型钢管桩的显著特点是直径小、强度高。

直径小带来的优点是：a.所需施工机械简单，小型设备即可满足要求，适合既有桥梁下部空间受限的情况；b.对既有基础的扰动小，施工更安全；c.排土量小、施工效率高、所需施工平台小、造价低；d.在原有基础表面钻孔设置钢管桩时，可避开原钢筋，对原结构损伤小。

桩身强度高的优点是：a.桩身承载力大，承受水平力能力高；b.耐冲击性能好，下桩更容易、更高效。

②桩身以钢管为劲性骨架，在现场只需径向接长，与绑扎大直径桩钢筋笼相比，施工速度快。当实际地质情况与勘察结果不一致时，可现场快速调整桩长，尤其适合支撑面起伏较大的情况。

③可在钢管表面钻孔形成花管，灌浆的同时填充地基下溶洞，实现溶洞区桩基础加固。

2.适用范围

微型钢管桩的受力机理与桩基础类似，适用于淤泥质土、黏性土、粉土、砂土和人工填土，具体情况如下：

（1）对原扩大基础顶面或桩基础承台顶面钻孔，设置微型钢管桩，起到与原有基础共同受力的作用（图7-4-1）。为使微型桩与原结构形成整体，在原基础或承台顶面现浇钢筋混凝土，微型桩伸入其中，并与新增钢筋连成一体。现浇钢筋混凝土与原基础间通过植筋连接。

立面　　现浇钢筋混凝土

微型钢管桩

平面

微型钢管桩

a)原扩大基础下增设微型桩

立面　　现浇钢筋混凝土

微型钢管桩

平面

微型钢管桩

b)原承台下增设微型桩

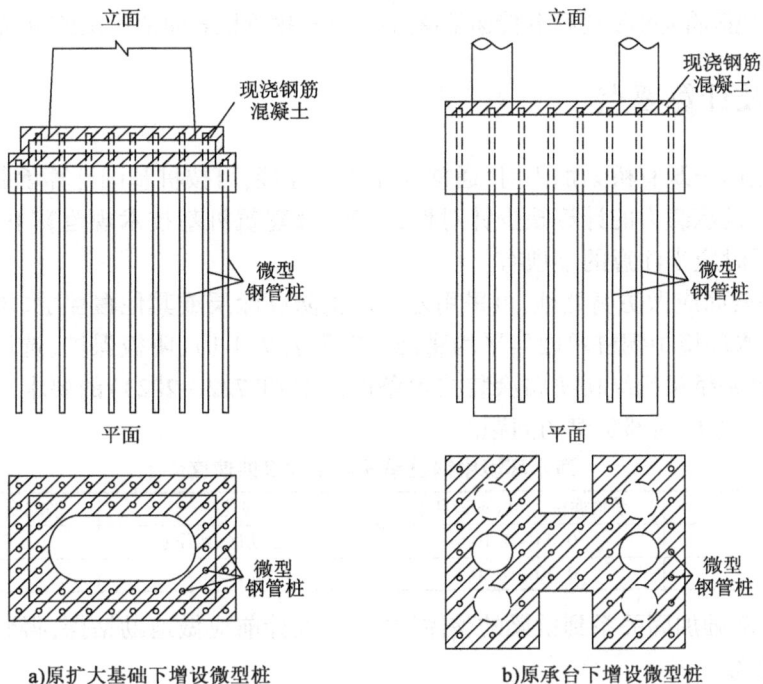

图 7-4-1　在原基础下方增设微型钢管桩

（2）在基础新增截面下方设置微型钢管桩（图 7-4-2），使基础新增截面的自重由微型钢管桩来承受。

（3）在新增承台下方设置微型钢管桩（图 7-4-3）。微型钢管桩与原桩基础共同承受上部结构传递下来的荷载。

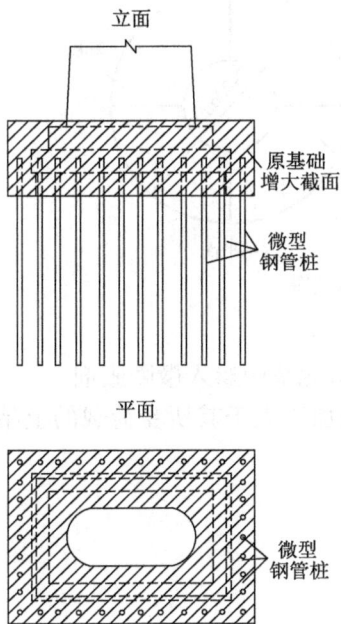

立面

原基础增大截面

微型钢管桩

平面

微型钢管桩

图 7-4-2　扩大基础新增截面下设微型桩

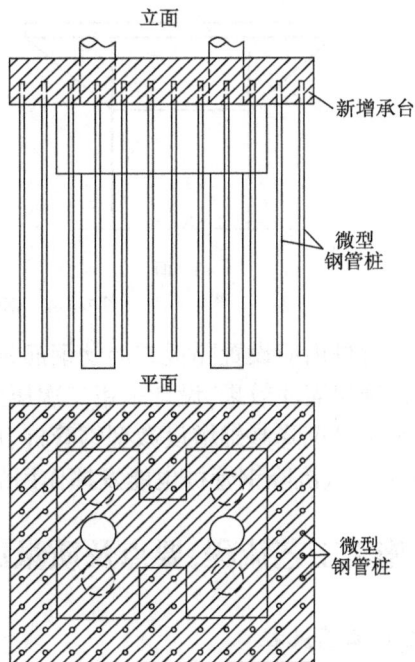

立面

新增承台

微型钢管桩

平面

微型钢管桩

图 7-4-3　新增承台下设微型桩

（4）在溶洞地区将基础所受荷载传递至持力层，并在钢管桩表面钻孔，起到填充溶洞的作用。

二、设计及计算要点

微型钢管桩用于既有桥梁加固时，通常与原结构连接，可按桩基础计算承载力。公路行业规范中有关钢管桩承载力的计算缺少针对性，可参考《建筑桩基技术规范》（JGJ 94—2008）的相关规定。设计时应当注意的事项有：

（1）钢管桩表面应做防腐处理，可采用外壁加覆防腐涂层或其他覆盖层、增加管壁预留腐蚀裕量厚度（海水环境中钢桩单面年平均腐蚀速度见表7-4-1）、阴极保护、选用耐腐蚀钢种等方法，并符合《公路桥梁钢结构防腐涂装技术条件》（JT/T 722—2023）的要求。钢管桩内部灌注水泥浆时，可不考虑内部防腐的问题。

海水环境中钢桩单面年平均腐蚀速度　　　　　　　　　　　　表7-4-1

部位	平均腐蚀速度（mm/年）	部位	平均腐蚀速度（mm/年）
大气区	0.05~0.10	水位变动区、水下区	0.12~0.20
浪溅区	0.20~0.50	泥下区	0.05

（2）考虑到基础加固关系到桥梁的整体性安全，设计前应做地勘钻探，得到钢管桩与周边土的摩擦阻力系数。

（3）微型钢管桩应当与原基础或原承台顶面现浇混凝土内钢筋，以及基础增大截面内钢筋或新增承台混凝土内钢筋，通过焊接的方式连接，两者共同受力。为了使钢管桩与钢筋间的连接面更多，可在钢管顶部安装顶板（图7-4-4），也可在钢管四周焊接喇叭形（与竖直线夹角大约为15°）螺纹钢筋。

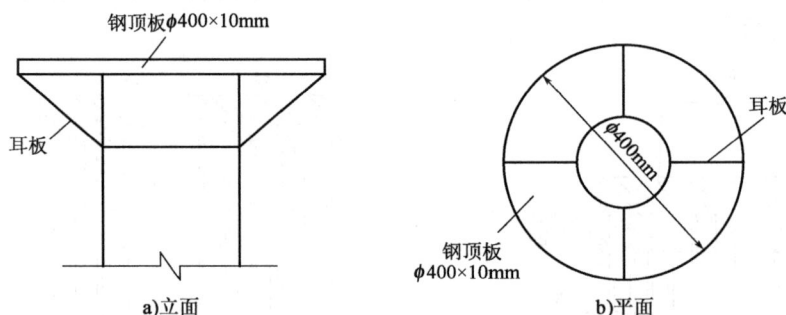

图7-4-4　钢管桩上设钢顶板构造图

（4）钢管桩内应设置隔板或加劲钢筋笼。

（5）为确保灌注效果，设计采用二次压浆工艺，并在水泥浆中掺入微膨胀剂。

（6）对于已沉降基础增设微型钢管桩，可对钢管桩施加不大于其所受荷载的上抬力，达到无须原基础再次沉降钢管桩也能发挥作用的目的。

三、施工工艺流程、要点及质量保证措施

1.施工工艺流程

为避免对既有桥墩、台地基产生扰动，建议采用成孔后安放钢管的方式施工。为使钢管桩

与地基间有效贴合,建议采用二次注浆工艺。施工工艺流程为搭设施工平台→埋设套管护筒→套管护壁造孔或泥浆护壁造孔→一次清孔→安放钢管→下注浆管→二次清孔→一次注入水泥砂浆→下钢筋笼→下碎细石→二次注入水泥砂浆→重复前两步→完成。

为避免施工扰动原地基,应逐桩施工,并做好施工监测工作。

2. 施工要点及质量保证措施

(1)钢管制作

受施工场地限制,并为加快施工进度,建议使用成品钢管桩。钢管桩分段长度视桥下操作空间确定。钢管桩管节外形尺寸、相邻管节的管径允许偏差、相邻管节对口板边允许偏差均应符合《公路桥涵施工技术规范》(JTG/T 3650—2020)的要求。

(2)钻机就位及成孔

按照《建筑地基处理技术规范》(JGJ 79—2012)的规定,根据不同土质选择适当的钻机及成孔方式。孔位偏差控制在 ±1/6 桩径,钻孔垂直度偏差控制在 ±1%。钻进至设计深度应取出岩层芯样鉴定。

(3)清孔

一次清孔时应根据孔口出浆情况控制注水压力,清至孔口涌出清水为止。

(4)安放钢管

钢管桩下放到孔底后,用重锤击实,确保钢管穿透沉渣,达到设计深度。

(5)灌注水泥浆,放入细碎石

采用孔底注浆法施工,即水泥浆体从微型钢管桩底部溢出,在钢管与钻孔壁之间形成水泥固结体,以握裹钢管,防止钢管锈蚀,增强钢管与孔壁土之间的黏结。具体注意事项如下:

①可用锤击的方式确保注浆管放置到孔底。

②一次注入水泥砂浆时压力宜为 0.25 ~ 0.50MPa,水泥砂浆水灰比宜为 0.45 ~ 0.50。

③待孔口反浆时放入最大粒径不超过 20mm 的细碎石。

④在第一次注浆初凝以后、终凝以前注入纯水泥浆,注浆压力宜为 1 ~ 2MPa,纯水泥浆水灰比宜为 0.55 ~ 0.65。

⑤注浆时管口应位于浆面 5m 以下。

⑥在一般的裂隙岩层中灌浆,多数情况可在 1 ~ 3h 内结束灌浆,单位耗浆量通常不超过 100 ~ 200kg/m。然而,有时会出现大量吸浆不止、灌浆难以结束的情况,其主要原因是地层的特殊结构条件促使浆液从附近地表冒出,或沿着某一固定的通道流失。大吸浆量地层可按以下原则进行处理:

a. 降压。用低压甚至用自流式灌浆的方式,待裂隙逐渐充满浆液,浆液的流动性降低后,再逐渐升高压力,按常规要求进行灌浆。

b. 限流。限制注入率为 10 ~ 15L/min,以减小浆液在裂隙里的流动速度,促使浆液尽快沉积。待注入率明显减小后,将压力升高,使注入率基本保持在 10 ~ 15L/min 的水平,直至达到灌浆结束标准后结束灌浆。

c. 浓浆灌注。采用最稠的水泥浆(一般为 0.5:1.0)进行灌注。

d. 加速凝剂。在最稠的浆液(一般为 0.5:1.0)中掺入水玻璃、氯化钙等速凝剂。

e. 灌注水泥砂浆。根据灌注情况,掺砂量可以按水泥重量的 10%、20% 、…100% 逐步增加,砂的粒径也可逐渐变粗。将砂浆搅拌均匀后,用砂浆泵灌注。

f. 间歇灌浆。在灌注一定数量水泥浆或灌注一定时间后,停止灌浆一段时间。每次间歇之前,灌浆量及灌浆时间根据地质情况、灌浆目的确定。间歇时间通常为 2~8h。

（6）施工监测

施工时对原基础做好沉降、原墩（台）身偏位情况等做好监测工作,确保施工时桥梁主体结构的安全。

（7）施工验收

①一般检验项目:施工验收应提供施工过程有关参数、原材料力学性能检验报告、留置数量及制作养护方法、混凝土和砂浆等抗压强度试验报告、钢管和钢筋笼制作质量检验报告,还应进行桩顶高程和桩位偏差等项目的检验。

②专项检验项目:参考《建筑地基处理技术规范》（JGJ 79—2012）的要求,微型钢管桩完整性宜采用低应变动力试验进行检测,检测桩数不少于总桩数的 10%,且不少于 10 根。采用静载试验检验微型桩竖向承载力,检验桩数不少于总桩数的 1%,且不少于 3 根。

思考题

1. 简述微型钢管桩加固桩基础施工流程。

2. 在水下采用微型钢管桩提高基础承载力与采用钢筋混凝土灌注桩相比,其优势在哪里?

单元五 水下玻璃纤维套筒加固技术

一、加固原理、技术特点与适用范围

水下玻璃纤维
套筒加固法

1. 加固原理

水下玻璃纤维套筒加固技术又称"夹克法",是根据墩柱和桩基础的尺寸,在工厂加工好防腐蚀的玻璃纤维套筒,并保证玻璃纤维套筒与原结构之间有一定间隙。进行加固施工时,需要潜水员在水中把玻璃纤维套筒套在破损的墩柱或者桩基础上,再灌注高强度水下环氧灌浆料,即可完成主要的修复工序。施工快捷方便,无须搭设围堰及排水作业。它的基本概念是采用一个永久性、高强度的套筒来保护结构,可抵抗盐碱、腐蚀性污染物、干湿循环和冻融循环的破坏;多用途氢酯环氧灌浆料可牢固黏结到结构表面。水下玻璃纤维套筒加固技术由于采用了对水不敏感的配方,可在潮湿或有水的环境中使用,在水下完成自流平和固化。与常规的围堰后增大截面加固相比,水下玻璃纤维套筒加固技术通过潜水员直接进行套筒的连接安装以及灌浆材料的施工,且施工方便,成本相对低廉,为桥梁的墩柱及桩基础维修加固提供了一套全新的解决方案。

2.技术特点

水下玻璃纤维套筒加固技术主要有以下三大特点:

(1)防腐性。环氧灌浆料为高分子聚合物,有高度的防腐蚀作用,可应对海水腐蚀。由于玻璃纤维套筒对化学反应的惰性,可抵抗各种化学制剂,耐酸、耐碱。

(2)水下施工。环氧灌浆料为独特配方设计,在水下施工仍有超强、紧密的黏结力;水中施工时可自流平,不离析,特别是可在水下施工,而不需要搭建围堰及排水,是一种省时、省工、省钱的防护技术。

(3)耐久性。水下玻璃纤维套筒加固技术可抵抗气候循环所引起的干湿、冷热、冻融等交互作用,以及水流、海洋潮汐、废水、电解等持续性或间歇性的腐蚀作用,耐久性特佳。

3.适用范围

自20世纪70年代由美国应用于马里兰州 BEAR CREEK BRIDGE 大桥的桥墩加固以来,此技术至今已在欧美地区广泛应用。该项技术自2012年引入国内市场以来得到了广泛认可,其案例主要分布于桥梁、码头中涉水的墩柱和桩基础的病害加固,其解决的病害主要有海水环境中的钢筋外露、混凝土剥落,以及淡水环境中河流冲刷造成的桩基露筋、墩柱缩径,码头中船只撞击造成的病害等。

二、主要材料

水下玻璃纤维套筒加固系统配套的材料有玻璃纤维套筒、环氧灌浆料、水下环氧封口胶、水下环氧封顶胶、不锈钢钉、紧固带、可压缩密封条等(图7-5-1)。

下面以某品牌水下玻璃纤维套筒加固系统为例进行介绍。

1.玻璃纤维套筒

FX-80 GFJ 玻璃纤维套筒是由玻璃纤维和聚合树脂材料加工而成的,其中,聚合树脂中有稳定剂以防止紫外线照射老化。FX-80 GFJ 玻璃纤维套筒的抗拉强度由特选的玻璃纤维为保障,防腐性能优越(抗海水和化学制剂)。其技术参数见表7-5-1。

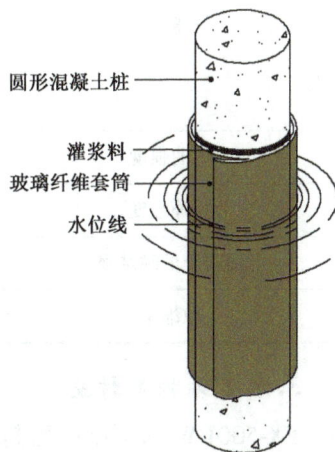

图7-5-1 水下玻璃纤维套筒加固示意图

圆形混凝土桩
灌浆料
玻璃纤维套筒
水位线

FX-80 GFJ 玻璃纤维套筒技术参数　　　　　　表7-5-1

参数	技术要求
规格	可提供圆形、方形、H形、矩形,或根据项目要求特殊定制
颜色	灰色、半透明色,或根据要求定制
厚度	3~6mm
吸水率	≤1%

参数	技术要求
极限抗拉强度	≥105MPa
抗弯强度	≥170MPa
弯曲弹性模量	≥4800MPa
巴氏硬度	45±5

2. 多用途水下环氧灌浆料

FX-80MP 多用途水下环氧灌浆料是一种对湿气不敏感的 100% 固形物环氧灌浆料。它的配方经过特殊设计,集料经过专门制造选配,可在水下固化,并具有极佳的流动性、高强度和低吸收性。FX-80MP 具有长适用期,可以水下泵送或人工灌注作业,施工时不需要围堰及排水。其技术参数见表 7-5-2。

FX-80MP 多用途水下环氧灌浆料技术参数　　　　表 7-5-2

项目	时间(d)	数值
抗压强度	1	24.8MPa
	3	41.4MPa
	7	54.5MPa
	28	68.3MPa
弯曲强度		20MPa
拉伸强度	7	11.7MPa
与混凝土的黏结强度	7	17.2MPa
收缩率		0.07%

3. 水下结构密封胶

FX-500UW 水下结构密封胶是一种 100% 固形物,对湿气不敏感且无流挂,属于环氧树脂黏合剂,非常适用于对竖直和顶部表面进行修复,黏结强度高,可黏在潮湿或干燥表面上,不会干缩,对油类、污水及腐蚀性水具有极佳耐受性。其技术参数见表 7-5-3。

FX-500UW 水下结构密封胶技术参数　　　　表 7-5-3

项目	数值	项目	数值
抗压强度	56MPa(7d)	抗压弹性模量	2800MPa(7d)
黏结强度	15MPa(7d)	收缩率	0.045%
拉伸强度	18MPa(7d)	吸水率	1%
延伸率	3.5%	适用期	40min

三、施工要点及质量控制措施

1.施工流程

水下玻璃纤维套筒系统加固工艺流程为水下查勘测量→水中原桩基础(或墩柱)表面凿毛→工厂定制玻璃纤维套筒和灌浆料→工厂至现场物流运输→水下安装玻璃纤维套筒及封底→水下安装导流管→灌浆料搅拌→灌浆料灌注→灌浆料套筒内自流平→灌浆料水下凝固→水下封口胶封口→水下养护。

2.施工工艺及质量控制措施

(1)由专业的潜水员对每根桩基础作表面处理。桩基础加固前应先清除表面水生物,然后对表面混凝土凿毛。凿毛深度视情况而定:如混凝土表面出现裂缝,应凿至主筋部位,除去钢筋表面的锈迹,再用高压水枪冲洗;如混凝土表面完好,一般凿除深度2cm左右即可,再用高压水枪冲洗;如钢筋有锈蚀的宜先用钢丝刷进行除锈。

(2)水下安装玻璃纤维套筒及封底。玻璃纤维套筒现场确定尺寸后由厂家预制生产,运到现场后检查尺寸,验收合格后方可使用。

①在套筒的锁扣槽内注入低模量氢酯环氧胶。

②将套筒撑开并包裹桩基础(或墩柱)。根据不同项目,套筒的长度应在损坏区域上、下各延长46~61cm。

③使用紧固带临时固定套筒,待所有安装完成后再卸下紧固带。

④每隔15cm,使用不锈钢自攻螺钉紧固套筒锁扣处。

⑤使用可压缩密封条封住套筒底部。安装底部25mm厚可压缩密封条,此处桩基与玻璃纤维套筒之间不允许有空隙。结构物表面如有较大缺陷,须提前采用环氧修补胶修复后再进行玻璃纤维套筒安装。

(3)水下安装导管。将直径不小于110mm的PVC管垂直固定于原基础上,管子上口可露出水面并连接进料口,下口连接带切斜口并固定于原基础和套筒之间的导流器。

(4)灌浆料搅拌。根据设计要求按配料比进行混合,然后用低速钻头和搅拌叶板搅拌2min。搅拌至均匀,应刮到侧面和底面以确保彻底拌和。拌和后立即泵送或灌注。

(5)灌浆料灌注。灌浆料灌注分两种形式:一种是混凝土泵车泵送,另一种是人工灌注。灌注环氧灌浆料15cm后封底暂停,等待封底灌浆料固化后继续灌注环氧灌浆料,直至一个节段玻璃纤维套筒灌满。

①人工灌注。人工灌注的步骤比较简单,只要将搅拌好的灌浆料装入手提式料筒,再由工人将料筒内的料匀速地倒入进料口即可。

②混凝土泵车泵送。泵车就位地点应平坦坚实,周围无障碍物,上空无高压输电线。泵车不得停放在斜坡上。泵车就位后,应支起支腿并保持机身的水平和稳定。当用布料杆送料时,机身倾斜度不得大于3°。就位后,泵车应打开停车灯,避免碰撞。

(6)灌浆料套筒自流平及固化。将灌浆料注入套筒,这种氢酯环氧灌浆料具有极佳的流动性、低吸收性和水中絮凝功能,所以灌浆料灌注至原基础与套筒间隙内会自流平,将水全部排出并填满。灌浆料水下固化至少 8h。

（7）水下封口胶封口。在套筒顶端用低模量氢酯环氧胶建个斜坡，进行顶部密封。等全部施工完成后方可拆除紧固带。

（8）水下养护。施工完成后需进行水下养护，养护时间不少于 7 天。

?思考题

1. 简述水下玻璃纤维套筒加固基础的适用场景。
2. 采用水下玻璃纤维套筒加固基础与采用增大截面法加固基础相比，其优、缺点分别是什么？

单元六 基础加固案例

一、工程背景

潭寺大桥（图 7-6-1）位于 G320 国道的某市境内，建成于 1995 年。大桥全长 456.26m，上部结构为 5 跨 30m 预应力混凝土简支 T 形梁，下部结构为双柱式墩配桩基础及肋板式桥台配桩基础。大桥原设计荷载等级为汽车—20 级，挂车—100，桥面净宽为净—9m（行车道）+2×1.5m（人行道）。大桥通航等级为Ⅵ级。

图 7-6-1 潭寺大桥立面全景

2010 年对全桥进行了现状技术状况检测评定，总体状况评分 $D_r = 39.0$，评定为四类桥梁，应当进行大修或改造，并及时进行交通管制。大桥下部结构病害如下：

（1）部分桥墩盖梁在悬臂端上部和盖梁中间下部出现了竖向裂缝，裂缝宽度为 0.05 ~ 0.20mm（图 7-6-2）。

a)5号墩盖梁上饶侧

b)5号墩盖梁鹰潭侧

c)5号墩盖梁顶面

d)5号墩盖梁底面

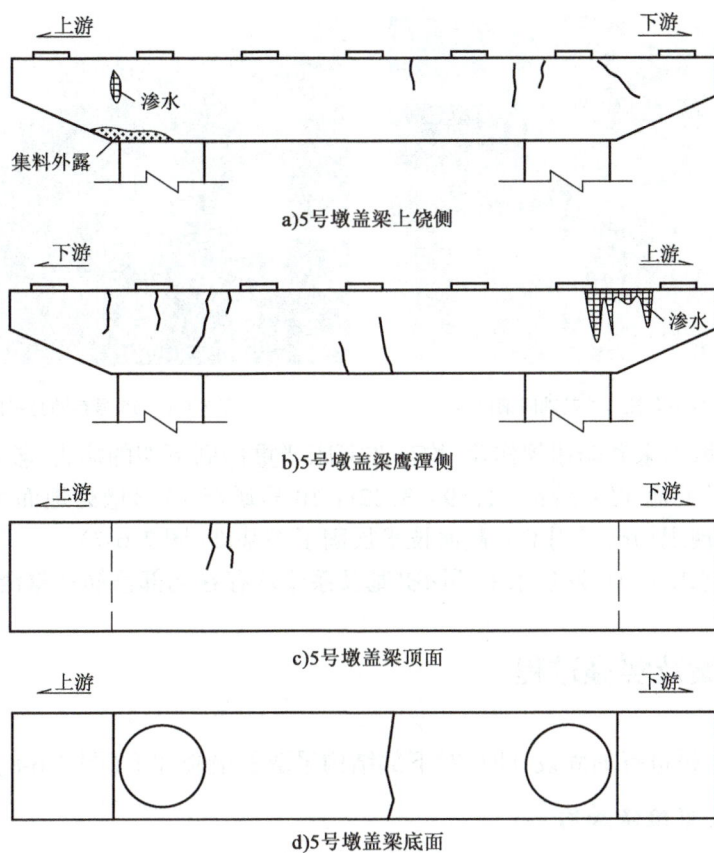

图 7-6-2　桥墩盖梁开裂典型示意图

（2）部分桥墩墩柱环向开裂,裂缝宽度为 0.2mm(图 7-6-3)。

（3）4 号墩墩柱与系梁间开裂,缝宽达 1.5mm,且墩柱和桩基础中心线偏差过大(图 7-6-4、图 7-6-5)。

图 7-6-3　桥墩墩柱环向开裂　　　　　　图 7-6-4　4 号墩墩柱与系梁连接处开裂

（4）15 号台肋身斜向开裂,台帽露筋锈蚀,且溜坡顶部的砌石已缺失(图 7-6-6)。

图 7-6-5　4 号墩墩柱与桩基础间偏位

图 7-6-6　15 号台肋身斜向开裂

（5）水中各桥墩因采砂船违规作业，均存在河床严重冲刷下切的病害，较原设计地面线相比，4 号墩至 7 号墩处地面线下降了 1.59～3.32m，10 号墩至 13 号墩处地面线下降了 0.88～3.27m。检测时发现现场已采用增大截面技术加固了桩基础（图 7-6-7）。

（6）通过派人水中探摸，发现水中桥墩桩基及系梁均存在局部箍筋外露锈蚀的现象。

二、施工方案及实施过程

2010 年底对大桥进行加固设计时，对下部结构采取的措施如下（图 7-6-8）。

1. 桥墩、台盖梁维修加固

对全桥各桥墩盖梁及桥台台帽上、下游侧均增设防震挡块。

2. 桥墩立柱及桥台肋身维修加固

（1）对 1 号和 2 号墩开裂部位用混凝土进行修复后，采用粘贴碳纤维布法进行加固。

（2）对 15 号桥台肋身外包钢筋混凝土加固其开裂部位。

3. 桥墩基础维修加固

（1）对 4 号桥墩桩基础及系梁进行外包钢筋混凝土加固。

（2）最低水位时，对 4 号桥墩、主河道的 11 号及 12 号桥墩桩基础分别单桩外包钢筋混凝土，并在外包混凝土外侧采用先堆砌袋装干拌混合料再压注水泥砂浆的方式减缓桥墩附近河床面下切的速度。

至 2011 年初，对大桥进行施工时，发现采砂船在桥址附近频繁违规作业导致主河道河床较检测时又下切了 1m 以上。故变更 11 号及 12 号桥墩桩基础加固，由单桩分别外包混凝土改为桩基础外包混凝土并增设桩间横隔板。为防止加固时自重增加过大，给地基传递的承载力超过了其容许值，配合设置微型钢管混凝土桩，并要求微型钢管桩打入较完整微风化红砂岩层不小于 1m（图 7-6-9～图 7-6-11）。

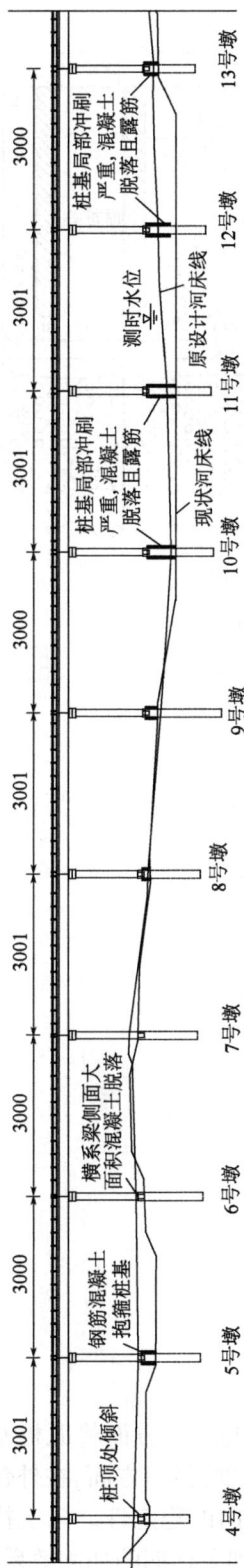

图 7-6-7 加固前河道内桩基础状况立面图 (尺寸单位: cm)

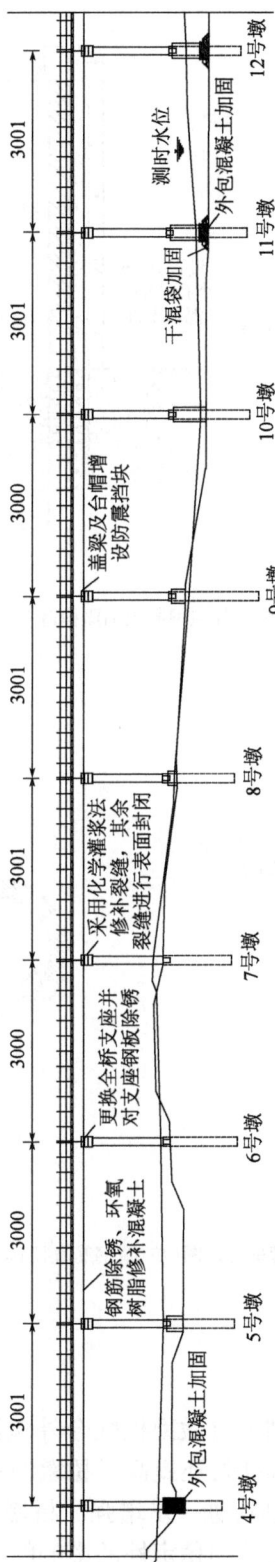

图 7-6-8 第一次加固设计河道内桩基础状况立面图 (尺寸单位: cm)

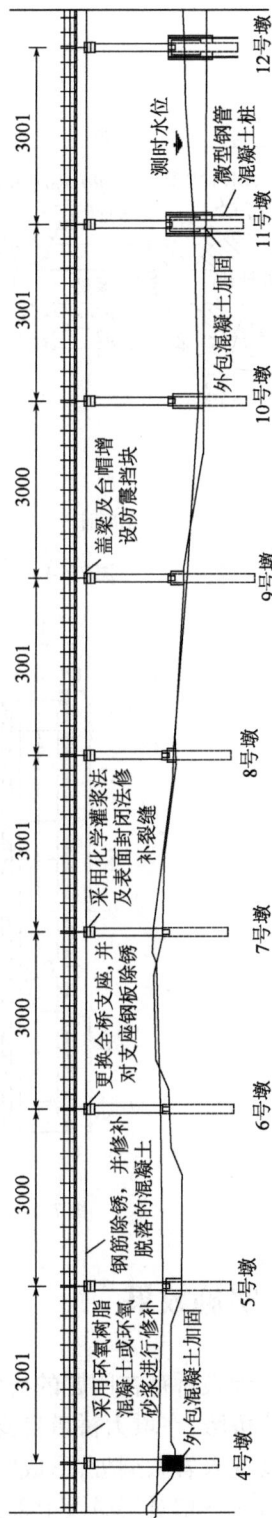

图 7-6-9 变更加固设计河道内桩基础状况立面图 (尺寸单位: cm)

209

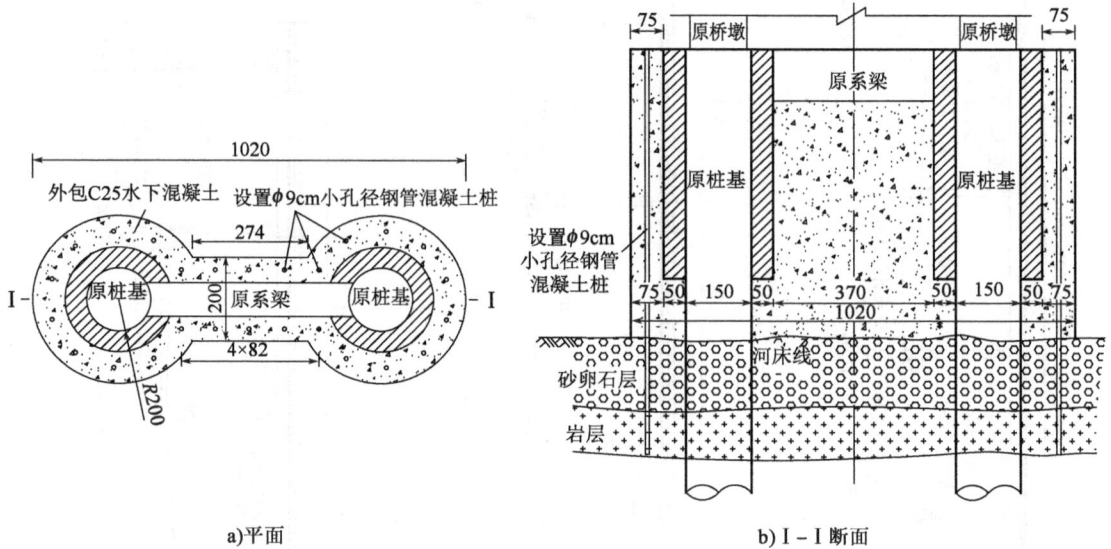

a) 平面   b) I-I 断面

图 7-6-10　微型钢管桩配合外包混凝土加固构造图(尺寸单位:cm)

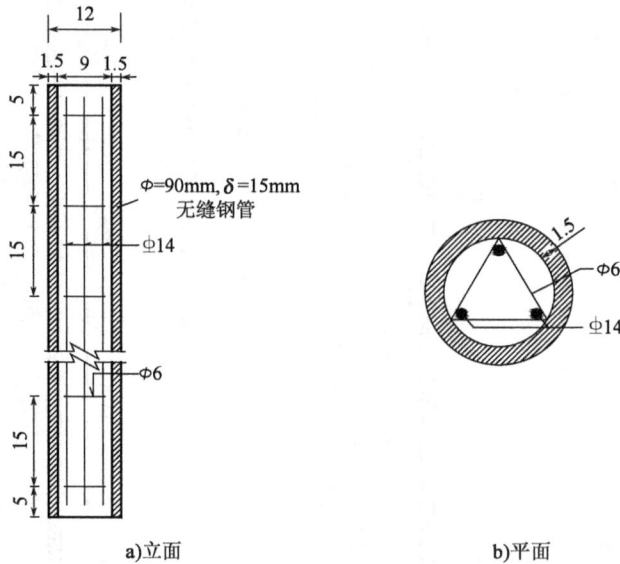

a) 立面   b) 平面

图 7-6-11　微型钢管桩构造图(单位:钢筋直径 mm,其余 cm)

三、实施效果

对潭寺大桥存在问题的桥墩及基础进行微型桩配合外包混凝土加固,一方面将原桩基外包为实体桥墩,在增大桥墩自身重力的同时,还提高了桥墩的强度和刚度;另一方面,在外包混凝土内设置入岩微型桩,形成"群桩"效应,进一步增强了桥墩的纵、横向的稳定性。以上措施解决了河床下切对桥墩及上部结构安全性和稳定性的影响的问题,达到了预期的加固效果。

单元七 注浆法加固地基

注浆法
加固地基

一、注浆法分类及介绍

目前常用的注浆法按常规可分为三大类,即静压注浆法、高压喷射注浆法和复合注浆法。

1. 静压注浆法

(1) 加固原理

静压注浆法利用液压、气压和电化学的原理,通过注浆管将能强力固化的浆液注入地层,浆液以充填、渗透、挤密和劈裂等方式,挤走土颗粒或岩石裂隙中的水分和空气后占据其位置。浆液固结后原来松散的土粒或裂隙胶结成一个整体,从而改变岩土体的物理力学性质。

(2) 工程特性

静压注浆法加固地基的优点是:浆液扩散范围大,对砂砾石、砂卵石地层注浆效果好,注浆固结体强度较高,注浆浆液全部进入地层,浆液利用率高。

静压注浆法加固地基的缺点是:注浆浆液可控性较差,易出现串浆及跑浆现象,浆液易流失到加固区域以外的地方,加固影响区域很难有效控制。在加固处理黏性土和粉细砂层地基时,浆液注入主要是靠挤密和劈裂方式,加固后注浆固结体强度较低且浆液扩散的均匀性较差,不能成桩体状。

(3) 适用土质范围

静压注浆法适用的土质范围是中粗砂及砂砾石、破碎岩石与卵砾石、软黏土和湿陷性黄土。

2. 高压喷射注浆法

(1) 加固原理

高压喷射注浆法利用高压射流切割原理,通过带有喷嘴的注浆管在土层的预定深度,以高压设备使浆液或水成为 20MPa 左右或更高的高压射流从喷嘴中喷射出来,冲击切割土体,当喷射流的动压超过土体结构强度时,土粒便从土体中剥离。一部分细小的颗粒随浆液冒出地面,其余土粒在喷射流的冲击力、离心力和重力的作用下,与浆液搅拌混合,并按一定的浆土比例和质量大小有规律地重新排列,浆液凝固后便在土中形成一个固结体。固结体是浆液与土以半置换或全置换的方式凝固而成的。

(2) 工程特性

高压喷射注浆法的优点是:加固地基时浆液在喷射切割土体极限范围之内固结,浆液可控性好,不易流失到远距离的加固区域外,以置换土体方式固结,固结体强度高。高压喷射注浆能定向、定位,可以形成连续的圆柱状旋喷桩体,且能直接承受上部荷载。高压喷射注浆法适

211

用的土质范围较大,在砂层中注浆效果尤佳。

高压喷射注浆法的缺点是:浆液只能在喷射破坏土体的极限范围之内固结,浆液扩散范围较小,有结石物或硬物阻碍时无法达到所需的加固范围。同时注浆浆液受喷射流动性的制约,水灰比较大,固结体收缩也较大。高压喷射注浆法对卵砾石地基及含有大纤维质的腐植土注浆效果较差。

常用的高压喷射注浆工艺有单管法、双重管法、三重管法。

(3)适用土质范围

高压喷射注浆法可处理的土体非常广泛。高压喷射注浆法除对淤泥、淤泥质土、粉土、砂土、素填土和碎石土等土质效果明显外,对流塑、软塑或可塑性黏土、黄土等一些特殊土质的处理效果也很显著。

3.复合注浆法

(1)加固原理

复合注浆法是将静压注浆法和高压旋喷注浆法进行时序结合,从而发挥两种注浆法各自优势的一种新型注浆法,即先采用高压旋喷注浆成桩柱体,再采用静压注浆增强旋喷效果,扩散加固浆液,防止固结收缩,消除注浆盲区。

(2)工程特性

复合注浆法能定向、定位、定深度,能形成连续的圆柱状旋喷桩体,且旋喷桩体顶部无收缩,并与原基础混凝土或桩身混凝土结合紧密,具有承载力较大和固结体强度较高的特点,且固结体强度可根据设计需要进行调节。其强度范围为 5~30MPa。与只用高压旋喷注浆形成的固结体相比,其各方面的性质都有显著提高。

(3)适用土质范围

复合注浆法可用于以下几种情况:

①加固处理持力层较弱的工程灌注桩。如设计所要求的坚硬持力层过深或施工时未达到坚硬持力层,可采用桩内预留孔或钻孔方式进行加固。

②有桩身质量问题的灌注桩,如桩身混凝土局部松散破碎、贯通性蜂窝、断桩等缺陷桩。

③需要扩底的预制桩。例如,在桩施工前向预定的桩底区域注浆可以大幅度提高桩的承载力,减小桩基础变形量。

④可用于桩底下软夹层、溶洞、溶沟、土洞的处理。

⑤对岩溶地区发现地基存在软夹层、溶洞、土洞等情况的桩基础,应用复合注浆法处理既简便又较经济,且加固效果可靠。

二、静压注浆法设计及施工要点

1.浆液种类

根据待加固地基土质的不同,静压注浆法可分为水泥灌浆法、硅化法和碱液法。

(1)水泥灌浆法适用于砂土和碎石土,也适用于黏性土、填土和黄土中的压密灌浆和劈裂注浆。

(2)硅化法分为单液硅化法(水玻璃)、双液硅化法(水玻璃、氯化钙)。对渗透系数为 0.1 ~ 2.0m/d 的粗颗粒土用单液硅化法;对渗透系数为 0.1 ~ 80.0m/d 的粗颗粒土用双液硅化法;对自重湿陷性黄土,宜采用无压力单液硅化法,以减少施工时的附加下沉。

(3)碱液法(氢氧化钠溶液)适用于处理既有构筑物的非自重湿陷性黄土地基。

2. 设计要点

(1)设计前的准备

设计前应查明加固土层的分布范围、含水率、土的颗粒级配、地下水和孔隙率等土体的物理力学性能指标,并调查研究以下内容:注浆有效范围、注浆材料的选择、初凝时间、注浆量和压力、注浆孔布置和注浆顺序等。对重要工程,注浆设计前必须进行室内浆液配比试验。此外,尚宜进行现场注浆试验,以获得合适的设计参数,并检验施工方法和设备。

(2)选择浆液类型

①选定浆液及其配合比的设计,必须考虑注浆的目的、地质情况、地基土的孔隙大小、地下水的状态等,在满足要求的前提下选定最佳配合比。

②注浆法处理软土的浆液材料可选用以水泥为主剂的悬浊液,也可选用水泥和水玻璃的双液型混合液。丙凝具有凝结时间短的特点,聚氨酯有遇水膨胀的特性,化学浆液因对环境有污染,选用时应慎重考虑。在有地下水流动的情况下,不应采用单液水泥浆。

③用作提高土体强度的注浆液可选用以水泥为主剂的悬浊液,注浆孔间距可按 1.0 ~ 2.0m 的范围设计。

④用作防渗的注浆至少应设置三排注浆孔,注浆液应选用水玻璃或水玻璃与水泥的混合液。注浆孔间距可按 1.0 ~ 1.5m 范围设计。动水情况下的堵漏注浆宜采用双液注浆或初凝时间短的速凝配方。

(3)确定注浆量

注浆量取决于地基土性质和浆液的渗透性等因素。在进行大规模注浆施工前,宜在施工现场进行试验性注浆,以确定注浆量。一般黏性土地基中的浆液注入率为 15% ~ 20%。

(4)确定注浆压力

①对劈裂注浆,在注浆的范围内应尽量减小注浆压力。注浆压力的选用根据土层的性质及其埋深确定。砂性土的经验数值是 0.2 ~ 0.5MPa,黏性土的经验数值是 0.2 ~ 0.3MPa。

②对压密注浆,注浆压力主要取决于浆液材料的稠度。如采用水泥砂浆液,坍落度为 25 ~ 75mm,注浆压力可选在 1 ~ 7MPa 范围内,而且坍落度较小时,注浆压力可取上限值。如采用水泥-水玻璃双液快凝浆液,则注浆压力应小于 1MPa。

(5)确定浆液初凝时间

初凝时间必须根据地基土质条件和注浆目的确定。在砂土地基注浆中,一般使用的浆液初凝时间为 5 ~ 20min;在黏性土中劈裂注浆时,一般浆液初凝时间为 1 ~ 2h。

(6)注浆工艺的确定

①注浆工艺和有效范围应根据不同工程特点,充分满足防渗堵洞要求,提高土体强度和模量、充填空隙及托换等目的。注浆点的覆盖土应大于 2m。

②在砂性土中注浆,若以防渗为主要目的,则应考虑第二次注浆。第二次注浆的时间宜在第一次注入的水泥浆初凝后进行。注浆材料应采用水玻璃等低黏度的化学注浆材料。

③注浆孔的布置应能使被加固土体在平面和深度范围内连成一个整体。

④注浆顺序必须符合地基土质条件、现场环境及注浆目的,一般不宜采用自注浆地带某一端单向推进的压注方式,应按跳孔间隔注浆方式进行,以防止串浆。对有地下水流动的特殊情况,应考虑浆液在水流动下的迁移效应,应自水头高的一端开始注浆。

⑤注浆时应采用先外围后内部的注浆施工方式。注浆范围以外有边界约束条件时,也可采用自内侧开始顺次往外侧注浆的方法。

3. 施工要点及质量控制措施

(1)施工前准备

①注浆施工必须根据设计要求并考虑周围环境条件进行。施工前,设计单位应向施工单位提供注浆设计文件并负责技术交底。

②注浆法施工场地事先应予平整,除干钻法外,应沿钻孔位置开挖沟槽与集水坑,以保持场地的整洁和干燥。

③注浆开始前应充分做好准备工作,包括机械器具、仪表、管路、注浆材料、水和电等的检查及必要的试验。其中,压力表和流量测定器应是必备的仪表。注浆一经开始即应连续进行,避免中断。

(2)浆液制备

①注浆使用的原材料及制成的浆体应符合下列要求:

a.制成的浆体应能在设计要求的时间内凝固并具有一定强度,其本身的防渗性和耐久性应满足设计要求。

b.浆体在凝固后其体积不应有较大的收缩率,一般应小于3‰的体积量。

c.所制成的浆体在1h内不应发生析水现象。

②为了改善浆液性能,可在浆液拌制时加入以下外加剂:

a.加速浆体凝固的水玻璃,其模数应为3.0~3.3。水玻璃掺量应通过试验确定,一般为0.5%~3.0%。

b.提高浆液扩散能力和可泵性的表面活性剂(或减水剂),一般掺量为水泥用量的0.3%~0.5%。

c.提高浆液均匀性和稳定性,防止固体颗粒离析和沉淀而掺加的膨润土,其掺量不宜大于水泥用量的5%。

③浆体必须经过搅拌机充分搅拌均匀后,才能开始压注,并应在注浆过程中不停地缓缓搅拌,搅拌时间应小于浆液初凝时间,浆体在泵送前应经过筛网过滤。

④注浆用水应是可饮用的自来水、河水、井水及其他清洁水,不宜采用 pH 值小于 4 的酸性水和工业废水。

⑤注浆所用的水泥宜用42.5级或52.5级普通硅酸盐水泥,一般不得超过出厂期2个月,受潮结块不得使用。水泥的各项技术指标应符合现行国家标准,并附有出厂试验单和合格证。

⑥在满足强度要求的前提下,可用磨细粉煤灰或粗灰部分代替水泥,掺入量通过试验确定,一般掺入量为水泥质量的20%~50%。

⑦封闭泥浆的 7 天立方体抗压强度宜为 $q_0 = 0.3 \sim 0.5\text{MPa}$，浆液黏度为 $80'' \sim 90''$。

（3）各类方法的施工步骤

①塑料阀管注浆施工可按下列步骤进行：

a. 钻机与灌浆设备就位。

b. 钻孔。

c. 当钻机钻到设计深度后，从钻杆内灌入封闭泥浆。

d. 插入塑料单向阀管到设计深度。当注浆孔较深时，阀管中应加入水，以减小阀管插入土层时的弯曲。

e. 封闭泥浆凝固后，在塑料阀管中插入双向密封注浆芯管进行注浆。

f. 注浆完毕后，应用清水冲洗塑料阀管中的残留浆液。对于不宜用清水冲洗的场地，可考虑用纯水玻璃浆或陶土浆灌满阀管。

②花管注浆法施工可按下列步骤进行：

a. 钻机与灌浆设备就位。

b. 钻孔或采用振动法将花管压入土层。

c. 若采用钻孔法，应从钻杆内灌入封闭泥浆，然后插入花管。

d. 待封闭泥浆凝固后，移动花管自下向上（或自上向下）进行注浆。

③压密注浆施工可按下列步骤进行：

a. 钻机与灌浆设备就位。

b. 钻孔或采用振动法将金属注浆管压入土层。

c. 若采用钻孔法，应从钻杆内灌入封闭泥浆，然后插入孔径 5cm 的金属注浆管。

d. 待封闭泥浆凝固后，捅去金属管的活络堵头，然后向地层注入水泥-砂稠状浆液或水泥-水玻璃双液快凝浆液。

（4）施工质量控制措施

①注浆孔的钻孔孔径一般为 $70 \sim 110\text{mm}$，垂直偏差应小于 1%，注浆孔有设计角度时应预先调节钻杆角度，倾度偏差不大于 2°。

②当钻到设计深度后，必须通过钻杆注入封闭泥浆，直到孔口溢出泥浆方可提杆。当提杆至中间深度时，应再次注入封闭泥浆，最后完全提出钻杆。

③塑料单向阀管每一节均应检查，要求管口平整无收缩，内壁光滑。事先将每 6 节塑料阀管对接成 2m 长度以备用。准备插入钻孔内时应复查一遍，必须旋紧每一节螺纹。

④使用前要检查注浆芯管的聚氨酯密封圈，应无残缺和大量气泡现象，上部密封圈裙边向下，下部密封圈裙边向上，且都应涂上黄油。所有注浆管接头螺纹均应保持有充足的油脂，这样既可保证丝牙寿命，又可避免浆液凝固在丝牙上，造成拆装困难。

⑤若进行第二次注浆，化学浆液的黏度应较小，不宜采用自行密闭式密封圈装置，宜采用两端用水加压的膨胀密封型注浆芯管。

⑥注浆管上拔时宜使用拔管机。塑料阀管注浆时，注浆芯管每次上拔高度应为 330mm；花管注浆时，花管每次上拔或下钻高度宜为 500mm。

⑦注浆的流量一般为 $7 \sim 10\text{L/min}$。对充填型灌浆，流量可适当加快，但也不宜大于 20L/min。

⑧如注浆中途发生地面冒浆现象,应立即停止注浆,调查冒浆原因。如系浆孔封闭效果欠佳,可待浆液凝固后重复注浆;如系地层灌注不进,则应结束注浆。

⑨在冬季,当在日平均温度低于5℃或最低温度低于-3℃的条件下注浆时,应在施工现场采取适当措施,以保证浆体不冻结。

⑩在夏季炎热条件下注浆时,用水温度不得超过30℃,并应避免将盛浆桶和注浆管路在不注浆状态下暴露于阳光下,以免加速浆体凝固。

⑪注浆施工情况必须如实和准确地记录,应有压力和流量记录,宜采用自动流量和压力记录仪,并对资料及时进行整理记录,以便指导注浆工程的顺利进行,并为验收工作做好准备。

(5)质量检验

①对注浆效果的检查应根据设计提出的要求进行,检验时间在注浆结束28天后。可选用标准贯入和静力触探的方法对加固地层进行检测。

②注浆效果检测点一般为注浆孔数的2%～5%。如检测点不合格率等于或大于20%,或虽小于20%但检测点的平均值达不到设计要求,在确认设计原则正确后,应对不合格的注浆孔实施重复注浆。检测点位置应视检测方法和现场条件由施工单位和设计单位协商确定。

三、高压喷射注浆法设计及施工要点

1.设计要点

(1)浆液种类

高压喷射注浆常选用单液水泥浆、水泥水玻璃浆、水泥黏土浆等。采用纯水泥浆时,喷射注浆常用的水灰比为1:1。

(2)固结体直径与喷射参数之间的关系

①固结体直径与喷射注浆的压力关系

在相同的提升速度下,喷射注浆压力越高,注浆固结体的直径越大,二者在喷射压力达到一定程度后近似成线性关系。因此,在地基加固中,可采用增大注浆喷射压力的方式来增大固结体直径。注浆的喷射压力一般为20～35MPa,但常用的注浆压力为23～25MPa。

②固结体直径与喷射提升速度的关系

在相同的喷射注浆压力下,旋喷提升速度越小,固结体的直径越大,但提升速度减小的幅度与直径增大的增量并不成比例,提升速度减小到一定程度后,固结体直径增大效果不明显,而提升速度过快,则固结体成形不佳。

因此,喷射注浆技术的旋喷提升速度需控制在一定范围内,一般为10～25cm/min,常用的为20cm/min。

③固结体直径与注浆回转速度的关系

在相同的喷射提升速度和相同的喷射压力下,采用不同的回转速度对固结体直径的影响不大,但回转速度过小则造成固结体成形不佳,回转速度过大则造成固结体直径减小。因而注浆技术的旋喷回转速度需控制在一定范围内,一般为20～40r/min,常用为20r/min。

④固结体直径与注浆土层性质的关系

在相同的喷射注浆参数和不同的地层条件下,固结体直径不同。土质越硬,固结体直径越小。因而注浆参数需根据地质条件来进行相应的调整。如地层相对较硬,则需采用提高注浆压力、减小提升速度等方式来增大固结体直径。

⑤固结体直径与喷射次数的关系

在相同的喷射注浆参数条件下,采用先喷射一遍或几遍清水后喷射一遍水泥浆液的方式,或直接喷射两遍水泥浆的复喷方式进行注浆,能增大固结体直径。特别是对于较硬的土质条件,这种方法较为有效。在对有缺陷桩基础加固、桩底有软弱持力层及桩身松散时,常采用这种复喷方式来增大固结体直径。

(3)固结体强度与喷射参数之间的关系

①固结体强度与土质条件的关系

喷射注浆参数条件相同时,在不同的地层条件下,固结体强度存在差异。砂质土的固结体强度较高,黏性土的固结体强度较低,其中以淤泥固结体强度最低。一般说来,含砂质土的成分越高,固结体强度也越高。

②固结体强度与复喷的关系

在相同的喷射注浆参数条件下,采用先喷射一遍或几遍清水后再喷射一遍水泥浆液的方式进行注浆,能增强固结体的强度,特别是对于固结体强度要求较高的情况,这种方法较为有效。在加固处理缺陷桩基础的应用中,注浆加固处理桩底软弱持力层时常采用这种复喷方式来提高固结体强度。

(4)计算要点

①对加固前墩台基础的承载力进行估算

a. 对目前已不能满足使用要求的桥梁构筑物地基承载力的估算方法:

如现有地基承受的荷载为 W_1,基础底面积为 A_1,则基础底面现有应力 σ 按式(7-7-1)计算。

$$\sigma = \frac{W_1}{A_1} \tag{7-7-1}$$

由于基础已发生下沉并危及正常使用,地基的现有应力必然已经超过地基的极限承载能力(基础底部及其下卧层),则地基实际极限承载力 σ_0 与现有应力 σ 的关系式为

$$\sigma_0 = \alpha\sigma \tag{7-7-2}$$

式中:α——现有地基支承系数($\alpha < 1.0$)。

视病害程度,α 取 $0.80 \sim 0.95$。对下沉较小或目前已基本稳定的地基,加固后原土层的承载能力建议取大值;对下沉速度很快或下沉正在迅速发展的地基,建议取小值。

b. 对于目前没有病害,仅为提高荷载等级而加固的地基,地基承载能力有两种方法确定:一种是按地质钻探或土工试验所给出的土体极限强度 σ_0;一种是依据规范提出的"经过多次压实、未受破坏的旧地基",其允许承载力可给予提高(提高系数为 $1.25 \sim 1.50$)的方法确定。

②加固危及正常使用的墩台基础设计计算方法:

a. 用地质钻探的方法确定基岩或硬岩的深度,确定固结体的性质。若基岩较浅,则可设计成端承桩;若基岩较深,则可设计成摩擦桩。

b. 在现场选各层土样,按加固需要和现场可能达到的水泥、水、土三者之比进行配方试

验,确定固结体的抗压极限强度 $\sigma_{桩}$。

c. 按式(7-7-3)计算加固所必须的固结体的总面积 $A_{桩}$。

$$A_{桩} = \frac{W_1 - \sigma_0 A_1}{\dfrac{\sigma_{桩}}{K_1} - \sigma_0} \tag{7-7-3}$$

式中:K_1——桩柱的安全系数,一般桩基础采用 $K_1 = 2.0$。

也可使用正常的地基加固检算方法,按式(7-7-4)计算。

$$A_{桩} = \frac{K_2 W_1 - \sigma_0 A_1}{\sigma_{桩} - \sigma_0} \tag{7-7-4}$$

式中:K_2——地基承载安全系数。

d. 旋喷注浆加固总面积 $A_{桩}$ 求得以后,可用试桩或经验公式法确定固结体的有效直径 D。如采用单管法,对 $0 < N \leqslant 5$ 的黏性土,按式(7-7-5)计算有效直径。

$$D = 1.3 \times \left(\frac{1}{2} - \frac{1}{200} N^2 \right) \tag{7-7-5}$$

对于 $5 < N \leqslant 15$ 的黏性土,按式(7-7-6)计算有效直径。

$$D = \frac{1}{770} (350 + 10N - N^2) \tag{7-7-6}$$

式中:D——有效直径,m;

N——土壤的标准贯入度。

得到有效直径后,可按式(7-7-7)计算出加固所需的旋喷根数 m:

$$m = \frac{A_{桩}}{F} = \frac{A_{桩}}{\frac{1}{4} \pi D^2} = 1.273 \frac{A_{桩}}{D^2} \tag{7-7-7}$$

e. 旋喷注浆根数算出后,即可进行孔位的布置。

③旋喷法加固未发生病害,只为提高荷载等级的墩台基础的设计计算步骤如下:

a. 定出桥梁构筑物将来使用时所需支承的最大荷载 $W_{最大}$。

b. 标出加固前现有地基所承受的荷载 $W_{现在}$。

c. 假定加强后结构新增加的荷载全部由固结体承受,则固结体承载的荷载 $W_{桩}$ 计算按式(7-7-8)进行:

$$W_{桩} = W_{最大} - W_{现在} \tag{7-7-8}$$

d. 所需桩柱体总面积按式(7-7-9)计算:

$$A_{桩} = \frac{W_{桩}}{\dfrac{\sigma_{桩}}{K_3}} \tag{7-7-9}$$

式中:K_3——加强固结体的安全系数,建议 $K_3 = 2.0$;

$\sigma_{桩}$——固结体的抗压极限强度,按配方试验或现场承载力试验确定。

e. 确定所需固结体总面积后,即可决定固结体的有效直径 D,方法同前。

f. 按式(7-7-10)计算桩数 m：

$$m = 1.273 \frac{A_桩}{D^2}$$ (7-7-10)

g. 进行桩位布孔。

2. 施工要点

高压喷射注浆设备可根据工程具体情况和机具条件选择。

(1)单管法：单独喷射水泥浆液,如图 7-7-1 所示。注浆管钻进一定深度后,由高压泥浆泵等高压发生装置,以一定的压力将浆液从喷嘴中喷射出去冲击破坏土体。同时,使浆液与土混合搅拌,在土中形成圆柱状固结体。

(2)双重管法：同轴喷射水泥浆液和压缩空气,如图 7-7-2 所示。使用双通道的二重注浆管,当注浆管钻进预定深度后,通过双重喷嘴,同时喷射出高压浆液和空气两种介质的喷射流冲击破坏土体。高压浆流和它外围环绕空气的共同作用破坏了土体能量的增大,最后形成固结体的直径明显增加。

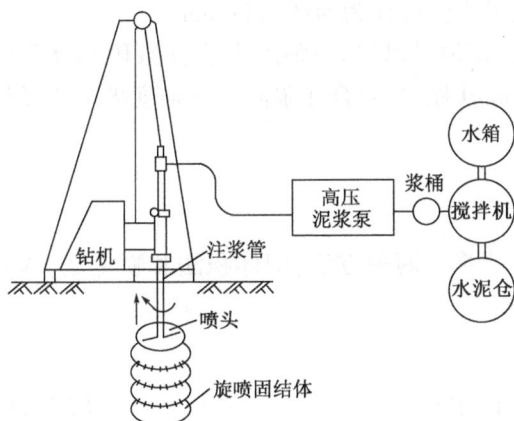

图 7-7-1 单管高压喷射注浆示意图

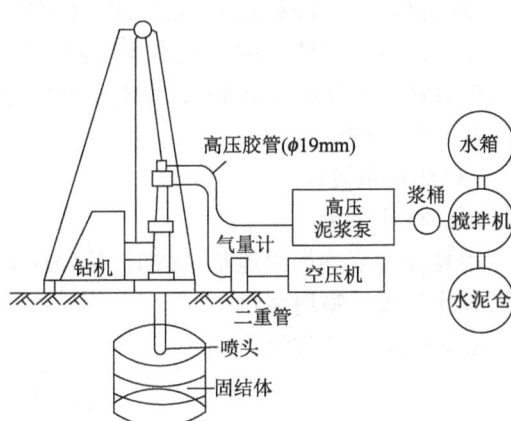

图 7-7-2 双重管高压喷射注浆示意图

(3)三重管法：同轴喷射高压水和压缩空气,并注入水泥浆,如图 7-7-3 所示。分别使用输送水、气、浆三种介质的三重注浆管,在土中凝固为直径较大的圆柱状固结体。

单管法的桩径可达 0.8m,双重管法的桩径一般为 1m,三重管法的桩径可达 1.5m。

旋喷注浆法的单管法及双重管法的高压水泥浆液流和三重管法高压水射流的压力宜大于 20MPa,三重管法使用的低压水泥浆液流压力宜大于 1MPa,气流压力宜取 0.7MPa,提升速度可取 0.1~0.25m/min。

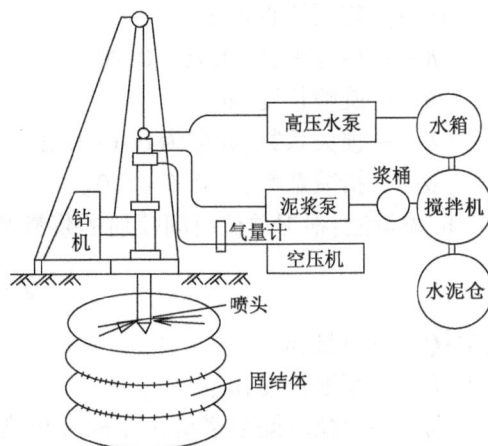

图 7-7-3 三重管高压喷射注浆示意图

四、复合注浆法设计及施工要点

1. 设计要点

(1)注浆材料

采用水泥浆为主剂对既有建筑物地基加固注浆时,水泥一般采用强度等级为42.5的早强型硅酸盐水泥。对桩基础缺陷进行加固补强注浆时,为了获得较高的固结体强度,采用高强等级(52.5)的普通硅酸盐水泥。

常用外加剂为速凝剂、早强剂等。速凝剂常采用水玻璃制成,水玻璃加量一般为水泥用量的2%~4%。采用双液进行静压注浆时,水玻璃用量可为水泥用量的10%~100%。早强剂为氯化钙和三乙醇胺,其加量一般为水泥用量的2%~4%。

(2)固结体设计

复合注浆固结体直径与土质及注浆工艺参数有关,针对不同的土层需采用与之相适应的喷射压力和提升速度。在地基基础加固中,复合注浆固结体直径平均值设计为500~600mm。在对缺陷桩基的加固补强中,复合注浆固结体直径平均值设计为500~800mm。

复合注浆固结体强度与土质及喷射次数有关。在地基基础加固中,复合注浆固结体强度极限值设计为5.0~15.0MPa。在对缺陷桩基的加固补强中,复合注浆固结体强度极限值设计为8.0~25.0MPa。

(3)注浆量设计

①旋喷注浆量

用复合注浆法加固地基基础时,旋喷注浆量的计算有两种方法,即体积法和喷量法,取其中大者作为设计喷射浆量。

a.体积法计算式为

$$Q = \frac{\pi}{4} D_e^2 K h \alpha (1 + \beta) \tag{7-7-11}$$

式中:Q——浆量,m^3;

D_e——旋喷体直径,m;

K——填充率,取0.75~0.90;

h——旋喷长度,m;

β——损失系数,通常为0.1~0.2;

α——折减系数,取0.6~1.0。

b.喷量法:根据单位时间喷射的浆量及喷射持续时间,按式(7-7-12)计算出浆量。

$$Q = \frac{H}{v} q (1 + \beta) \tag{7-7-12}$$

式中:Q——浆量,m^3;

H——喷射长度,m;

q——单位时间喷浆量,m^3/min,与喷射压力、喷嘴直径有关;

β——损失系数,通常为0.1~0.2;

v——提升速度,m/min。

②静压注浆量

复合注浆法的静压注浆量可按式(7-7-13)进行计算

$$Q = KVn \qquad (7\text{-}7\text{-}13)$$

式中:Q——灌浆浆液总用量,m³;

V——灌浆加固对象的土量,m³;

n——土的孔隙率;

K——经验灌注系数,取值 0.3~0.8。

通常情况下,复合注浆法用于加固既有建筑物地基基础时,旋喷后静压注浆的水泥用量设计为 300~800kg/孔。复合注浆法用于缺陷桩补强时,旋喷后静压注浆的水泥用量设计为 500~1500kg/孔。

(4)注浆参数

①旋喷注浆压力:对既有建筑物地基加固注浆时常采用单管高压旋喷,其压力常用 20~25MPa;对桩基缺陷进行加固补强注浆时采用单管高压旋喷或三重管高压旋喷,注浆压力常用 25~30MPa。

②喷射提升速度:对既有建筑物地基加固注浆时采用 20cm/min,对桩基缺陷进行加固补强注浆时采用 10~15cm/min。

③喷射旋转速度:20~40r/min。

④静压注浆压力:对既有建筑物地基加固注浆时采用 0.3~2.0MPa,对桩基缺陷进行加固补强注浆时采用 0.3~5.0MPa。注浆压力需根据每个工程的不同土质条件及注浆部位进行注浆压力设计。

⑤浆液水灰比:旋喷注浆时采用 1:1~1.2:1.0,静压注浆时采用 0.5:1.0~1.2:1.0。

(5)地基承载力及旋喷桩单桩承载力计算

用复合注浆法加固处理地基时,若原地基为天然地基,则加固处理后的地基可按复合地基计算。复合地基承载力标准值可通过现场复合地基荷载试验确定,也可按式(7-7-14)计算或结合当地情况与其土质相似工程的经验确定。

$$f_{sp,k} = \frac{1}{A_e}\left[R_k^d + \beta f_{s,k}(A_e - A_p) \right] \qquad (7\text{-}7\text{-}14)$$

式中:$f_{sp,k}$——复合地基承载力标准值,kPa;

A_e——单桩承担的处理面积,m²;

A_p——桩的平均截面积,m²;

β——桩间天然地基土承载力折减系数,可根据试验确定,在无试验资料时,可取 0.2~0.6,当不考虑桩间软土作用时可取零;

R_k^d——单桩竖向承载力标准值,kN;

$f_{s,k}$——原地基承载力标准值,kPa。

若原地基基础采用桩基础,则复合注浆形成的旋喷桩可按桩基础计算;旋喷桩单桩承载力可通过现场荷载试验确定,也可按式(7-7-15)和式(7-7-16)计算 R_k^d,并取其中较小值:

$$R_k^d = \eta f_{cu,k} A_p \qquad (7\text{-}7\text{-}15)$$

$$R_k^d = \pi d \sum_{i=1}^{n} h_i q_{si} + A_p q_p \tag{7-7-16}$$

式中：R_k^d——单桩竖向承载力标准值，kN；

$f_{cu,k}$——桩身试块的无侧限抗压强度平均值，kPa；

η——强度折减系数，可取 0.35～0.50；

d——桩的平均直径，m；

A_p——桩的平均截面积，m^2；

h_i——桩周第 i 层土的厚度，m；

n——桩长范围内所划分的土层数；

q_{si}——桩周第 i 层土的摩擦阻力标准值，kPa；

q_p——桩端天然地基土承载力标准值，kPa。

通常在对既有建筑物的地基基础加固中，复合注浆形成旋喷桩的单桩承载力设计值为 300～500kN。在对缺陷桩基补强时，桩底复合注浆固结体极限抗压强度标准值可取 13.0～20.0MPa。

（6）地基变形计算

用复合注浆法加固处理地基，若原基础采用桩基础，则复合注浆形成的旋喷桩基础可按桩基础计算。若原地基为天然地基，则加固处理后的地基可按复合地基计算。其地基沉降计算为桩长范围内的复合土层以及下卧层地基变形值之和，计算时应按《建筑地基基础设计规范》（DB33/T 1136—2017）的有关规定进行计算。其中复合地基的压缩模量可按式（7-7-17）计算。

$$B_{sp} = \frac{E_e(A_e - A_p) + E_p A_p}{A_e} \tag{7-7-17}$$

式中：B_{sp}——旋喷桩复合土层的压缩模量，kPa；

E_e——桩间土的压缩模量，kPa；

E_p——桩体的压缩模量，kPa；

A_e——单桩承担的处理面积，m^2；

A_p——桩的平均截面积，m^2。

2. 施工顺序及要点

复合注浆法加固既有桥墩、台地基施工的顺序及要点如下。

（1）注浆钻孔施工

对既有建筑物地基进行加固时，先采用地质钻机钻穿原基础或承台，然后根据设计注浆深度要求，采用地质钻机或高压旋喷钻机钻孔到设计深度。一般以土层或强风化岩层作为注浆持力层时，可采用高压旋喷钻机直接钻孔；若以中风化以上岩层作为注浆持力层，需先采用地质钻机钻至终孔；若地层中有卵砾石层，也需采用地质钻机钻孔。

钻孔孔径的一般开孔直径为 110mm，终孔直径为 91mm，钻孔垂直度保证 <1%。对岩层或混凝土层采用金刚石钻头钻进，对卵砾石地层采用合金钻头钻进。采用泥浆护壁或套管护壁，钻孔后需保证钻孔不坍孔、不堵塞。

（2）建立孔口注浆装置

注浆钻孔施工完成以后，在注浆孔口建立注浆装置。孔口注浆装置需既满足静压注浆要求，又满足高压旋喷注浆管可以从其中下钻的要求。孔口注浆装置可采用单管接头式或混合器式。单管接头式用于单液注浆，混合器式用于双液注浆。孔口注浆装置采用预埋设的方式固定在注浆孔口，采用水泥浆或水泥-水玻璃浆液将孔口装置与钻孔之间的间隙固定密封。

（3）采用高压旋喷注浆方式进行注浆

孔口注浆装置埋设1~2天后，先采用高压旋喷注浆方式进行旋喷注浆。旋喷注浆需按设计规定的工艺参数（喷射压力、提升速度、旋转速度、浆液水灰比）进行注浆，将注浆管分段下入孔底，每段注浆钻杆需连接紧密并采用麻丝密封。旋喷注浆按自下而上的方式进行。为了减小附加沉降，旋喷一般采用单管旋喷注浆方式，下钻时尽量快速且尽量小压力、小流量喷水，旋喷时采用不喷水而直接喷浆一遍的方式，在底部和顶部需喷浆2遍。在进行纠偏加固时，为加速浆液凝固，有时采用先喷一遍水泥浆液后喷射一遍水玻璃的方式，进行双液旋喷。

（4）采用静压注浆方式进行注浆

高压旋喷注浆结束后，利用孔口注浆装置封住孔口进行静压注浆。静压注浆可以扩大浆液的注入范围，防止旋喷固结体收缩从而增加旋喷体与原基础混凝土结合的紧密性。静压注浆开始时采用较稀的浆液和较小的注浆压力，随后逐渐增加浆液浓度并加大注浆压力，直至设计注浆量和注浆压力为止。一般静压注浆在浆液终凝前需进行2~3次灌注。静压注浆可以采用单液，也可采用双液。

（5）封孔

静压注浆结束后，若注浆孔口冒浆，需对孔口进行封闭处理，防止浆液流出。若注浆结束后孔内浆液有流失，需补灌浆液到注浆孔内，直至浆液饱满为止。

复合注浆的顺序需根据实际情况进行调整，有时需采用先静压注浆后高压旋喷注浆的方式进行。如处理溶洞或裂隙岩层以及卵砾石地层，浆液流失严重，需先采用静压注浆方式，再通过双液注浆的方法，使注浆浆液快速凝固，从而将漏浆通道堵塞。为高压旋喷注浆创造了不漏浆的条件后，再进行高压旋喷注浆，此时复合注浆才能获得较好的效果。

静力压浆及旋喷注浆的施工要点详见前述部分。

参考文献

[1]　中华人民共和国交通运输部.公路桥涵养护规范:JTG 5120—2021[S].北京:人民交通出版社股份有限公司,2021.

[2]　中华人民共和国交通运输部.公路桥梁加固设计规范:JTG/T J22—2008[S].北京:人民交通出版社,2008.

[3]　中华人民共和国交通运输部.公路桥梁加固施工技术规范:JTG/T J23—2008[S].北京:人民交通出版社,2008.

[4]　中华人民共和国交通运输部.公路桥梁技术状况评定标准:JTG/T H21—2011[S].北京:人民交通出版社,2011.

[5]　中华人民共和国交通运输部.公路桥梁承载能力检测评定规程:JTG/T J21—2011[S].北京:人民交通出版社,2011.

[6]　中华人民共和国交通运输部.公路工程质量检验评定标准　第一册　土建工程:JTG F80/1—2017[S].北京:人民交通出版社股份有限公司,2018.

[7]　中华人民共和国交通运输部.公路桥涵施工技术规范:JTG/T 3650—2020[S].北京:人民交通出版社股份有限公司,2020.

[8]　中华人民共和国交通运输部.公路钢筋混凝土及预应力混凝土桥涵设计规范:JTG 3362—2018[S].北京:人民交通出版社股份有限公司,2018.

[9]　中华人民共和国交通运输部.公路沥青路面养护技术规范:JTG 5142—2019[S].北京:人民交通出版社股份有限公司,2019.

[10]　中华人民共和国交通运输部.公路水泥混凝土路面养护技术规范(附条文说明):JTJ 073.1—2001[S].北京:人民交通出版社,2001.

[11]　中华人民共和国交通运输部.公路路基施工技术规范:JTG/T 3610—2019[S].北京:人民交通出版社,2006.

[12]　中华人民共和国国家质量监督检验检疫总局,中国国家标准化管理委员会.涂覆涂料前钢材表面处理　表面清洁度的目视评定　第1部分:未涂覆过的钢材表面和全面清除原有涂层后的钢材表面的锈蚀等级和处理等级:GB/T 8923.1—2011[S].北京:中国标准出版社,2013.

[13]　中华人民共和国住房和城乡建设部,中华人民共和国国家质量监督检验检疫总局.工程结构加固材料安全性鉴定技术规范:GB 50728—2011[S].北京:中国建筑工业出版社,2012.

[14]　中华人民共和国住房和城乡建设部.建筑地基处理技术规范:JGJ 79—2012[S].北京:中国建筑工业出版社,2013.

[15]　中华人民共和国建设部.建筑桩基技术规范:JGJ 94—2008[S].北京:中国建筑工业出版社,2008.

[16]　中华人民共和国交通运输部.公路桥涵地基与基础设计规范:JTG 3363—2019[S].北京:人民交通出版社股份有限公司,2019.

[17]　中华人民共和国交通运输部.公路桥梁钢结构防腐涂装技术条件:JT/T 722—2023[S].

北京:人民交通出版社股份有限公司,2023.

[18] 田建辉.桥梁维护与加固技术[M].北京:人民交通出版社股份有限公司,2022.

[19] 姚国文.桥梁检测与加固技术[M].北京:人民交通出版社股份有限公司,2014.

[20] 龙兴灿.桥梁养护与加固技术:养护施工技术及管理人员[M].北京:人民交通出版社股份有限公司,2020.

[21] 黄平明,陈万春,许汉铮.桥梁养护与加固[M].2版.北京:人民交通出版社股份有限公司,2021.

[22] 袁守国.桥梁维修加固施工标准化操作手册[M].北京:人民交通出版社股份有限公司,2020.

[23] 魏洋,端茂军,李国芬.桥梁检测评定与加固技术[M].北京:人民交通出版社股份有限公司,2019.

[24] 苏丹.大型桥梁结构健康评估及预防性养护多目标决策方法研究[D].北京:北京交通大学,2022.

[25] 侯相琛,曹丽萍.公路养护与管理[M].2版.北京:人民交通出版社股份有限公司,2017.

[26] 魏洋,董峰辉,郑开启,等.桥梁施工技术[M].北京:人民交通出版社股份有限公司,2021.

[27] 张劲泉,王文涛.桥梁检测与加固手册(上册)[M].北京:人民交通出版社,2007.

[28] 苏龙,周礼平.某双柱式桥墩病害成因分析及维修加固方案探讨[J].交通科技,2015(1):25-28.

[29] 张树仁,王宗仁.桥梁病害诊断与改造加固设计[M].北京:人民交通出版社,2006.

[30] 喻林,王凤霞,蒋林华,等.碳纤维加固混凝土的粘结性能研究[J].工业建筑,2010,40(10):103-105,110.

[31] 刘辉.纤维增强复合材料约束混凝土柱在水工结构中的应用研究[D].上海:同济大学,2009.

[32] 谌润水,周锦中.双曲拱桥加固改造成套技术[M].北京:人民交通出版社,2009.

[33] 王波.高速公路桥背沉降控制的后注浆法应用研究[D].成都:成都理工大学,2009.

[34] 郭义飞.台后挡墙引起的桩柱式桥台病害分析及处治研究[J].公路交通科技(应用技术版),2010,6(10):110-111.

[35] 赵香玲,张小强,魏强.CFRP加固不同肋板式桥台轴——偏压性能研究[J].高科技纤维与应用,2016,41(3):26-33.

[36] 何晓阳,项贻强,邢骋.混凝土桥梁下部结构病害分析与加固[J].重庆交通大学学报(自然科学版),2013,32(S1):807-811,822.

[37] 陈军,周松国,周永福.水下钻孔桩增大截面加固施工技术[J].城市道桥与防洪,2016(7):199-201,215,21.

[38] 冯忠居,陈景星,邵景干,等.梁桥加宽桩基础沉降差控制技术及工程应用[M].北京:中国建筑工业出版社,2014.

[39] 王东辉.微型钢管桩加固既有桥墩基础施工技术[J].北方交通,2009(6):100-102.

[40] 杨敏.微型钢管桩施加预应力加固沉降基础的试验研究[J].建筑技术,2008(6):

465-466.

[41] 田振刚.微型钢管桩在高速公路桥涵基础加固中的应用[J].建筑,2009(4):51-52.

[42] 陆婉婷.微型嵌岩钢管桩在桩基础加固中的应用[J].广东土木与建筑,2007(6):33-34,27.

[43] 张继文.微型钢管桩在桥台桩基下沉处理中的应用[J].北方交通,2011(8):51-53.

[44] 于鹏,蒋昌平."夹克法"加固桥梁桩基础的应用研究[C]//中国公路学会与管理分会.2014年全国公路养护技术学术年会论文集.北京:人民交通出版社股份有限公司,2014.

[45] 曹昌玉.WBA水下玻纤套筒加固系统加固桩基施工工法[J].四川建材,2017,43(6):137-140,142.

[46] 韩金田.复合注浆技术在地基加固中的应用研究[D].长沙:中南大学,2007.

[47] 白晓宇.近海风浪地震组合概率特性及跨海桥梁致灾机理与易损性评估方法[D].北京:北京交通大学,2022.

[48] 金玉泉.桥梁的病害及灾害[D].上海:同济大学,2006.

[49] 中华人民共和国交通运输部.公路养护工程质量检验评定标准:JTG 5220—2020[S].北京:人民交通出版社股份有限公司,2020.